Contraste insuffisant
NF Z 43-120-14

Illisibilité partielle

Valable pour tout ou partie
du document reproduit

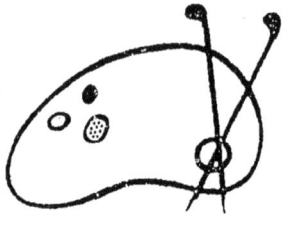

Début d'une série de documents en couleur

BIBLIOTHÈQUE DE LA FACULTÉ DES LETTRES DE LYON

TOME I

NEUCHATEL

ET

LA POLITIQUE PRUSSIENNE

EN FRANCHE-COMTÉ

(1702-1713)

D'APRÈS DES DOCUMENTS INÉDITS DES ARCHIVES DE PARIS, BERLIN & NEUCHATEL

PAR

ÉMILE BOURGEOIS

DOCTEUR ÈS LETTRES
CHARGÉ DE COURS A LA FACULTÉ DES LETTRES DE LYON

PARIS
ERNEST LEROUX, ÉDITEUR
28, RUE BONAPARTE, 28

1887

ERNEST LEROUX, ÉDITEUR
28, rue Bonaparte, PARIS

Récentes Publications Historiques

HISTOIRE GRECQUE

Traduite en français sous la direction de M. A. BOUCHÉ-LECLERCQ

CURTIUS. Histoire grecque. 5 vol. in-8	37	50
Atlas pour l'Histoire grecque. In-8	12	»
DROYSEN. Histoire de l'Hellénisme. 3 vol. in-8	30	»
HERTZBERG. Histoire de la Grèce sous la domination romaine. 3 vol. in-8	30	»

L'ACHAÏE FÉODALE
Étude sur le moyen âge en Grèce (1205-1456)
Par la Baronne DIANE DE GULDENCRONE, (née DE GOBINEAU)

In-8 . . . . 10 fr.

HISTOIRE INTÉRIEURE DE ROME
JUSQU'A LA BATAILLE D'ACTIUM
Tirée des *Rœmische Alterthümer*, de L. LANGE
Par A. BERTHELOT et DIDIER, agrégés de l'Université.

2 volumes in-8 . . . . . . 20 fr.

HISTOIRE DE LA LITTÉRATURE DU MOYEN AGE
EN OCCIDENT
Par A. EBERT, professeur à l'Université de Leipzig. Traduit de l'allemand par le Dr J. AYMERIC et le Dr JAMES CONDAMIN.

2 volumes in-8 . . . . 20 fr.

FORMATION DES CITÉS
Chez les populations sédentaires de l'Algérie
(Kabyles du Djurdjura, Chaouïa de l'Aourâs, Beni Mzab)
Par E. MASQUERAY

In-8 . . . . 10 fr.

LES ORIGINES DE L'HISTOIRE ROUMAINE
Par A. UBICINI
Un volume in-18 . . . . 3 fr.

LES ROUMAINS AU MOYEN AGE
Par XÉNOPOL
In-8 . . . . . . 7 fr. 50

ANGERS, IMP. BURDIN ET Cie, RUE GARNIER, 4.

ANNUAIRE

DE LA FACULTÉ DES LETTRES DE LYON

TABLE DES TROIS PREMIÈRES ANNÉES

1883-1885

Ire ANNÉE. 1883

Fascicule I. Berlioux, professeur de géographie : *Les Atlantes*, histoire de l'Atlantis et de l'Atlas primitif. (Introduction à l'histoire de l'Europe.)
    Ch. Bayet, professeur d'histoire et antiquités du moyen âge : *La Révolte des Romains en 799*.
    L. Clédat, professeur de langue et de littératures française du moyen âge : *La Chronique de Salimbene*.

Fascicule II. Paul Regnaud, *Stances sanskrites inédites*.
    E. Belot, correspondant de l'Institut : *Pasitèle et Colotès*.
    Ph. Soupé : *Corneille Agrippa*.
    L. Clédat : *Études de philologie française*.
    G. Heinrich : *Herder orateur*.

Fascicule III. Ferraz : *Étude sur la philosophie de la littérature*.
    Regnaud : *Remarques sur l'étymologie et le sens primitif du mot* Θεός.

IIe ANNÉE. 1884.

Fascicule I. E. Lefébure : *Sur l'ancienneté du cheval en Égypte*.
    Ch. Bayet : *La fausse donation de Constantin*.
    L. Clédat : *Lyon au commencement du XVe siècle*. (1416-1420).

(Voir la suite page 3 de la couverture).

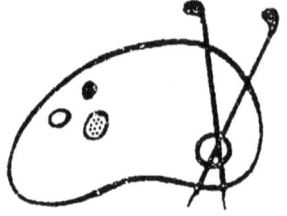

Fin d'une série de documents
en couleur

BIBLIOTHÈQUE
DE LA
FACULTÉ DES LETTRES DE LYON

TOME PREMIER

La Faculté des Lettres de Lyon a décidé, l'année dernière, de modifier les conditions et la forme de la publication scientifique qu'elle avait entreprise depuis 1883. Son *Annuaire*, qui se composait de fascicules d'histoire, de littérature, de philosophie devient une bibliothèque analogue à celle que publie l'École des Hautes Études, formée de volumes entièrement indépendants les uns des autres. Le présent volume sur *Neuchâtel et la Politique prussienne en Franche-Comté* est le premier tome de cette nouvelle collection. Deux autres tomes, actuellement sous presse, paraîtront très prochainement :

II. *Mémoires inédits de Maine de Biran*, avec une Introduction, par M. A. BERTRAND, professeur à la Faculté des Lettres de Lyon.

III. *La Chanson de Roland*, traduction en prose archaïque et rythmée par M. L. CLÉDAT, professeur à la Faculté des Lettres de Lyon.

NEUCHATEL

ET

LA POLITIQUE PRUSSIENNE

EN FRANCHE-COMTÉ
(1702-1713)

D'APRÈS DES DOCUMENTS INÉDITS DES ARCHIVES DE PARIS, BERLIN & NEUCHATEL

PAR

ÉMILE BOURGEOIS

DOCTEUR ÈS LETTRES

CHARGÉ DE COURS A LA FACULTÉ DES LETTRES DE LYON

PARIS
ERNEST LEROUX, ÉDITEUR
28, RUE BONAPARTE, 28

1887

A LA MÉMOIRE

DE

MONSIEUR ÉMILE BELOT

PROFESSEUR A LA FACULTÉ DES LETTRES DE LYON,
CORRESPONDANT DE L'INSTITUT

PRÉFACE

Aux conférences de Gertruydenberg (1709), alors que la France était épuisée par la guerre et par la famine, ruinée par la coalition des puissances européennes et par les souffrances du grand hiver, la diète de Ratisbonne avait résolu de réclamer le démembrement de nos frontières de l'Est, la restitution à l'Empire de la Lorraine, de l'Alsace et de la Franche-Comté.

« C'est à peu près en ces termes barbares que s'expliquait l'assemblée de plusieurs peuples grossiers enflés par des prospérités inespérées que leurs alliés leur avaient procurées, sans que l'Empire y eût beaucoup de part[1]. » Le ministre de Louis XIV, Torcy, qui parle ainsi, n'avait pas assez de mépris pour ces prétentions incroyables de l'Allemagne qui ont pourtant été formulées de nouveau en 1815, et qui ont abouti en 1870 à la conquête de l'Alsace-Lorraine.

On sait la part que la Prusse a prise, en 1815 et de nos jours, par ses armées ou par sa diplomatie, au succès de ces revendications nationales de l'Allemagne contre la France. Le zèle dont elle a fait preuve depuis 1807 pour les intérêts germaniques, l'âpreté qu'elle a mise à réclamer à la France des territoires considérés comme un héritage de la famille allemande,

---

[1]. *Journal inédit du marquis de Torcy*, publié par F. Masson, Paris, Plon, 1884, p. 74.

ont fait, plus encore que ses victoires, la fortune de la Prusse en Allemagne. Mais, en 1709, avant Frédéric II et Stein, la Prusse avait-elle joué un rôle analogue et pratiqué cette politique contre la France? Les historiens prussiens ne paraissent même pas s'être occupés de le savoir : La Prusse en 1709 n'était un royaume que depuis huit ans, à peine reconnu comme tel par l'Europe. Son premier roi, Frédéric Ier, jugé très sévèrement par le grand Frédéric, et depuis, sur la foi de ce jugement, généralement maltraité par les historiens prussiens, était-il capable, au début du xviiie siècle, de diriger contre la France une croisade germanique? Pouvait-il même en avoir l'idée? Il est vraisemblable qu'en 1709, la Prusse, en guerre avec Louis XIV, s'associa aux autres États allemands, pour formuler les propositions qui indignaient Torcy : mais personne n'a encore songé ni en Allemagne, ni en France à lui attribuer l'initiative, le mérite ou la responsabilité de ces propositions.

Je n'y aurais pas songé moi-même, si je n'avais trouvé dans un recueil important pour l'histoire des premières années du xviiie siècle un mémoire du temps, dont le titre, la nature et l'origine frappèrent mon attention. Au tome V de ses *mémoires pour servir à l'histoire du* xviiie *siècle*, Lamberty raconte que le chargé d'affaires prussien en Hollande, le baron de Schmettau, avait reçu de Frédéric Ier mission de présenter aux alliés, dans les conférences pour la paix qui se tinrent à La Haye en mai 1709, une pièce dont voici le titre : « Mémoires pour la Franche-Comté à ce qu'il plaise à S. M. Impériale, au corps de l'Empire, et à leurs Hauts Alliés de délivrer cette province de la domination française. *Aut nunc aut nunquam* : Maintenant ou jamais. »

Cette démarche de la Prusse dans un moment décisif pour la France et pour elle-même a été jusqu'ici négligée par les historiens allemands les mieux renseignés. Droysen, l'historien pour ainsi dire officiel de la politique prussienne, semble ne pas la connaître, et Noorden, qui a étudié mieux que personne les premières années du xviii° siècle, d'après les documents, ne parle pas de celui-ci. Ce qu'il y a de surprenant, c'est que tous deux citent sans cesse et emploient le recueil classique de Lamberty, à propos de Schmettau même, et de ses négociations à la Haye. Lamberty a vécu en Hollande au xviii° siècle ; les pièces qu'il nous a conservées sont généralement authentiques ; sauf quelques rares exceptions, il est un témoin digne de foi et admirablement renseigné. Les historiens allemands n'avaient aucune raison de récuser son témoignage sur ce point particulier, puisqu'ils l'invoquent sur beaucoup d'autres. Ils ne l'ont pas fait d'ailleurs ; ils n'ont pas discuté le mémoire : ils n'en ont pas parlé.

Ce document est absolument authentique : je l'ai vu aux archives des affaires étrangères, parmi les pièces qui accompagnaient la correspondance de notre ambassadeur de Suisse, de Puysieulx avec l'intendant de Franche-Comté (mémoires et documents, France, 1581). C'est une petite brochure de seize pages in-16, imprimée, faite, comme le format l'indique, pour être distribuée. Elle a dû être saisie, soit par notre ambassadeur, en Suisse, soit par l'intendant, en Bourgogne. Il ressort en outre de la correspondance de ces deux fonctionnaires, à laquelle elle a été jointe, que le gouvernement français veillait de très près sur certaines manœuvres de la diplomatie prussienne dans le Jura, entre 1705 et 1709.

Cette double constatation, que je pus faire au dépôt de nos affaires étrangères, m'amena à penser que la démarche de Schmettau à la Haye n'était ni un fait douteux, ni un fait isolé, et que la Prusse avait dû travailler non seulement en Hollande auprès de ses alliés, mais en Suisse et en Bourgogne, à nous reprendre la Franche-Comté, qu'elle avait alors essayé pour la première fois de démembrer effectivement nos provinces de l'Est.

Comment cependant la nouvelle royauté prussienne avait-elle pu concevoir et former contre la monarchie de Louis XIV qui ne l'avait pas encore reconnue, une pareille entreprise dans le Jura, dont elle était séparée par la masse compacte des petits Etats allemands et de la Suisse? Les malheurs de la France accablée par une coalition européenne ont pu contribuer à donner à la Prusse cette audace ; des circonstances particulières lui ont fourni l'occasion et les moyens qui semblaient devoir lui manquer pour réaliser un aussi vaste projet.

Pendant la guerre de la succession d'Espagne, Frédéric Ier réclama comme un héritage de Guillaume d'Orange son oncle, et obtint en 1707 la souveraineté de Neuchâtel en Suisse. Cette acquisition a paru de peu d'importance au milieu du grand conflit d'intérêts et de droits qui mit aux prises alors les premières puissances de l'Europe. Les historiens prussiens eux-mêmes n'y ont pour ainsi dire pas fait attention. C'est une bien vieille histoire, *das ist eine alte Sache*, me disait dernièrement l'un d'eux, que je consultais précisément à ce sujet, et que ma curiosité étonnait. Les politiques et les historiens de la Prusse, toujours injustes pour Frédéric Ier, ne voient dans son établissement à Neuchâtel qu'une preuve entre mille de cette ambition mal raisonnée qui le poussait à acquérir à droite et à gauche, partout et toujours, à tort et à travers. Quelle utilité pouvait bien avoir Neuchâtel, à quatre cents lieues de Berlin, possession prussienne isolée, perdue au milieu du pays suisse, condamnée à la neutralité, comme les cantons voisins, et quel profit la Prusse en a-t-elle retiré dans la suite?

Cela paraît vrai ; mais il arrive souvent en histoire, comme dans toutes les sciences, que des faits particuliers qui ne semblent pas mériter l'attention et qu'on n'explique pas, rapprochés d'autres faits qu'on avait aussi négligés, s'éclairent tout à coup et acquièrent ainsi une portée considérable. Les historiens prussiens, et en général tous les historiens, sauf quelques érudits neuchâtelois, ont négligé d'étudier la politique de Frédéric Ier à Neuchâtel et sa politique en Franche-Comté au début du XVIIIe siècle. Ces deux politiques s'expliquent et se complètent mutuellement : Neuchâtel est la clef du Jura français et de la plaine suisse, le trait d'union et le centre de toutes les communications entre la vallée de l'Aar et celle de la Saône. C'est une forteresse de premier ordre pour un grand État qui voudrait menacer la France et dominer la Suisse :

Frédéric Ier, qui avait hérité des droits de Guillaume d'Orange sur Neuchâtel et en outre sur certains domaines des Nassau en Franche-Comté, l'avait compris, mieux que ses successeurs et que les historiens de son pays, très injustes pour lui d'ordinaire : Neuchâtel était destinée dans sa pensée à ouvrir la Bourgogne à la Prusse.

Il suffit, pour s'en convaincre, de feuilleter les vingt-quatre premiers volumes des actes relatifs à Neuchâtel qui forment aux archives de l'État prussien un fonds spécial, et les papiers de l'ambassadeur prussien en Suisse, le comte de Metternich, son journal et sa correspondance avec la cour. La preuve est là, complète, incontestable, que, pendant dix années, la chancellerie prussienne a été constamment occupée de l'acquisition de Neuchâtel, et à la fois de projets d'agrandissement ou d'invasion en Franche-Comté.

La diplomatie française, à cette époque, s'est occupée des mêmes projets, qu'elle connaissait, pour les combattre. La correspondance des agents français en Suisse, de Puysieulx, du Luc, La Chapelle avec la cour, entre 1705 et 1710, vingt volumes environ (t. CLXXV-CXCIII), est pleine d'indications très précises sur les intrigues de la Prusse en Suisse, à Neuchâtel, en Franche-Comté. Les papiers de l'intendance de Bourgogne, qui ont été détruits en 1720 par un incendie à Besançon, devaient renfermer bien des détails curieux sur les conspirations que les Prussiens essayèrent de former contre nous en 1708 et 1709. Quelques papiers épars dans les archives départementales du Doubs, aux Affaires Étrangères et un passage de Saint-Simon nous en révèlent seuls et d'une manière incomplète la portée et les auteurs.

En ce qui concerne la succession de Neuchâtel et le procès de 1707 qui servirent de point de départ aux projets de la Prusse sur la Bourgogne, les papiers des familles neuchâteloises qui furent mêlées à cette affaire ont pour la plupart été conservés. Les mémoires du chancelier Montmollin ont été publiés en 1831 ; les mémoires de S. Pury sont inédits, mais ils ont été communiqués à deux historiens neuchâtelois, MM. Tribolet et Jacottet, qui ont publié, l'un une histoire de Neuchâtel estimable, l'autre une étude intéressante sur le procès de 1707. En outre les papiers officiels du comté ont été conservés et classés à la chancellerie du canton, où ils forment trois séries, les registres des missives, les manuels du conseil d'État, les actes de chancellerie.

Les documents de Berlin, de Paris, de Neuchâtel[1], éclairent d'un jour tout nouveau l'affaire de la succession de Neuchâtel en 1707 : ils nous livrent le secret des efforts que fit alors la Prusse pour se constituer, sous le prétexte d'un grand service rendu à l'Allemagne, un domaine considérable en Bourgogne ; ils nous apprennent d'autre part pourquoi ces efforts, grâce à

---

[1]. Je remercie MM. Girard de Rialle, Chevrier, Kaulek et Farge, des affaires étrangères ; MM. de Sybel, Bailleu, Arnold, des archives de Berlin ; M. Bonhôte et M. le directeur de la chancellerie cantonale de Neuchâtel ; MM. Pingaud, Castan et Gautier, de Besançon, du concours obligeant qu'ils m'ont prêté. Mon ami, M. Édouard Rott, dont les travaux sur l'histoire suisse sont justement estimés, a bien voulu me faciliter les recherches dans les dépôts d'archives suisses qu'il connaît à merveille. Il a en outre mis à ma disposition les copies de certains papiers des Conti qui se trouvent aux Archives nationales. Je lui sais un gré tout particulier de son aimable collaboration.

la prudence de Louis XIV et des Suisses, n'ont procuré définitivement au roi de Prusse qu'un comté éloigné et à peu près sans valeur. Si les alliés de Frédéric Ier et les Suisses eussent été plus complaisants, le roi de France moins bien renseigné, l'histoire aurait peut-être enregistré, dès le début du xviiie siècle, les premiers effets d'une tradition qui pousse depuis deux siècles la Prusse, en vertu d'un prétendu droit allemand, et pour sa propre grandeur, à réclamer et à réaliser le démembrement de la France.

Quelque intérêt patriotique qu'il y ait pour un Français à suivre si loin dans le passé une tradition aussi menaçante et toujours vivace, je crois devoir déclarer que j'ai été conduit à entreprendre ces recherches par le seul désir d'étudier un problème historique qui n'avait pas encore reçu de solution, qui n'avait même point été posé. C'est un devoir impérieux pour l'historien, le premier de tous, parce que c'est la condition même et l'objet de sa science, d'étudier et de mettre en lumière, lorsqu'il le peut, les traditions des peuples et des États. C'est à lui de constater que dans l'histoire de l'humanité, la tradition, l'idée sont plus puissantes encore que l'occasion ou la force.

Lyon, 23 janvier 1887.

TABLE DES DOCUMENTS CONSULTÉS

ET DES PRINCIPALES ABRÉVIATIONS

Archives des affaires étrangères de France : A. E.
    1° Correspondance générale de Suisse : *Suisse.*
    2° Mémoires et documents : Suisse—France (*Franche-Comté*).

Archives du ministère de la guerre : Archives de la guerre,
    Dépôt général (minutes).

Archives nationales de France : France, A. N.
    Papiers des Conti : K. 603-607, etc... VII.
    Correspondance des intendants : G', 283-284.

Archives royales de Prusse : A. R. P.
    1° Acta betreffend die Neuchatell'sche succession : *Acta Neuch. success.*
    2° Papiers de Metternich : A. R. P., *Papiers de Metternich.*
        A Diarium ou Journal de Metternich.
        B Rescripta (lettres du Roi à Metternich).
        C Beylagen (Documents).

Archives cantonales de Neuchâtel : A. Neuch.
    1° Registres des Missives : *Missives.*
    2° Manuels du Conseil d'État : *Conseil d'État.*
    3° Actes de la chancellerie.
    4° Pièces originales conservées dans des cartons, classées et cataloguées.

Archives départementales du Doubs.

Archives municipales de Besançon : Biblioth. de Besançon.
    1° Inventaire des archives municipales dressé par M. Castan.
    2° Collection Duvernoy, relative à l'histoire de Montbéliard.

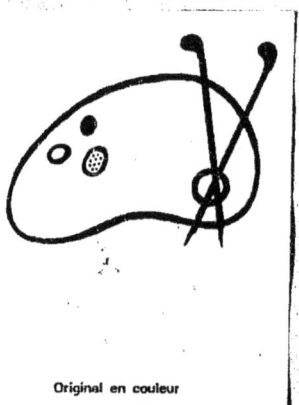

Original en couleur
NF Z 43-120-8

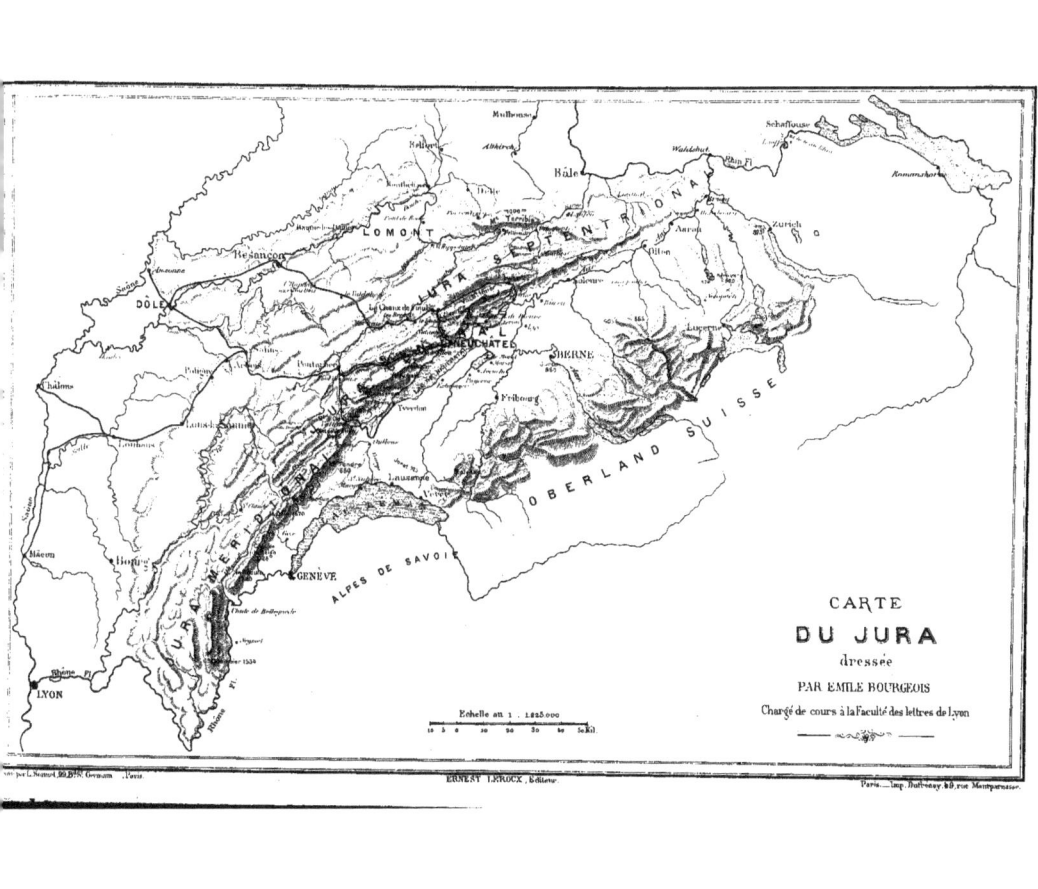

I

SITUATION GÉOGRAPHIQUE DE NEUCHATEL

Entre les contreforts avancés des Alpes suisses, le Schauenberg (Winterthur), l'Uetliberg (Zurich), le Gurten (Berne), le mont Jorat (Fribourg, Lausanne), le mont Sion (Genève), et la longue ligne du Jura qui court des bords du Rhône aux rives du Rhin, de la chute de Bellegarde à celle de Schaffouse, s'étend une dépression marquée par la vallée de l'Aar, les lacs de Bienne, de Neuchâtel, la vallée inférieure de l'Orbe, et le cours de la Venoge tributaire du lac de Genève. C'est par excellence la plaine suisse que les Alpes murent du côté de l'Italie, le Jura du côté de la France, mais qui s'ouvre au nord sur les vallées supérieures du Rhin et du Danube, les deux grands fleuves de l'Allemagne, au sud sur celle du Rhône, le chemin de Paris à Marseille[1].

L'histoire extérieure de la Suisse est intimement liée à cette plaine centrale par une multitude de souvenirs et de noms célèbres. C'est à Avenches, dans le canton de Vaud, au bord du lac de Morat (*Aventicum*), que les Romains avaient établi le siège de leur puissance en Helvétie : des monuments en ruine, des débris de routes attestent aujourd'hui l'importance de cette place au temps de la domination romaine.

Puis ce fut à Habsbourg, en Argovie, entre Aarau et Brugg, que naquit la puissante maison dont la fortune remplit l'Europe, constitua la grande monarchie danubienne et rattacha pour longtemps la Suisse à l'Allemagne.

Au sud, à Sempach, se trouve le champ de bataille glorieux où les Suisses, en 1386, défendirent leur indépendance contre

---

1. Cf. Appendice I.

cette maison des Habsbourg qui, après être sortie d'eux, les avait asservis à la domination de l'étranger.

Plus au sud encore, Morat, à l'est du lac du même nom, Granson, au sud du lac de Neuchâtel, gardent également le souvenir de la fière résistance des Suisses à l'étranger, à Charles le Téméraire.

Lorsqu'après ces combats héroïques l'unité fédérale se fut constituée, c'est à Aarau, à Baden que les cantons alliés vinrent tenir leur diète, les protestants et les catholiques se réunissant en outre séparément près de là, les uns à Langenthal, les autres à Soleure, dans la section de la vallée de l'Aar comprise entre Buren et Brugg, toujours dans cette région qui avait vu naître les Habsbourg, dans la partie septentrionale de la plaine.

Aujourd'hui enfin que la Suisse, protégée par sa neutralité, a pu, sans danger, se rattacher à ses voisines par de nombreux chemins de fer, les têtes de ligne de ses voies ferrées sont, vers l'Allemagne, Brugg et Olten; vers la France, Lyss, Payerne, Yverdon et Genève, toute une série de villes échelonnées du sud-ouest au nord-est, dans la direction même de la plaine, de la dépression centrale.

Neuchâtel est au cœur de cette dépression : le lac qui lui donne un si grand charme, et auquel elle prête son nom, forme avec les annexes de Morat et de Bienne, un bassin remarquable au milieu de la plaine suisse, à égale distance de Waldshut et de Genève, du Rhin et du Rhône. De Neuchâtel, on est en quelques heures au lac Léman, on aperçoit les rives du canton de Fribourg, on touche au territoire de Berne, à celui de Bâle, on entre par Bienne dans la vallée de l'Aar. Ce n'est pas le centre de la Suisse tout entière qui serait plutôt à Berne ou du moins entre Lucerne et Berne, au point où se croiseraient deux lignes tirées de Romanshorn à Genève, de Bâle à Bellinzona, au pied des plus hautes montagnes, au cœur de l'Oberland bernois. C'est le centre de la Suisse extérieure, pour ainsi parler, de la plaine helvétique ouverte aux invasions du nord et du midi, qui a dû son indépendance au courage des pâtres de l'Oberland, sa neutralité aux appétits jaloux des grandes puissances.

Le rocher isolé qui porte le château de Neuchâtel et les pentes du Chaumont sur lesquelles s'étagent la ville et ses faubourgs appartiennent au rebord oriental du Jura. Le Jura ferme à l'ouest, dans presque toute son étendue, la plaine suisse ; mais cette muraille uniforme s'ouvre précisément à Neuchâtel par des vallées plus nombreuses, des brèches plus larges que partout ailleurs. En sorte que ce pays est, par une singulière coïncidence, le point central de la plaine suisse, et l'entrée principale de cette plaine vers l'ouest.

En effet, au nord, depuis Olten jusqu'à Baume-les-Dames, le rempart du Jura s'élève à des hauteurs de mille mètres, suivant une ligne transversale d'est en ouest marquée par les sommets du Lomont et du mont Terrible : une seule porte en France, étroite, la déchirure qui sépare ces deux sommets, la brèche de Pont-de-Roide, par où s'échappe le Doubs. Et le Doubs forcé, depuis Sainte-Ursanne jusqu'à Saint-Hippolyte, de changer son cours, ferme en réalité cette brèche par un fossé de sept lieues de long. Il y a dans le Jura septentrional, d'autres échancrures, la vallée de la Birse, ou la route de Bâle à Delle, le Liesthal ou la route d'Olten à Bâle ; mais ce sont des chemins de Suisse en Suisse, de la vallée du Rhin à la vallée du Rhin, qui n'atteignent directement ni la vallée du Rhône, ni la France.

Au sud, d'autre part, le Jura forme, sur la rive gauche de la Valserine jusqu'à son confluent avec le Rhône, un rempart élevé, compact, avec des bastions de 16 à 1,800 mètres, les sommets les plus hauts de toute la chaîne, le mont Tendre, la Dôle, le Reculet, le grand Credo. Aucun passage facile à travers cette muraille, sur une étendue de trente lieues depuis Vallorbe jusqu'à Bellegarde.

Au contraire, entre Bienne et Yverdon, sur la rive gauche du bassin lacustre qui est au milieu de la plaine suisse, dans le Jura central, deux grandes routes naturelles débouchent, par des vallées larges et doucement inclinées, de la France vers la Suisse, du Rhône et de la Saône vers l'Aar et le Rhin. La montagne s'ouvre là pleinement au commerce, aux invasions. Elle ne s'affaisse point : avec le Chasseral, au nord de la Chaux-de-Fonds, le Chaumont au nord de Neuchâtel, le mont Aubert et le Chasseron à l'est de Pontarlier, elle atteint encore des hauteurs qui varient entre 12 et 1,600 mètres. Mais elle se morcèle : les sommets sont élevés, mais isolés par de longues vallées qui les contournent et se rejoignent derrière eux.

Par exemple, le *val Saint-Imier* pénètre le Jura du nord-est au sud-ouest entre le Chasseral et le plateau de Noirmont. C'est un bassin assez étendu en forme de cirque dans les étages supérieurs, étranglé et pourtant ouvert dans sa partie inférieure par une déchirure où coule la Suze, tributaire du lac de Bienne.

Entre le Chaumont et le Chasseral au nord, le Chasseron au sud, s'ouvre encore dans la montagne, derrière Neuchâtel, le *val de Ruz*, celui-là tout à fait en forme de cirque, arrosé par le Seyon, dont la haute vallée est Valangin, et l'embouchure Neuchâtel. Le *val de Ruz* est dirigé du sud-est au nord-ouest, si bien qu'il s'appuie, au nord, sur les étages supérieurs du *val Saint-Imier*, près de Convers.

Convers est par ce fait un centre de communications important : les routes et les voies ferrées qui viennent de Bienne et plus loin de Bâle par Delémont et Sonceboz s'y rencontrent avec la route de Neuchâtel, à la limite du plateau industriel suisse, le plateau de la Chaux-de-Fonds. Ce plateau s'étend, à une altitude presque constante de 900 mètres, par le Locle et les Brenets jusqu'audelà de Morteau, pour s'abaisser par l'Hôpital-au-Gros-Bois sur Besançon et Dôle. De Convers à Besançon, un chemin de fer traverse aujourd'hui le plateau d'est en ouest : la faille du Doubs qui, depuis Saint-Hippolyte jusqu'à Morteau, interdit les communications de la Suisse avec la France, à Morteau n'est plus un obstacle. Les routes, la voie ferrée la franchissent aisément.

Voilà donc une première voie très accessible vers la Franche-Comté, qui part ou de Neuchâtel ou de Bienne, contourne en pente douce les hauteurs du rebord oriental, atteint les plateaux du Jura à Convers et les traverse jusqu'à la vallée du Doubs et de la Saône. Neuchâtel est la clef de cette route : car le chemin est moins long de Neuchâtel à Convers que de Bienne, et Bienne est elle-même rattachée à Neuchâtel par Landeron, Neuveville et les rivages du Bieler-See.

Descendons un peu plus au sud : entre la longue arête du Chasseron et le crêt de Travers se creuse une vallée, parallèle à celle de Saint-Imier, dirigée du sud-ouest au nord-est. C'est le *val Travers,* la cluse de la Reuse qui sourd aux Verrières et se jette dans le lac de Neuchâtel, entre Auvernier et Cartaillod, le *trou* de France, la porte de France, par excellence.

D'autre part, au sud du Chasseron, près de Jougne, le Jura se laisse pénétrer entre les sommets du Suchet et du Mont-d'Or, hauts de 1,400 mètres, par une vallée dirigée du nord-ouest au sud-est, le *val d'Orbe* (Vallorbe).

La disposition de cette dernière échancrure par rapport au Val-Travers est analogue à celle du val de Ruz par rapport au val Saint-Imier. L'extrémité supérieure de l'une s'appuie sur l'extrémité supérieure de l'autre, près du fort de Joux.

Fort de Joux occupe donc une position de même ordre que Convers, et de plus grande importance, les vallées qui s'y rejoignent étant très accessibles, et depuis longtemps très fréquentées. Convers est suisse : Fort de Joux, français. Fort de Joux n'est pas seulement un embranchement de chemin de fer, c'est une forteresse ancienne. Malgré ces différences, ces deux points sont par rapport à Neuchâtel et à la France dans une situation analogue : Fort de Joux est à la rencontre des voies ferrées qui viennent d'Yverdon, et, par Oullens, de Genève, ou par Travers de Neuchâtel, comme Convers à la jonction des routes de Bâle, Bienne et Neufchâtel. Fort de Joux est à la limite d'un plateau aussi élevé que celui de la Chaux-de-Fonds, le plateau de Saint-Point et de Pontarlier, qui domine les vallées du Jura, de l'Ain et de la Loue, mais s'abaisse vers le confluent de la Saône et du Doubs. A Pontarlier, plus encore qu'à Morteau, le Doubs coule avec lenteur dans un lit peu profond, marécageux, et ne gêne point la route qui, depuis Neuchâtel ou Yverdon, s'enfonce dans les flancs du Jura, et gagne la Franche-Comté par le plateau.

Cette seconde route de Suisse en France est la plus ancienne, la plus facile. La clef en est aussi à Neuchâtel, qui commande le défilé du Val-Travers. Pour aller de Pontarlier à Berne, il faut passer par Neuchâtel, à moins que de faire un grand détour par Yverdon, Payerne, Lausanne et Fribourg. Encore ce détour est-il impossible, si de Neuchâtel on coupe la route de l'Orbe, en passant par Auvernier, Bevaix et Granson, en suivant les bords du lac.

Neuchâtel, au débouché des deux seules grandes routes qui percent le Jura d'est en ouest, avec ses positions avancées d'Yverdon au sud, de Bienne au nord, est presque la clef de la plaine helvétique tout entière, comme elle en est le centre. Elle est, enfin, la porte principale de Suisse en Franche-Comté.

De l'autre côté du Jura, Dôle occupe une position analogue à celle de Neuchâtel, au cœur de la Franche-Comté qui, comme la Suisse, a été, pendant de longs siècles, l'objet de querelles sanglantes, encore mal éteintes, entre la France et l'Allemagne. Au milieu de la ligne que le Doubs forme parallèlement à l'Aar, depuis le Rhin jusqu'au Rhône, Besançon surveille, incomplètement, la route de l'Allemagne. Bourg a été longtemps la forteresse de la vallée de l'Ain, Salins commande la vallée de la Loue : Dôle est, entre toutes ces places, la ville franc-comtoise par excellence, la capitale politique et littéraire de la province. Elle domine la dépression centrale de la vallée de la Saône marquée par le confluent de la Loue et du Doubs, plus au sud par celui du Doubs et de la Saône [1].

Or, par une harmonie géographique singulière, il se trouve

---

1. Berlioux, *Le Jura*. Paris, Dumaine, 1880, p. 21.

que cette dépression est sur la même latitude et de même niveau que la dépression lacustre de la plaine helvétique. La ligne qui relie ces deux dépressions passe par le centre du Jura, entre les routes qui traversent la montagne pour converger vers Neuchâtel, celle de Morteau, celle de Pontarlier. Entre Dôle, le cœur, la capitale de la Franche-Comté, et Neuchâtel, la clef et le cœur de la plaine suisse, la nature n'a mis aucune différence, aucun obstacle : il n'y a entre les deux qu'une distance relativement courte et très facile à franchir. A Neuchâtel, on est déjà presque en Franche-Comté, on parle un français qui est un dialecte franc-comtois. La sécurité de la Franche-Comté, la sécurité de la Suisse dépendent avant tout de la condition politique du pays de Neuchâtel[1].

En résumé, la situation de Neuchâtel en Suisse, et dans cette partie de la Suisse où les civilisations du nord et du midi se rencontrent, où se heurtent les Germains et les Latins, que leurs langues se partagent encore, est peut-être unique : le pays de Neuchâtel et Valangin, avec ses annexes naturelles de Bienne, de Morat et d'Yverdon, est au cœur de la plaine suisse. Bienne est la ville allemande sur la route de Waldshut et de Bâle, Yverdon, la ville française sur la route de Genève et de Bellegarde : Neuchâtel est sur ces deux routes, aussi loin de Genève que de Bâle, de Bellegarde que de Schaffouse, du Rhône que du Rhin. En outre, Neuchâtel est, pour ainsi dire, en Franche-Comté : de Bâle, pour pénétrer au delà du Jura, de Genève, pour atteindre la Saône, il faut faire un long détour, passer devant Belfort et Besançon, ou devant Bellegarde, Seyssel et Lyon : de Neuchâtel on est bientôt à Dôle, au cœur de la Franche-Comté, à quelques heures de Dijon, sur la route directe de Paris.

Neuchâtel est une position européenne de premier ordre.

Le Rhin et le Rhône, après avoir coulé parallèlement de Constance à Bâle, de Genève à Lyon, divergent entièrement l'un vers le nord, l'autre vers le sud. Aux peuples qui se

---

[1] Berlioux, *Le Jura*. Paris, Dumaine, 1880, p. 37, 38.

répandent d'ouest en est et réciproquement, ils opposent une barrière qui s'étend de la Méditerranée à la mer du Nord. Ils forment, au contraire, du nord au sud, un grand chemin entre ces deux mers. Entre Bâle et Lyon, le chemin semble interrompu, et la barrière abaissée ; mais la Saône continue le cours du Rhône, l'Aar et les lacs dont il emporte les eaux, le cours du Rhin, et le Jura, ouvert en quelques points seulement, ferme de Bellegarde à Waldshut la trouée que les deux grands fleuves laissent entre eux. Cette disposition des bassins du Rhône et du Rhin a fait pour ainsi dire l'histoire de l'Europe occidentale, des peuples latins et germains, qui depuis des siècles se disputent la possession de cette frontière immense et de cette grande voie. La lutte s'est naturellement concentrée, les efforts des uns et des autres ont surtout porté sur le milieu même de cette ligne de communications et de défense, sur la Franche-Comté qui touche aux bassins de la Loire et de la Seine, sur la Suisse qui se rattache aux bassins du Rhin et du Danube, du Neckar et de l'Iser. Neuchâtel, entre la Franche-Comté et la Suisse, à égale distance de Bâle et de Genève, de toutes les manières au milieu du pays qui rapproche, avant qu'elles ne divergent, les vallées du Rhin et du Rhône, devait jouer un grand rôle dans l'histoire des luttes entre les Latins et les Germains. Elle a joué ce rôle en effet, comme nous le montrerons dans ce travail, et rien ne prouve qu'en dépit de la neutralité suisse, elle ne soit appelée à le jouer encore à l'avenir.

La première fois que le nom de Neuchâtel paraît dans l'histoire, c'est en 1033, précisément dans le récit fait par le moine de Saint-Gall d'une guerre entre les Francs et les Allemands pour la possession de la Suisse occidentale. Eudes de Champagne avait occupé la Bourgogne transjurane : l'empereur Conrad le Salique vint la lui disputer et fut forcé par la résistance des habitants de Morat et de Neuenburch (Neuf-chastel) de renoncer à son entreprise cette année-là. Mais il revint l'année suivante, et cette fois réussit. Neuchâtel fut alors conquise à l'empire allemand ; et pendant trois siècles, elle resta la propriété d'une famille indigène, les comtes de Fenis, avoués de l'empereur à Bienne, comtes d'empire en 1288.

Après l'extinction de cette première dynastie neuchâteloise, ce fut une famille allemande qui recueillit le comté, la famille des comtes de Fribourg-en-Brisgau. Il est vrai que cette dynastie allemande était liée à la maison bourguignonne de Châlons par l'hommage qu'en 1288 le comte Raoul, forcé de se chercher un protecteur, avait prêté à Jean de Châlons. Neuchâtel était devenue ainsi fief de Châlons, arrière-fief d'empire. Le comté était bourguignon et allemand.

La famille de Fribourg disparut en 1457, et Neuchâtel fut l'objet d'une lutte très longue entre les comtes de Châlons-Orange qui réclamaient le fief comme suzerains, et le cousin du dernier comte de Fribourg, Rodolphe de Baden-Hochberg. Neuchâtel échappa aux Bourguignons et prit parti pour les Suisses contre Charles le Téméraire. Mais une nouvelle destinée l'attendait encore : la dernière comtesse de la famille de Hochberg épousa Louis d'Orléans, comte de Longueville en 1504, et mourut en 1543 : le comté devint français, ou du moins fut étroitement rattaché à la politique française par les princes qui le gouvernèrent, Rohan, Bourbon, Nemours, depuis François, petit-fils et pupille du duc de Guise, jusqu'à Marie de Nemours qui obtint la souveraineté en 1694.

Depuis le jour où les Allemands et les Français commencèrent à se disputer la Franche-Comté et la Suisse, jusqu'au moment où la France finit par occuper la Franche-Comté, Neuchâtel avait été successivement disputée et occupée par des dynasties allemandes, bourguignonnes ou françaises. A la fin du xviie siècle, le sort de la Suisse était fixé : elle était neutre, indépendante, celui du comté de Neufchâtel ne l'était pas.

Ce comté fut encore, au début du xviiie siècle, le théâtre d'une lutte entre les Français et les Allemands, lutte d'influence qui faillit amener un conflit redoutable et que les historiens ont négligé d'étudier. Le peuple neuchâtelois sut conjurer les malheurs que sa situation géographique lui préparait : il n'a pas eu d'histoire.

Le conflit qui menaçait alors Neuchâtel faillit s'étendre à la Franche-Comté. Les Allemands voulurent profiter de la forte situation de ce petit pays pour franchir le Jura, s'établir dans le bassin de la Saône, et venger l'Empire des humiliations que Louis XIV lui avait imposées. C'est l'étude de cette tentative oubliée que nous nous sommes proposée.

II

LA SUCCESSION DU COMTÉ DE NEUCHATEL AU XVIIᵉ SIÈCLE.

Louis XIV, en 1678, avait définitivement acquis la Franche-Comté; à Ratisbonne, en 1684, il avait fait ratifier par la diète de l'Empire l'occupation de Strasbourg. Il avait pris Luxembourg à l'Espagne, Deux-Ponts à la Suède. La Lorraine, entourée par des provinces et des places fortes françaises, traversée par des routes qui appartenaient à la France, n'avait plus qu'une indépendance nominale. Depuis Genève et Lyon, jusqu'à Strasbourg, tout le pays en deçà du Jura et du Rhin avait été annexé à la monarchie française. L'Allemagne abandonnait à la France ces régions qu'elle lui avait disputées pendant des siècles.

Elle redoutait des maux plus grands encore de la toute-puissance incontestée de son ennemie. Nul ne savait où s'arrêterait, au delà du Jura et du Rhin, la domination de Louis XIV; nul ne se sentait de force à résister aux projets qu'on lui attribuait. N'entrerait-il pas à Cologne[1], à Spire, à Worms[2]? Ulm n'allait-elle pas, ville impériale, se livrer comme Strasbourg[3]? Qu'allait devenir la Suisse[4]?

C'est alors, après tant de conquêtes si considérables de la France, en face d'autres conquêtes prochaines, que se posa (1694) la question de la succession au comté de Neuchâtel.

La famille d'Orléans-Longueville s'éteignit à la fin du XVIIᵉ siècle par la mort des enfants du comte Henri II. L'aîné,

---

1. Correspondance de Tambonneau, résident de France à Francfort; citée par Legrelle, *Louis XIV et Strasbourg*, 4ᵉ édition, 1884, p. 600.
2. Correspondance de Saint-Romain, 1681, *ibid.*, p. 604.
3. Correspondance de Sebbeville, 1681, citée par Legrelle, *ibid.*, p. 612.
4. *Ibid., ibid.*

Louis-Charles d'Orléans, avait d'abord succédé à son père en 1663, sous la tutelle de la célèbre Mme de Longueville, sa mère. Faible d'esprit et de corps, il avait abdiqué en 1668 en faveur de son frère Charles-Paris d'Orléans, comte de Saint-Pol; au monastère où il se retira, il devint fou et on l'interdit en 1672.

Cette année-là même, le comte de Saint-Pol, qui avait hérité de l'esprit aventureux de Mme de Longueville, se fit tuer par imprudence au passage du Rhin. Quoique fou et interdit, l'aîné reprit la souveraineté de Neuchâtel, qui fut confiée successivement à des régents : de 1672 à 1679, à Mme de Longueville; de 1679 à 1684, à la duchesse Marie de Nemours, sœur consanguine du comte, fille d'un premier mariage de Henri II; de 1682 à 1687, au prince de Condé; puis au duc de Bourbon. Le comte Louis-Charles d'Orléans mourut en 1694, il ne restait plus d'héritier mâle de la dynastie française qui gouvernait depuis 1503 [1].

C'était la quatrième fois que, par l'extinction de la famille ducale, le sort de Neuchâtel était mis en question. La nature qui dispose de la vie des hommes et de la durée des familles, souveraines ou privées, décidément ne favorisait pas le pauvre pays. On remarqua qu'en 1503 et en 1694, le lac gela tout entier, tandis que la maison de Baden et celle de Longueville disparaissaient. La Providence donnait des preuves multiples et simultanées du peu d'égards qu'elle avait, à de certains moments, pour le comté de Neufchâtel [2].

Il est certain que les circonstances étaient critiques et que l'indépendance du comté n'avait été, à aucune époque, aussi menacée. Depuis que, par la mort du comte de Saint-Pol, la souveraineté était revenue à l'abbé d'Orléans, incapable de l'exercer, en fait sinon en droit, le véritable souverain du comté, c'était Louis XIV. En 1674, la duchesse de Nemours,

---

1. Chambrier, *Hist. de Neuchâtel*, ch. xx, p. 447 à 477; Jacottet, le *Procès de 1707*, dans le *Musée neuchâtelois*, 1884.
2. Cf. Chambrier, *Hist. de Neuchâtel*, p. 476.

ayant voulu disputer la régence à Mme de Longueville, reçut du roi l'ordre formel de revenir en France, et ce fut le roi qui, par un jugement arbitral du 4 avril, régla le différend en faveur de Mme de Longueville. Les états de Neuchâtel protestèrent en vain contre un procédé pareil, firent des remontrances à la reine régente, « le roi de France pouvant bien les mettre d'accord comme dames françaises, au regard des biens situés dans le royaume, mais non adjuger une principauté suisse, libre et indépendante[1]. » En 1679, à la mort de Mme de Longueville, Louis XIV donna la régence à Mme de Nemours, puis la lui reprit de la même manière, pour la donner au grand Condé et au duc de Bourbon[2]. Louis XIV disposait du comté comme d'un fief relevant de sa suzeraineté, et, dans l'état auquel la royauté avait réduit les seigneurs, il n'y avait pas grande différence entre un fief et une province[3]. Comme en Alsace, comme en Franche-Comté, la royauté française employait les règles du droit féodal à préparer le succès des plans de conquête qu'elle avait formés contre Neuchâtel. Lorsque le dernier souverain mâle du Comté eut disparu, on évoqua l'affaire de la succession au parlement de Paris[4].

Au temps où il n'était pas encore fou, et où il se préparait à abdiquer, le dernier comte de Neuchâtel avait fait un testament par lequel il cédait tous ses biens, et Neuchâtel entre autres, au prince de Conti. La comtesse Marie de Nemours, sa sœur consanguine, privée par ce testament de l'héritage qu'elle pouvait revendiquer, prétendait que, antérieures à l'abdication du comte, ces dispositions testamentaires étaient devenues nulles de plein droit, le jour où le comte Charles-

---

1. Montmollin, *Mémoires sur le comté de Neuchâtel*, t. I, p. 188 et partic. p. 190.
2. Chambrier, ouv. cité, p. 468, 469.
3. Le bruit courut même, en 1690, que le roi se ferait directement céder Neuchâtel, par le comte imbécile. — Chambrier, ouv. cité, p. 473.
4. Le marquis de Torcy fut envoyé par Louis XIV à la duchesse de Nemours pour l'engager à ne pas plaider sa cause devant les états de Neuchâtel.

Louis avait disposé de la souveraineté en faveur de son frère cadet, que, par conséquent, le comte était mort *ab intestat* et qu'elle devait hériter comme sa plus proche parente[1]. Peu importait la valeur des droits du prince de Conti et des prétentions de la duchesse de Nemours : ce qui semblait probable et ce qui était inquiétant pour Neuchâtel, c'est que l'affaire de la succession se présenterait comme un procès entre seigneurs français, que le parlement de Paris en serait juge. Le roi de France, par l'organe de son parlement, disposerait-il de Neuchâtel même, comme il avait disposé pendant vingt ans de la régence ? On créerait un second précédent plus grave encore que le premier; d'une manière presque définitive, l'influence exclusive de la France s'établirait à Neuchâtel. Marie de Nemours n'avait pas d'enfant; la ligne directe de la maison d'Orléans s'éteindrait à sa mort. Les prétendants n'en seraient alors que plus nombreux, les droits de succession étant moins clairs : au milieu de toutes ces prétentions contradictoires, le parlement de Paris, le roi de France auraient sûrement l'occasion et la liberté de régler à leur gré le sort du comté.

Ce danger prochain n'échappa pas à la clairvoyance patriotique d'un Neuchâtelois qui eut le mérite de formuler avec netteté et de poursuivre avec obstination la seule politique conforme aux intérêts du comté, le chancelier de Montmollin. Destitué de ses charges par Marie de Nemours en 1680, « en récompense de ses longs services, et résigné, » le chancelier écrivit ce qu'il avait fait dans l'exercice de ses fonctions et ce qu'il préparait, dans sa retraite, pour assurer le salut et l'indépendance de sa patrie. Ce récit est placé à la fin d'une histoire de Neuchâtel qui n'a été publiée qu'en 1831[2]; le

---

1. Chambrier, ouv. cité, p. 478.
2. Montmollin dit lui-même dans ses mémoires qu'il n'a écrit tout son livre que pour examiner d'une manière approfondie cette affaire de la succession : « Le train de ce jour ne peut durer ; je sais bien qu'un mécontent voit rarement les choses du beau côté et que par cette raison je dois me défier de mon propre sens..... Mais le désordre de ce jour, pouvant se comparer à la fièvre après laquelle le corps se porte souvent mieux qu'avant, mérite bien

chancelier avait fait cette histoire, à la suite de longues recherches dans les archives pour établir sur des preuves solides la souveraineté, l'inaliénabilité du comté, et son caractère de contrée suisse, « des attributs si capitaux pour ce pays qu'il n'y a qu'eux qui le pussent conserver [1]. »

Sous le gouvernement d'Henri II de Longueville, Montmollin, souvent consulté, ne cessa de répéter au comte « que la parfaite sûreté du comté dépendait de sa qualité d'État suisse, membre du corps helvétique, et de la mesure exacte dans laquelle la France respecterait cette prérogative. » En 1657, il fut chargé par le souverain de rédiger dans ce sens un projet de traité avec la cour de France; la mort de Henri II, la démence de son fils aîné, la mort du cadet, les difficultés des régences successives compromirent ses efforts. En 1680, le chancelier ne pouvait s'empêcher de se demander avec inquiétude ce que deviendrait ce pauvre petit État, à la prochaine extinction de la maison d'Orléans « qui ne pouvait être éloignée et qui annonçait une orageuse vacance [2]. » Le roi de France était maître de la Franche-Comté, son autorité sur ses sujets n'avait plus de bornes; appeler à Neuchâtel des princes français dangereux moins par ce qu'ils feraient au dedans que parce qu'ils ne pourraient empêcher au dehors [3], ce serait préparer volontairement l'annexion de Neuchâtel à la Franche-Comté. Le chancelier « rumina », médita avec recueillement, sans autre motif que le bien de l'État.

En 1694, quand Louis XIV évoqua au parlement l'affaire de la succession que Conti disputait à la duchesse de Nemours, le chancelier saisit cette occasion de rappeler et de faire pro-

moins d'attention que le grand objet que je vais examiner, vers lequel tend tout ce qui précède et qui doit faire la conclusion de cet écrit », c'est-à-dire, la vacance de la souveraineté après la mort de la duchesse de Nemours. *Mémoires*, t. I. p. 195,196. — Cf. Appendice II : Extrait des *Mémoires* de Montmollin.

1. Montmollin, *ibid.*, p. 160.
2. Montmollin, *ibid.*, p. 196.
3. Montmollin, *ibid.*, p. 200.

clamer l'inaliénabilité du comté fondée sur sa qualité d'État souverain. Cette déclaration, faite par les États le 8 mars, en droit, avait sa valeur, mais il fallait qu'elle fût suivie d'effet, que les États, après l'avoir faite, eussent le pouvoir de la soutenir. Or, que pouvaient les magistrats de ce pauvre petit pays? Ils eurent à peine la force de défendre la souveraine qu'ils s'étaient choisie contre le prince de Conti, lorsque celui-ci essaya, en 1699, de prendre possession par la violence de l'héritage qui lui échappait. Que feraient-ils, si Louis XIV persistait à vouloir disposer de Neuchâtel comme d'un fief français, en attendant qu'il en fît une province de son royaume? Seul contre la France, Neuchâtel ne réussirait pas à défendre son indépendance et ses droits.

Il lui fallait des alliances, fondées sur des intérêts communs. Celles-là seulement sont durables. Ce fut l'objet des méditations de Montmollin que de chercher ces alliances et de démêler ces intérêts. Jamais politique n'a montré dans la conduite des affaires extérieures d'un grand pays plus de sagacité que Montmollin n'en montra alors pour sauver ce petit État convoité par la France, tiraillé par les factions et les prétendants, déchiré par les intrigues.

La Suisse avait intérêt à ne pas abandonner Neuchâtel à la France, un intérêt de premier ordre à ne pas livrer les clefs du Jura à Louis XIV, à ne pas le laisser s'établir au cœur de la plaine suisse. Lorsqu'en 1667 (juillet), de Lionne préparait l'annexion de la Franche-Comté, les cantons suisses avaient, à l'instigation d'un député franc-comtois, Watteville, et malgré le président Moustier, supplié le roi de renoncer à ses projets, défendu enfin aux soldats suisses de servir contre les Comtois[1]. Lorsqu'ils virent Louis XIV maître, en 1668, des forts de Joux, de Sainte-Anne, d'Ornans, certains cantons, redoutant ce voisinage, délibérèrent s'il ne convenait pas de mettre la main sur Neuchâtel, pour le protéger et « pour ne pas laisser

---

1. De Piépape, *Histoire de la réunion de la Franche Comté à la France*. Paris, Champion, t. II, p. 214 à 217.

ôter du circuit de la Suisse un pays qui doit être conservé en dedans de ses limites[1]. » Ce projet n'eut pas de suite : puisque Neuchâtel était de droit et de fait membre du corps helvétique, « il ne pouvait être distrait de l'enclave de la Suisse et annexé à la Franche-Comté, sans une violation manifeste de l'alliance et paix perpétuelle entre la France et les Cantons. » N'était-ce point une garantie suffisante ? Les intérêts de la Suisse n'étaient pas immédiatement menacés. Les armées de Louis XIV n'avaient pas franchi le Jura ; il n'était pas nécessaire de fournir aux Français en occupant Neuchâtel aux dépens d'une famille française un prétexte fort naturel pour intervenir en Suisse. Ces raisons, qui l'emportèrent, étaient fort bonnes : mais l'inquiétude des cantons, à ce moment, prouve quelle importance les Suisses attachaient à l'intégrité de Neuchâtel, et combien le sort de ce pays paraissait à quelques-uns d'entre eux étroitement lié au sort de la Franche-Comté.

La France renonça, en 1668, à la Franche-Comté, mais ne pouvait pas y renoncer définitivement. La Bourgogne entre les mains des Espagnols, c'était le royaume, Paris lui-même constamment ouverts à toutes les invasions. Pendant la guerre de Hollande, l'ambassadeur de Suisse avertit Louis XIV que l'Espagne, l'empereur Léopold, le duc de Lorraine se préparaient à faire de la Franche-Comté un centre d'attaque pour pénétrer au cœur de la France. La conquête de la province fut immédiatement décidée et bientôt achevée. Les réclamations des Suisses avaient été cette fois écartées par des cadeaux aux députés, leurs inquiétudes calmées par des déclarations rassurantes. Plus qu'en 1668 cependant, l'indépendance de Neuchâtel et les intérêts de la Suisse étaient alors menacés. Depuis 1674 jusqu'en 1694, la France à Neuchâtel disposa de la régence : le roi fit construire, en face de Bâle, le fort d'Huningue et intervint dans les affaires des cantons plus nettement que par le passé. Mais la crainte de perdre les pen-

1. Montmollin, *Mémoires*, t. I, p. 177.

sions que leur faisait la cour de France fit taire, chez tous les députés, les craintes légitimes que pouvait inspirer sa politique, et arrêta toute velléité de résistance.

La Suisse avait un intérêt évident à limiter à l'est les entreprises de Louis XIV, mais les députés n'étaient ni assez courageux, ni assez généreux pour sacrifier leurs intérêts particuliers aux intérêts de l'État.

Montmollin connaissait trop ses compatriotes pour l'ignorer. Quand on lui parlait, pour sauver le comté, de le convertir en république suisse sous « la protection et tuition » du corps helvétique, il répondait qu'il ne fallait pas compter sur cette protection : les Suisses, en cas de conflit avec la cour de France, abandonneraient Neuchâtel, « quand bien même le véritable intérêt de la Suisse demanderait que ce pays fût plus pleinement dans l'incorporation helvétique, par son convertissement en république [1] ». S'ils défendaient Neuchâtel, ce serait alors pour le réduire non pas à l'état de canton, mais de bailliage, qui leur offriraient des places et des charges. Dans ce dernier cas, Montmollin voyait bien ce que Neuchâtel procurerait aux Suisses, une bonne frontière et des avantages particuliers, mais non ce qu'il en recevrait. Il perdrait sa liberté et ses franchises. « Possible que cette domination fût préférable à celle qui pouvait venir de France »; mais ce que le chancelier cherchait, c'étaient des alliés, non des maîtres [2]. A force de réfléchir et de « ruminer » encore, il trouva beaucoup mieux.

Il trouva que ce comté, si petit, si près en apparence d'être absorbé par l'unité française ou le fédéralisme suisse, était en réalité une position européenne de premier ordre. Il prévit que sa destinée était liée pour l'avenir à la politique même de l'Europe, et il se détermina à lui donner en Europe un protecteur capable de le servir, incapable de l'asservir [3].

---

1. Montmollin, *Mémoires*, t. I, p. 203.
2. Id., *ibid.*, t. I, p. 204.
3. Voici le passage souvent cité des *Mémoires* de Montmollin : « Puisque chacun use ainsi de la liberté de disposer de la souveraineté, sans consulter d'autre règle que l'utilité publique qu'il croit apercevoir, il me semble que,

Au moment où il formait ce dessein, on ne connaissait qu'un homme en état de tenir tête à Louis XIV et de protéger les pays faibles contre la toute-puissance du grand roi. A vingt deux ans, Guillaume d'Orange avait sauvé sa patrie et retourné contre la France la coalition que celle-ci avait formée contre la Hollande. Il semblait encore s'être donné pour rôle, après avoir fait reculer Louis XIV sur le Rhin, de réunir et de soutenir ensuite contre lui tous les princes, tous les peuples menacés par la domination militaire et catholique de la royauté française. L'Europe, qui l'avait en grande considération, se plaisait à le reconnaître comme le défenseur déclaré des libertés spirituelles et temporelles des peuples. Montmollin crut apercevoir en la personne de ce prince le souverain dont le comté avait besoin, un prince en état de le protéger et de lui faire du bien, mais assez éloigné pour ne pas lui nuire. G. d'Orange se trouvait précisément avoir des droits à la succession de Neuchâtel. Il pouvait donc être prétendant : politiquement c'était de tous les prétendants celui *qui convenait le mieux* [1]. En droit, il n'était pas le vrai et légitime successeur, ni l'héritier le plus proche : mais les héritiers étaient si nombreux, en général si éloignés, les droits si confus et si obscurs !

Plus de dix princes se préparaient à réclamer, après la mort de Marie de Nemours, la succession du comté [2].

Il y avait d'abord les descendants de la première maison des comtes, dont les droits ne remontaient pas à moins de

---

s'il y avait quelque part un prince en état de nous protéger et de nous faire du bien, et assez éloigné pour ne pas pouvoir aisément nous nuire, un prince en grande considération par toute l'Europe, défenseur déclaré des libertés spirituelles et temporelles des peuples, et en faveur duquel on pourrait établir d'une manière assez éblouissante le droit de succéder à la maison d'Orléans une fois éteinte, il me semble, dis-je, que, puisqu'il est question de chercher, non le vrai et légitime successeur que la loi appelle, mais celui qui, politiquement, nous conviendrait le mieux, un souverain tel que je viens de le décrire serait bien notre fait. » (I, p. 205.)

1. Montmollin, cf. le passage précédent.
2. Voir les tableaux généalogiques à l'Appendice II.

trois siècles, entre autres le baron Béat-Albert-Ignace de Montjoie. Si l'on n'admettait pas que la souveraineté de Neuchâtel fût aliénable par testament, le testament d'Isabelle, la dernière comtesse de la première race, en faveur de la dynastie de Fribourg, était nul. Depuis trois siècles, Neuchâtel était aux mains d'usurpateurs. Il était temps que le comté revînt à ses souverains légitimes et le baron de Montjoie se présentait comme leur héritier naturel.

Il y avait ensuite les descendants de la deuxième dynastie, de la dynastie de Fribourg, les princes de Furstenberg, héritiers d'Egon de Furstenberg, comte, au xiv° siècle, de Fribourg-en-Brisgau. Ceux-ci alléguaient que leur famille avait été appelée à la succession des premiers comtes, moins par le testament d'Isabelle que par droit de naissance, Conrad de Fribourg, le premier prince de la deuxième dynastie, étant le propre neveu d'Isabelle.

Les droits de la troisième maison, la maison de Hochberg, étaient représentés par le margrave de Bade-Dourlach. Rodolphe de Baden avait signé, en 1490, avec Philippe de Hochberg un contrat, par lequel ils s'instituaient réciproquement héritiers l'un de l'autre, à défaut d'enfant mâle. Philippe de Hochberg était mort sans enfant mâle, en 1503. Aux yeux du margrave de Bade-Dourlach, la maison d'Orléans-Longueville, appelée à la succession de Neuchâtel en vertu du mariage de Jeanne de Hochberg, fille de Philippe avec Louis d'Orléans, avait usurpé sur les droits de sa maison, et il protestait contre cette usurpation, comme le baron de Montjoie contre celle de la dynastie de Fribourg.

Ensuite venaient les héritiers très nombreux de la maison d'Orléans, d'abord les héritiers *ab intestat*. En la personne de Marie de Nemours, de Charles-Paris et de Jean-Louis-Charles, la ligne masculine des Longueville s'était éteinte, celle qui venait de Léonor, comte de Neuchâtel par Henri Ier et Henri II (1551-1601). Mais Léonor avait eu deux filles, Antoinette d'Orléans, mariée à Charles de Gondy, et Éléonore, mariée à Charles de Matignon. Il restait des héritiers de cette double ligne féminine : de la première, Catherine de Gondy, duchesse de Lesdiguières, et son petit neveu par alliance, le duc de Villeroi; de la seconde, le comte de Matignon. Le prince de Carignan, duc de Savoie, héritier de la maison d'Orléans, parent par sa grand'mère de la duchesse de Nemours, soutenait ses droits d'héritier *ab intestat*.

A deux reprises, des princes de la maison de Longueville avaient disposé par testament de Neuchâtel, quoique le comté fût inaliénable. Le comte Jean-Louis avait, en 1668, fait un testament en faveur du prince de Conti, et la duchesse de Nemours, en 1694, en faveur du chevalier de Soissons, qu'elle fit appeler M. de Neuchâtel. La déclaration des états, provoquée par Montmollin le 8 mars 1694, en établissant que la souveraineté était inaliénable, ruinait les espérances de ces héritiers testamentaires, le prince de Conti et le chevalier de Soissons.

Il y avait donc une foule de prétendants divisés en autant de classes, pour ainsi dire, qu'il y avait eu de familles de comtes à Neuchâtel; dans quelques-unes de ces classes, il fallait encore distinguer les héritiers *ab intestat* ou testamentaires. Et pourtant Guillaume d'Orange avait des titres de telle nature qu'il ne pouvait avoir sa place dans cette classification.

Ses droits ne lui venaient d'aucune des familles qui avait occupé le comté, mais de la maison bourguignonne de Châlons qui avait eu sur Neuchâtel un droit de suzeraineté. Il était le descendant non des comtes, mais de leur suzerain. Fief de Châlons, arrière-fief d'empire, Neuchâtel devait être soumis aux règles du droit féodal allemand qui n'admettait pas la transmission de la propriété par les femmes. Lorsque la comtesse Isabelle et son neveu, Conrad de Fribourg avaient administré le comté, lorsque Rodolphe de Hochberg l'avait reçu de son cousin Jean de Fribourg, il y avait eu violation flagrante du droit. Le fief devait faire retour au suzerain de la maison de Châlons. A l'avènement de Conrad de Fribourg, le prince de Châlons-Orange avait déjà protesté; en 1457, son successeur, le comte Louis ordonna la main-mise du comté et essaya de l'enlever à Rodolphe de Hochberg, qui le conserva pourtant avec l'appui de Berne. En 1680, l'héritier de la maison de Châlons-Orange, fondé, comme ses ancêtres, à réclamer le comté de Neuchâtel en cas d'extinction de la ligne masculine, c'était précisément Guillaume d'Orange. René de Nassau en 1544 avait laissé par testament à Guillaume le Taciturne ses droits à la succession de Châlons ; Guillaume III, son arrière-petit-fils, les avait reçus à son tour.

Il était malaisé, il est vrai, de concilier les droits que Guillaume III pouvait faire valoir sur Neuchâtel avec les principes qu'à Neuchâtel même on opposait aux moyens de certains prétendants. On écartait le prince de Conti en déclarant que, Neuchâtel étant inaliénable, le testament du dernier comte d'Orléans-Longueville était nul : n'était-ce point aussi un testament qui avait appelé Guillaume le Taciturne à l'héritage de la maison d'Orange, et indirectement du fief de Neuchâtel ? Et ce testament, le comté étant inaliénable, n'était-il pas nul aussi ? D'autre part, on répétait sans cesse que Neuchâtel était un état souverain : comment pouvait-on invoquer, en faveur de la maison d'Orange, un droit supérieur et extérieur à la fois au comté, un droit de suzeraineté féodal, une loi allemande[1] ?

Montmollin ne se faisait en réalité aucune illusion sur la valeur des droits de la maison d'Orange. Mais, dans la crise que traversait son pauvre pays, si rudement menacé, ce qui importait avant tout, ce n'était pas le respect de droits très obscurs, pour la plupart oubliés, mais le salut même de l'État[2]. Il suffisait que l'on pût établir les droits de Guillaume d'Orange, « d'une manière assez éblouissante, que l'on pût vêtir ses prétentions de telle sorte que la majeure partie des yeux ne vissent pas les coutures. » Déchirer la loi, aux dépens

---

1. Montmollin, *Mémoires*, t. I, p. 210, 211.
2. Montmollin, *Mémoires*, t. I, p. 199. « L'état de choses demandera qu'on fasse violence à la loi en faveur du salut public. »

des seigneurs français, puis en recoudre habilement les morceaux au profit du stathouder de Hollande, c'était là une *opération chirurgicale* qu'un patriote comme Montmollin ne devait pas hésiter à tenter. Il la tenta, convaincu qu'en politique ainsi qu'en chirurgie, il faut souvent faire un mal pour en éviter un plus grand[1].

Des régiments neuchâtelois furent engagés par les Provinces-Unies pendant les premières années de la guerre de la ligue d'Augsbourg. Les trois fils du chancelier passèrent en Hollande avec ces régiments, et furent ainsi mis en relation avec le prince d'Orange, auquel ils présentèrent, de la part de leur père, un mémoire relatif à la succession de Neuchâtel; les droits de la maison d'Orange, les intérêts du comté, de la Suisse, de l'Europe menacés par Louis XIV y étaient exposés à Guillaume III : il approuva le mémoire, accepta les projets de Montmollin; le 5 septembre 1697, il déclarait au Congrès de Ryswick ses droits sur Neuchâtel et faisait avertir Louis XIV par son ambassadeur qu'il eût à interdire toute intervention du parlement de Paris dans le règlement de la succession, et à retirer son appui au prince de Conti[2]. C'était un échec grave pour la politique française à Neuchâtel, et pour Neuchâtel le salut même. Quelques années après, Conti essaya encore d'arracher les armes à la main la souveraineté à la duchesse de Nemours : il vint à Neuchâtel, le 16 mai 1699, avec un parti de cavaliers bourguignons : une nouvelle note de Guillaume d'Orange, et la présence de son ministre Herwart dans le comté déterminèrent Louis XIV à rappeler en France ses sujets, et Conti particulièrement[3]. Montmollin avait réussi : il avait empêché que sa patrie ne fût déchirée par les intrigues des prétendants, et confisquée par Louis XIV. L'allié qu'il lui avait donné ne menaçait point de devenir un maître.

Guillaume III n'entendait point profiter des droits que

1. Montmollin, *Mémoires*, t. I, p. 199.
2. Chambrier, *Hist. de Neuchâtel*, p. 484, d'après Montmollin.
3. Id., *ibid.*, p. 491.

l'habile Montmollin lui avait découverts. On assure qu'il songeait, le grand pensionnaire Heinsius le répéta souvent, à constituer Neuchâtel en un quatorzième canton, protestant, indépendant, pour fortifier en Suisse le parti réformé et pour affaiblir l'influence française[2]. Il ne s'était point proposé autre chose, en acceptant au début les ouvertures du chancelier. Il pratiquait à Neuchâtel, sur un moindre théâtre, simplement la même politique qu'en Angleterre : la situation en Angleterre et dans le comté était identique. Il parut, en effet, à Neuchâtel, vers la fin du xviie siècle, un pamphlet très curieux, de 12 pages in-4, qui affirmait hautement dans l'affaire de la succession, comme dans la Révolution d'Angleterre, la souveraineté du peuple. Le titre en était très clair : *Le Tombeau des prétendants à la souveraineté de Neuchâtel et de Valangin, ou mémoire par lequel on prouve que ladite souveraineté est dévolue aux peuples.* Les idées fondamentales de ce pamphlet ne différaient guère de celles du *contrat social* : c'était la théorie de la constitution originelle du corps politique par le libre consentement des individus, le droit par conséquent pour la nation de choisir ses souverains et de les déposer. A Neuchâtel, il s'agissait de choisir un successeur à la duchesse de Nemours ; à Londres, on avait déposé Jacques II : de très loin, Guillaume III se rattachait à Neuchâtel, de très près à la famille d'Angleterre ; mais, en réalité, ce n'était ni comme héritier de la maison de Châlons, ni comme gendre de Jacques II qu'il avait été appelé au delà de la Manche ou qu'on l'appelait dans le Jura, c'était par la volonté des peuples.

En face du droit monarchique français, qui menaçait l'indépendance politique des nations européennes, et de la propagande catholique qui menaçait leur indépendance religieuse, Guillaume III était le champion du protestantisme et d'un droit nouveau que les publicistes protestants, Jurieu et

---

1. Chambrier, *Hist. de Neuchâtel*, p. 491.
2. Cf. *Arch. nation. de France*, K. 602, VII (pièce).

Hobbes avaient formulé, le droit souverain des nations. C'était à ce double titre qu'il avait été appelé à Neuchâtel par Montmollin : il avait accepté la garde d'une grande position européenne, d'un pays protestant et libre. Il avait forcé Louis XIV à reculer : cette victoire lui suffisait.

Malheureusement pour Neuchâtel et pour la politique de son chancelier, Guillaume d'Orange mourut peu de temps après son intervention dans les affaires du comté. Il mourut sans enfants. Il est vrai qu'il avait eu soin, depuis 1694[1], d'assurer le sort de Neuchâtel, en donnant à son neveu Frédéric III, électeur de Brandebourg, ses droits sur le comté, sous la réserve de les faire reconnaître par les états du pays. Il lui avait même remis la pleine direction de l'affaire. Les familles françaises étaient définitivement écartées de la succession, et la souveraineté du pays respectée.

Mais l'électeur de Brandebourg n'était pas pour Neuchâtel le même prince que Guillaume d'Orange : il avait les mêmes droits que son oncle, c'est-à-dire qu'il n'en avait à peu près aucun. Il se présentait à l'Europe comme le défenseur du protestantisme et des peuples libres. Mais il avait en Suisse d'autres intérêts à défendre que les intérêts généraux de la religion protestante ou de l'équilibre européen. Il était allemand, très allemand : toute occasion d'établir l'influence allemande en Suisse était pour lui un moyen de l'étendre ou de la rétablir au delà, en Franche-Comté ou en Alsace. Dès 1689, il écrivait à son ministre à Vienne qu'il espérait avoir le bonheur, dans le cas où l'empereur resterait neutre entre les puissances protestantes et Louis XIV, d'arracher au joug de la France l'Italie, l'Allemagne, et particulièrement le cours du Rhin. Il était avant tout, partout, dans toutes les guerres et toutes les négociations, le champion de l'Allemagne et « de la noble liberté germanique. » Neuchâtel lui ouvrait la Franche-Comté ; l'héritage de Guillaume d'Orange, de la maison de Châlons lui donnait des droits sur certaines

---

1. Acte de la Haye, 23 octobre 1694, Chambreir, *Hist. de Neuchâtel*, p. 496.

parties de la province. En s'établissant à Neuchâtel, il avait les clefs du Jura, et des prétextes pour le franchir, l'espoir enfin d'arracher à la France cette vallée de la Saône qui si longtemps a paru entre nos mains un larcin fait à l'Empire et à l'Allemagne. Neuchâtel n'aurait donc échappé à la France que pour être enchaîné par la Prusse à la politique allemande, et engagée de nouveau dans la lutte séculaire de l'Allemagne et de la France.

Pendant sept années, Frédéric Ier allait faire des efforts constants pour acquérir Neuchâtel et pour pénétrer, avec l'aide des Suisses, en Franche-Comté. Mais il ne devait réaliser que la première partie de son plan. La fermeté et la modération de Louis XIV, le patriotisme clairvoyant des Neuchâtelois firent échouer l'autre.

III

LA POLITIQUE PRUSSIENNE EN SUISSE
(1702-1706)

Jusqu'en 1702, Frédéric Ier s'était contenté de confier l'affaire de la succession de Nassau, avec beaucoup d'autres, à son représentant officiel en Suisse, Bondely[1]. La mort du roi de la Grande-Bretagne modifiait la situation; d'autre part, la mort de la duchesse de Nemours, dont la santé était fort ébranlée, paraissait prochaine. Le roi de Prusse prit aussitôt ses mesures. Il engagea, en Suisse, des agents qui pussent travailler exclusivement en secret au succès de ses prétentions sur Neuchâtel et sur la Bourgogne. Il mit à la tête de l'affaire un avocat de Genève, Marc du Puy, lui donnant plein pouvoir, tant pour ce qui regardait la principauté d'Orange, et les domaines de Bourgogne, France et Charolais, que pour tous autres lieux où il trouverait à propos de l'employer. Il lui fit un traitement de mille écus, le chargea de la garde de ses prérogatives et intérêts, et l'autorisa à correspondre avec ses ministres de Ratisbonne et de La Haye, directement, à l'insu même de Bondely[2]. En même temps, il prit à son service un sieur Denormandie employé déjà par Guillaume III, pour rechercher les droits de la maison d'Orange en Bourgogne[3], et le chargea de continuer avec Richard,

---

1. Mémoire de Denormandie au roi de Prusse, octobre 1702. A. R. P., *Acta neuch. success.*, vol. IV.
2. Pleins pouvoirs de l'avocat général du Puy, Wesel, 28 avril 1702; — Décharge de du Puy, Oranienbourg, 17 avril 1702; — Du Puy au roi, pour le remercier de l'avoir engagé à son service, 28 décembre 1702. A. R. P., *ibid.*
3. Mémoire de Denormandie au roi de Prusse, octobre 1702; — lettre de Genève au roi, juillet 1703; de Bondely au roi, 16 décembre 1702. A. R. P., *ibid.*

l'intendant du prince d'Orange en Franche-Comté, des recherches si utiles. Guillaume d'Orange n'était donc pas mort depuis un mois (19 mars), que le roi de Prusse avait déjà recruté un personnel spécial pour faire valoir et reconnaître ses droits à Neuchâtel et en Franche-Comté. Frédéric Ier tenait autant à ses propriétés de Bourgogne qu'à Neuchâtel.

Le 14 avril, son ambassadeur à Londres, Spanheim, celui qui avait été à la cour de France, rédigeait un mémoire sur l'affaire de Neuchâtel et le communiquait aux ministres de la reine Anne : il l'engageait à prendre en mains, comme son beau-frère, les intérêts de la religion protestante et de l'Europe tout entière menacée à Neuchâtel par l'extension de la puissance française : Neuchâtel, placé aux portes de Berne et de la Franche-Comté, ne pouvait appartenir à la France. C'était pour l'Angleterre un devoir de procurer le comté à la Prusse. La liberté, la paix de l'Europe en dépendaient [1]. Le ministre de Frédéric Ier en Hollande, Schmettau, écrivait aussi à Walkenier, résident des Provinces-Unies en Suisse, avec l'agrément du grand pensionnaire Heinsius, pour le prier de plaider la cause du roi de Prusse auprès du chancelier Montmollin [2] ; le gouvernement hollandais avait, d'autre part, promis d'agir sur les Neuchâtelois qui servaient dans son armée [3].

Le 19 avril, un mois juste après la mort de Guillaume III, Schmettau avait gagné la Hollande aux projets de son maître. L'envoyé prussien à Vienne, Bartholdy, au mois de juillet, agissait auprès de l'Autriche dans le même sens [4]. Le ministre du Danemark à Paris, Meyercron, était l'agent secret chargé de renseigner la cour de Berlin sur la santé de

---

1. Mémoire communiqué par Spanheim à la reine d'Angleterre. Spanheim au roi, 14 avril 1702; — Spanheim au roi, 24 avril 1702, 20 juin 1702. A. R. P. *Acta neuch. success.*, t. IV.
2. Le chancelier de Montmollin à Walkenier, 19 avril 1702. A. R. P., *ibid*, *ibid.*; — M. de Bilsson au roi, 15 avril 1702; — le roi à Walkenier, 22 septembre 1702. A. R. P., *ibid.*
3. *Ibid., ibid.*
4. Bartholdy au roi, 8 juillet 1702. A. R P., *ibid*, *ibid.*

Mme de Nemours, et de lui donner ainsi en temps opportun le signal d'une action décisive, officielle [1].

Frédéric Ier avait enfin fait choix de l'homme qui devait, le moment venu, prendre officiellement la direction de l'affaire. Son choix était très significatif [2] : il tombait sur un homme qui appartenait à une grande famille allemande, qui depuis longtemps servait la Prusse à la diète impériale de Ratisbonne, le comte Ernest de Metternich, de la même race que le grand diplomate autrichien de notre siècle[3], mais d'une branche cadette. Metternich connaissait admirablement l'Allemagne du XVIIe siècle, les intérêts et les sentiments des princes qui se faisaient représenter à la diète. Il en représentait même quelques-uns [4], quoiqu'il fût le plénipotentiaire spécial de la Prusse et le conseiller intime du roi. Frédéric, au mois de septembre, lui donna de pleins pouvoirs et l'ordre de se tenir prêt à partir pour Neuchâtel[5]; en le choisissant, il tenait à marquer que l'affaire de la succession d'Orange n'était pas seulement une affaire patrimoniale, mais une question d'ordre général, où les intérêts, les droits de l'Allemagne étaient engagés.

A la fin de l'année 1702, les dispositions de la Prusse étaient prises, son plan sur Neuchâtel et la Bourgogne en partie dressé, ses principaux agents, son personnel recrutés. Il s'agissait de recueillir l'héritage de la maison d'Orange bien vite, et de le recueillir tout entier. L'occasion était belle de prendre, sur les deux revers du Jura, des positions importantes en Suisse et en Franche-Comté, autant de jalons pour une voie que la Prusse ouvrirait plus tard à l'Allemagne vers le cœur même de la France. Il serait facile d'inté-

---

1. Meyercron au roi, 10 novembre 1702, A R. P., *Acta neuch. success.*, t. IV.
2. Le roi à Walkenier, 22 septembre 1702 (minute). A. R. P., *ibid.*
3. *Neues Allgemeines Adels-Lexicon* v. E. H. Kneschke, Leipzig. Voigt, 1865. t. VI. Il avait épousé une Autrichienne.
4. Metternich à Wartemberg, 27 juillet 1705: « Si le roi ne me laisse pas ma place d'icy (Ratisbonne), il me fait perdre plus de 1,000 écus que je tire d'autres princes. » A. R. P., *Acta neuch. success.*, t. X.
5. Pleins pouvoirs de Metternich, septembre 1702. A. R. P., *ibid., ibid.*

resser l'Empire à ces projets : l'amour-propre allemand, que les excès de la politique française avaient contribué à réveiller, serait flatté des conquêtes que la Prusse ferait ainsi dans un pays autrefois allemand. On parlerait aux puissances européennes des dangers que la domination française faisait courir aux petits États, des limites qu'il fallait lui imposer, aux puissances protestantes des intérêts supérieurs de leur religion menacés par Louis XIV[1].

Il est bien clair que le roi de Prusse n'avait pas de droit sérieux, il en avait encore moins que Guillaume d'Orange. Comme le prince de Conti, ou le chevalier de Soissons, Frédéric Ier, héritier testamentaire de son oncle, ne pouvait rien réclamer d'une souveraineté inaliénable telle que Neuchâtel. Il réclamait pourtant, certain que les intrigues, l'argent répandu, l'appui des grandes puissances, la sympathie des États protestants feraient plus pour la Prusse que les plus beaux droits du monde. Montmollin l'avait dit à Guillaume III. Frédéric engageait des intrigants qui, il est vrai, se disputaient entre eux, il leur distribuait de l'argent, s'apprêtait à en répandre davantage, s'assurait de la Hollande, de l'Angleterre, de l'Autriche, faisait écrire par le pasteur Ancillon au célèbre pasteur de Neuchâtel, Osterwald[2]. En six mois tout était prêt, arrêté.

Cette hâte même prouve l'importance que le roi de Prusse attachait à l'affaire de Neuchâtel ; et la situation de Neuchâtel en Suisse, en Europe, prouve assez qu'il avait raison de ne pas considérer une pareille acquisition comme insignifiante. Louis XIV avait provoqué contre lui une coalition européenne : le moment semblait venu pour la Prusse, pour les Allemands de prendre pied en Suisse, et peut-être, avec l'aide des Hauts Alliés, de reprendre pied un jour au delà

---

1. Walkenier au roi, 2 septembre 1702 ; Mémoire annexé : « On voit bien que cette affaire se décidera plutôt par les intrigues et par les négociations que par les raisons purement de droit. » — Du Puy au roi, 17 novembre 1702. A. R. P., *Acta neuch. success.*, t. IV.

2. Ancillon au pasteur Osterwald, 2 novembre 1702. A. R. P., *ibid., ibid.*

du Rhin et du Jura. Quelle revanche pour le vieil empire allemand ! quelle espérance pour la jeune royauté prussienne !

Louis XIV sentait de son côté l'importance de l'affaire : il prit ses mesures très vite ; délivré de la contrainte que lui imposait le roi d'Angleterre, il mit le prince de Conti, héritier des Longueville, en possession d'Orange[1]. Il se fit adjuger par le Parlement de Besançon les propriétés bourguignonnes de la maison de Châlons[2]. Il assurait l'intégrité de ses dernières conquêtes. Il défendait la frontière du Jura qu'il avait achevée.

Le vieux chancelier Montmollin se mit aussi sur ses gardes : en appelant les princes de la maison d'Orange à Neuchâtel, il n'avait pas eu dessein de compromettre le comté, de l'engager dans le conflit des grandes puissances européennes, de l'Allemagne et de la France ; au contraire, il avait voulu « prévenir à l'avance les maux qui devraient résulter du choc des intérêts européens[3] ». Il avait trop de clairvoyance pour ne pas pénétrer déjà les desseins de la Prusse, comme il avait fait ceux de la France. Les projets de Frédéric Ier pouvaient servir l'Allemagne et la Prusse, mais non point Neuchâtel. La première fois que le résident de Hollande en Suisse, Walckenier, l'avait interrogé à ce sujet de la part du roi de Prusse, il avait répondu que la question était très délicate, vraiment bien délicate[4]. Il avait consenti pourtant à se rallier au roi de Prusse, mais à la condition qu'on le laisserait diriger l'affaire à sa guise, et qu'il pût savoir toujours où il irait[5]. Dès ce moment il avait insinué que Frédéric Ier ferait peut-être bien d'abandonner ses terres de Franche-

---

1. 22 mars 1702, cf. Boyve, *Ann. histor.*, t. IV, p. 435.
2. 24 avril 1702, *ibid.*
3. Montmollin, *Mémoires*, t. I, p. 209
4. Montmollin à Walkenier, 19 avril 1702. A. R. P., *Acta neuch. success.* t. IV.
5. Walkenier au roi, de Bade en Argovie, 2 septembre 1702 ; — le même au roi, 11 octobre 1702 ; — Mémoire présenté au roi de Prusse par les gens de Neuchâtel, 20 octobre 1702. A. R. P., *Acta Neuch. success.*

Comté et d'Orange et exigé, pour la sûreté de Neuchâtel encore, que l'on s'engageât à faire comprendre le comté à la prochaine paix parmi les membres du corps helvétique. Un mois après, il faisait présenter au roi un mémoire anonyme, où les mêmes vœux, les mêmes exigences étaient formulés [1]. Le chancelier s'arrangeait pour que Neuchâtel n'eût point à souffrir des projets de Frédéric Ier, et ses précautions ne tendaient à rien moins, en somme, qu'à la ruine même de ces projets.

Au début de l'année 1703, l'avocat général du Puy fut appelé par le roi de Prusse à Berlin. Le 9 mars, il recevait un passeport pour les Hautes Puissances Alliées [2], et se mettait en route par Ratisbonne et l'Allemagne. La cour avait jugé urgent de mander l'homme à qui elle avait confié la direction générale de l'affaire de Neuchâtel.

Des difficultés s'étaient produites en Suisse entre les personnages officiellement dévoués à la Prusse : le résident de Hollande, Walkenier et son beau-frère Montmollin prétendaient à diriger seuls l'intrigue : le chancelier y tenait très particulièrement. D'autre part, Bondely, le plénipotentiaire de la Prusse, et son frère le bailli d'Eaubonne qui travaillaient activement les Bernois, leurs compatriotes, en faveur de Frédéric Ier, comptaient bien, en gardant la conduite de l'affaire, se faire payer un jour leurs services [3]. On savait des deux côtés que l'on devait se décider par des intrigues plutôt que par des raisons purement de droit. Si le roi de Prusse acquérait le comté, les négociateurs y gagneraient plus ou moins, suivant qu'ils seraient plus ou moins nombreux. Pendant tout le cours des négociations, ce fut à qui, parmi les partisans de

---

1. Walkenier au roi, de Bade en Argovie, 2 septembre 1702 ; — le même au roi, 11 octobre 1702 ; — Mémoire présenté au roi de Prusse par des gens de Neuchâtel, 20 octobre 1702. Cf., p. 31, note 51.
2. Comptes présentés par du Puy à la cour, avril 1703. A. R. P., *Acta neuch. success.*, t. V.
3. Le comte de Saint-Saphorin à la cour, 21 mars 1703. A. R. P., *ibid., ibid.* : du Puy au roi : « Le chancelier veut être le chef de cette intrigue, » 6 avril 1703. A. R. P., *ibid., ibid.*

la Prusse, annulerait ses collaborateurs, les écarterait de la cour, de l'affaire et des profits.

Mais il y avait en outre, entre Montmollin, le chancelier de Neuchâtel et Bondely, Bernois et ami des Bernois, d'autres motifs de dissentiment et d'un ordre plus élevé. Ils différaient d'avis sur un point, qui pour la politique prussienne était le point essentiel, sur la conduite à tenir en Franche-Comté.

Montmollin conseillait à la Prusse, nous l'avons vu, l'abandon des biens de la maison de Châlons en Bourgogne [1], dans la crainte que Neuchâtel ne subît le contre-coup d'un conflit de Frédéric Ier avec Louis XIV. Il voulait avant tout la neutralité de son pays, et les revendications de la Prusse en Franche-Comté lui paraissaient de nature à compromettre cette neutralité.

On pensait autrement à Berne, et les frères Bondely pensaient comme les gens de Berne. Le voisinage de la France inquiétait les Suisses de ce canton qui auraient désiré le retour de la Franche-Comté à l'Empire. Peu leur importait la sûreté de Neuchâtel; ils prétendaient garantir la neutralité de la Suisse tout entière que l'établissement d'un prince sujet à être en guerre avec la France compromettrait certainement : Neuchâtel, accru des biens de la maison d'Orange en Bourgogne, formerait un rempart compact, un boulevard contre la France [2].

Les intentions des Bernois étaient conformes, les propositions de Montmollin tout à fait contraires aux desseins de la Prusse. Frédéric Ier ne répondit rien aux ouvertures du chancelier [3], mais appela à Berlin du Puy, son agent général, qu'il savait dans les meilleurs termes avec les membres influents du conseil d'État de Berne, et que ceux-ci même

---

1. Cf. supra, p. 32, note 2.
2. Mémoire de du Puy au roi, 6 avril 1703. A. R. P., *Acta neuch. success.*, t. V; — Meyercron au roi, de Versailles, 13 février 1703. A. R. P., *ibid.*, *ibid.*
3. Le roi à Walkenier, 22 septembre 1702. A. R. P., *ibid.*, t. IV.

lui recommandaient[1] ; sans blesser Montmollin, *qui pouvait être d'un grand usage*, il voulut dès ce moment savoir de du Puy ce qu'on pourrait tenter, de concert avec Berne, en Franche-Comté[2].

Le 6 avril 1703, du Puy remettait au roi un grand mémoire, accompagné de cartes, sur la Franche-Comté[3]. Il conseillait à Frédéric d'échanger, à la paix générale, ses terres de Bourgogne et d'Orange trop disséminées, contre un morceau de territoire plus compact, à la convenance de Neuchâtel, de l'autre côté du Jura. La Prusse aurait ainsi toute la petite Bourgogne, 20,000 soldats fidèles, même les Bourguignons par haine de la France, les revenus des salines, et une très forte position sur les deux versants du Jura, la certitude, enfin, de satisfaire les Bernois qui tenaient beaucoup à ce projet et de se les attacher.

Du Puy et son mémoire furent très bien accueillis de la cour : l'homme, le projet plus encore plaisaient. Le comte de Wartemberg fut chargé d'en avertir officiellement le sénateur de Berne, Steiger qui, après avoir été le protecteur de du Puy et l'inspirateur du projet, devint le meilleur allié de la Prusse en Suisse[4]. Il en avertit aussi Bondely[5]. Le roi de Prusse entendait profiter de ses droits en Bourgogne pour donner une frontière à la Suisse, une limite à la France, une position redoutable à la Prusse[6]. Le voyage de du Puy à Berlin fixa d'une manière définitive les vues de la cour sur Neuchâtel et sur la Franche-Comté : avant même que la succession fût ouverte, alors que les négociations de la Prusse étaient à l'état d'intrigues, et d'intrigues secrètes, Frédéric Ier savait qu'il pourrait compter sur les Bernois pour arrondir en

---

1. Steiger au roi, de Berne, 22 novembre 1702. A. R. P., *Acta neuch. success.*, t. IV; — engagement de du Puy, 26 décembre 1702, *ibid.*
2. Du Puy au roi, 6 avril 1703. A. R. P., *ibid.*, t. V
3. Appendice III.
4. Appendice III.
5. Le roi à Bondely, 14 avril 1703. A. R. P., *Acta neuch. success.*, t. V.
6. Le roi à Steiger, 14 avril 1703. A. R. P., *ibid., ibid.*

Franche-Comté l'héritage de Neuchâtel, et faisait savoir aux Bernois qu'il arrondirait aussi leurs frontières.

Du Puy revint de Berlin à la fin d'avril avec cette mission pour l'avenir, et, pour le moment, avec l'ordre de calmer les rivalités des partisans de la Prusse, de lui en recruter d'autres à force d'argent et de promesses[1]. La cour écrivit aux Bernois les mieux intentionnés, Sinner, Muralt, Villading, banderet de Berne[2]. Par lettres patentes dûment enregistrées elle promit à des Neuchâtelois qui voulaient bien risquer leur place pour servir le roi, à Samuel Chambrier, à Jonas Hory, une indemnité et un premier acompte de 2,000 livres sur cette indemnité, à la Saint-Martin d'hiver[3]; du Puy fit entrer au service de la Prusse un de ses amis, Martine, agent de Genève à Paris, qui devait le renseigner sur la santé de Mme de Nemours; en sorte que le roi de Prusse eut ainsi, veillant aux côtés de la pauvre duchesse, pour épier sa mort[4], deux agents, Martine et Meyerczon. Il faisait les choses largement. Du Puy engagea aussi un agent que le prince de Conti avait eu quelque temps à son service, le sieur Peyrol, avocat de Montpellier : il le chargea de la partie juridique de l'affaire et le mit en rapport avec le frère de Bondely qui à Eaubonne travaillait à établir le mieux possible les droits de la Prusse sur Neuchâtel[5].

A côté de du Puy, le sieur Denormandie restait plus spécialement chargé de l'héritage de Bourgogne. Il demandait alors un titre et sans doute des émoluments qui lui donnassent les moyens et l'envie de bien faire. Il allait quitter sa charge de conseiller d'État à Genève; il voulait devenir

1. Passeport de du Puy pour les hautes puissances alliées, 14 avril 1703. A. R. P., *Acta Neuch. success.*, t. V; passeport de Villars au sieur du Puy, pour retourner en Suisse, 5 mai 1703. A. R. P., *ibid.*, *ibid.*
2. Le roi à Sinner, Muralt, Villading, banderet de Berne, etc., 17 avril 1703, *ibid.*, *ibid.*
3. Lettres patentes... même date.
4. Lettre du roi à Bondely, 14 mai 1703. A. R. P., *ibid.*, *ibid.*; Schmettau au roi, 5 mai 1703. A. R. P., *ibid.*, *ibid.*
5. Du Puy au roi, 4 juin 1703, 26 juin 1703. A. R. P., *ibid.*, *ibid.*

conseiller et surintendant des domaines du roi en Bourgogne. Il travaillerait au rétablissement de ces domaines que les confiscations, les saisies, les usurpations avaient mis, depuis plus d'un siècle, dans un méchant état. Il connaissait personnellement les intendants et les fermiers. Avec un pareil état-major, sa connaissance du droit et des archives, il se préparait à entreprendre la conquête légale de la Bourgogne pour la Prusse [1]. Au mois de juillet 1703, le bruit se répandit à Genève que Mme de Nemours était morte [2]. On put voir alors à quel point le parti prussien était organisé et les dispositions de Frédéric Ier prises. Immédiatement Bondely à Berne, Metternich à Ratisbonne, du Puy, Walckenier, le sénateur Steiger reçurent de la cour l'ordre de se tenir prêts à tout événement [3]; à La Haye, l'ambassadeur Schmettau fit une démarche auprès des États généraux [4]; à Londres, Spanheim fit parvenir la nouvelle à la reine et réclama le concours de l'Angleterre qu'elle avait promis [5]. La nouvelle était fausse : la Prusse craignait à tel point d'être prévenue qu'elle avait failli, par trop de hâte, révéler inutilement à l'Europe le secret de ses intrigues, et l'organisation de son parti en Suisse.

Dans le courant de 1703, la diplomatie prussienne avait travaillé activement : le roi avait des agents partout, en Suisse, en Europe. Son plan était fait; toutes les conséquences de l'occupation de Neuchâtel prévues : la grande difficulté, c'était à mesure que l'intrigue se compliquait, et qu'on était forcé d'engager plus d'intrigants, de mettre d'accord ces hommes qui cherchaient naturellement dans l'affaire leur intérêt personnel ou l'intérêt de leur canton, et dont les

1. Denormandie à Manget, médecin du corps de S. M. le roy de Prusse; Mémoire pour être soumis au roy, 18 juin 1703. A. R. P., *Acta neuch. success.*, t. V. — Lettre du conseil et des syndics de Genève au roi de Prusse, 7 juillet 1703. A. R. P., *ibid.*, *ibid.*
2. De Lubières, résident à Genève, à Wartemberg, 10 juillet 1703. A. R. P., *ibid.*, *ibid.*
3. Le roi à Lubières, Bondely, Metternich, Walkenier, du Puy, Steiger, 15 et 24 juillet 1703. A. R. P., *ibid.*, *ibid.*
4. Schmettau au roi, 20 juillet 1703. A. R. P., *ibid.*, *ibid.*
5. Spanheim au roi, 14 juillet 1703. A. R. P., *ibid.*, *ibid.*

intérêts variaient ou se contredisaient. Bondely était toujours au plus mal avec Montmollin : il l'accusait de se cacher de lui et de faire bande à part, ce qui était vrai[1]. Montmollin travaillait à Neuchâtel, en dehors de Berne, avec ses concitoyens, pour lui et pour eux. Il se défiait de Bondely qui était trop Bernois. Le vieux renard[2], comme l'appelait l'avocat Brandt, flairait chez ses voisins le désir de s'accroître aux dépens de Neuchâtel. Il méditait avec ses amis sur les moyens de faire échouer leurs projets. Bondely était aussi mal avec Denormandie qu'avec Montmollin : Denormandie, lui, était Genevois. Il avait un frère, marchand de Genève, qui avait des intérêts dans les fermes de Bourgogne. Suivant Bondely il voulait tout simplement se faire à lui et à sa famille, grâce à la Prusse, une bonne situation en Franche-Comté[3] et peut-être même accroître le territoire de Genève du côté du Jura[4]. Les Bernois, jaloux de Genève, annonçaient l'intention d'abandonner toute l'affaire plutôt que d'entrer en relations avec Denormandie[5]. Du Puy, enfin, avait excité l'envie et la défiance de tous ses collaborateurs : la faveur dont la cour l'entourait offusquait Bondely qui, comme dédommagement, demanda au ministre de Prusse, Wartemberg, le caractère d'envoyé extraordinaire[6], et intercepta en attendant les lettres de du Puy[7]. Montmollin avait aussi trouvé mauvais qu'on eût envoyé du Puy à Berlin[8], et, pour ne rien ignorer de l'objet de ce voyage, il interceptait la correspondance de Walckenier avec lui[9]. Enfin, certains Genevois, Claparède, Bachellé avertissaient le roi de Prusse que

---

1. Bondely au roi, 14 juillet 1703. A.R. P., *Acta neuch. success.*, t. V. — Hory de Neuchâtel, gendre de Bondely à du Puy, 11 juillet 1703. A. R. P., *ibid.*, *ibid.*; — Walkenier, au roi, 25 août 1703. A. R. P., *ibid.*, t. VI.
2. Brandt à du Puy, 11 juillet 1703. A. R. P., *ibid.*, t. V.
3. Bondely au roi, 20 mars 1702. A. R. P., *ibid.*, t. IV.
4. Du Puy au roi, 6 octobre 1703. A. R. P., *ibid.*, t. VII.
5. Bondely au roi, 20 octobre 1703. A. R. P., *ibid.*, *ibid.*
6. Le roi à du Puy, 15 novembre 1703. A. R. P., *ibid.*, *ibid.*
7. Du Puy au roi, 25 juillet 1703. A. R. P., *ibid.*, t. V.
8. Corcelles au roi, 22 septembre 1703. A. R. P., *ibid.*, t VI.
9. Du Puy au roi, juillet 1703. A. R. P., *ibid.*, t. V.

du Puy était un scélérat, payé par Conti pour le trahir[1]. Quelle comédie! On se figure ce qu'il fallut alors d'adresse à la Prusse pour satisfaire tout ce monde, sans blesser personne.

Le roi s'informait pieusement auprès de Montmollin des nouvelles de sa santé, et le remerciait chaudement des mémoires qu'il adressait à Berlin[2]. Il répétait aux Steiger qu'il leur laisserait, suivant le plan convenu avec eux, la conduite de l'affaire[3]. Il assurait Bondely que Denormandie n'aurait pas de titre pour les domaines de Bourgogne[4]. Mais il envoyait à Denormandie une pension de 2,000 écus[5]. Il engageait les hommes que lui recommandait l'ami de Montmollin, Walkenier, par exemple un certain Jacques Girardet de Neuchâtel[6], et ceux que lui adressait du Puy, les avocats Brandt et Peyrol[7]. Il distribuait les promesses, l'argent, les satisfactions de toute sorte, et se procurait ainsi les moyens d'attendre, sans se priver d'aucun secours, que la succession de la duchesse de Nemours fût ouverte. N'ayant pas de titres sérieux à cet héritage, Frédéric Ier s'en créait du moins à la reconnaissance intéressée de ses partisans.

Pendant toute l'année 1703, la Prusse précisa ainsi, dans le plus grand secret, ses plans sur Neuchâtel et sur la Bourgogne, compléta le personnel de ses agents, encouragea leur zèle et calma leurs rivalités. On pourrait s'étonner qu'elle apportât tant de soins à cette affaire, si l'on ne songeait pas qu'avec l'appui de Berne, elle comptait entrer en Franche-Comté, et franchir le Jura dont Neuchâtel était la clef. Montmollin, qui le savait, qui se proposait d'arrêter les

---

1. Claparède à Bachellé, 17 avril 1703; à Wartemberg, 29 mai 1703. A. R. P., *Acta neuch. success.*, t. V.
2. Le roi au chancelier de Montmollin, 8 novembre 1703. A. R. P., *ibid.*, t. VII.
3. Le roi aux frères Steiger, 8 novembre 1703. A. R. P., *ibid.*, t. VII.
4. Le roi à Bondely, 8 novembre 1703. A. R. P., *ibid.*
5. Denormandie, engagé le 15 septembre, a prêté serment au roi à Genève entre les mains du résident, M. de Lubières. A. R. P., *ibid*, t. VI.
6. Décembre 1703. A. R. P., *ibid.*, t. VII.
7. Brandt et Peyrol au roi, 15 décembre 1703. A. R. P., *ibid*, t. VII.

projets de Berne et de limiter les espérances de Frédéric Iᵉʳ, mourut juste à propos le 9 novembre 1703[1]. Il laissait, il est vrai, derrière lui, à Neuchâtel un grand nombre de personnes résolues à préserver avant tout le comté des malheurs qu'entraînerait un conflit de l'Allemagne et de la France sur le Jura. Mais aucune de ces personnes, pas même le docteur S. Pury à qui l'on attribuait la brochure de 1699, le *tombeau des prétendants*, n'avait l'autorité du vieux chancelier[2]. Et puis le contre-projet sur lequel ils comptaient pour assurer la neutralité de Neuchâtel, celui d'ériger le comté en un canton helvétique, n'était pas praticable. La Prusse un moment avait paru s'en inquiéter; elle acquit très vite la certitude que personne en Suisse n'en permettrait la réalisation. Les cantons catholiques n'accepteraient pas la constitution d'un nouveau canton protestant. A Neuchâtel même, on se diviserait : les gens de Valengin ne laisseraient pas constituer une république aristocratique au profit des bourgeois de Neuchâtel, et ceux-ci ne voudraient jamais d'une république démocratique. Les Bernois enfin faisaient les objections les plus fortes; Bondely traitait de chimère le droit naturel des peuples et le contrat originel des sociétés. Steiger déclarait simplement l'idée irréalisable. L'intérêt de Berne exigeait que Neuchâtel ne fût pas indépendant; l'acquisition du comté n'était utile à la Prusse qu'à la même condition[3]. En se rapprochant de Berne, Frédéric Iᵉʳ était certain de recueillir tous les fruits qu'il se promettait de ses négociations. Il n'avait plus à ménager Montmollin[4], du Puy lui recommandait sans cesse les frères Steiger, l'engageait à leur confier la conduite de l'affaire. Le roi de Prusse, à la fin de 1703, remit toute l'intrigue entre les mains du du Puy et des Bernois ; c'était la voie la plus

---

1. Brandt annonce à du Puy, le 7 novembre, la mort prochaine du chancelier ; du Puy au roi, 17 novembre 1703. A. R. P., *Acta neuch. success.*, t. VII.
2. Du Puy au roi, 20 octobre 1703. A. R. P., *ibid., ibid.*
3. Appendice III.
4. Du Puy au roi, 19 décembre 1703. A. R. P., *ibid., ibid.*; à Wartemberg, 22 décembre 1703. A. R. P., *ibid., ibid.*; le colonel Steiger, à Wartemberg, 15 décembre 1703. A. R. P., *ibid., ibid.*

sûre pour obtenir ce qu'il se proposait, une entrée, puis un territoire en Franche-Comté, la restitution peut-être même de la Franche Comté à l'Allemagne.

Il s'agissait, naturellement, d'abord d'avoir Neuchâtel : et c'était des gens de Neuchâtel même qu'il fallait l'obtenir. Le testament de Guillaume III en faveur de son neveu avait réservé, d'une manière formelle, aux états de Neuchâtel la liberté d'examiner et de ratifier les droits de la Prusse.

Dans les premiers jours de janvier 1704, Dupuy invita les partisans déclarés de la Prusse à Berne, les Steiger, et les partisans présumés de la Prusse à Neuchâtel, le banderet Chambrier et Emer de Montmollin, le neveu du chancelier, à se réunir pour s'entendre. L'entrevue eut lieu en secret, à Bevaix, à deux heures de Berne : du Puy n'y assista point, mais il avait marqué lui-même les points qu'on y devait traiter[1]. L'avocat Brandt eut d'autre part, le lendemain, un tête-à-tête de trois heures avec Montmollin, et du Puy sut par lui que son projet avait été accepté par les gens de Berne et de Neuchâtel[2]. Tous avaient été d'accord, du moment que le bailli de Lausanne, Steiger avait pris l'engagement de ne demander pour les Bernois aucune place dans le gouvernement de Neuchâtel. Steiger en informa lui-même la cour[3]. Le neveu du chancelier n'avait pas réclamé autre chose, rien qui garantît Neuchâtel des conséquences d'une invasion ultérieure en Franche-Comté. Il songeait à ses intérêts, à ceux de ses amis, et négligeait ceux de son pays. Pour la Prusse et pour Berne, c'était parfait. Tout le monde était satisfait, on pouvait marcher d'accord[4].

Voici quel était le plan proposé par du Puy et arrêté dans cette entrevue de Bevaix[5]. Il fallait avant tout mettre Neuchâtel à l'abri d'une surprise, s'assurer du gouverneur, placer

---

1. Du Puy au roi, 29 décembre 1703. A. R. P., *Acta neuch. success.*
2. Brandt à Du Puy, 26 janvier 1704. A. R. P., *Acta neuch. success.*, t. VIII.
3. Steiger à Wartemberg, 22 janvier 1704; — Réponse du roi, 26 février 1704. A. R. P., *ibid., ibid.*
4. Le roi à Dondely, 8 février 1704. A. R. P., *ibid., ibid.*
5. Cf. p. 40, note 1.

des garnisons sur les frontières et dans la ville, au château, interdire enfin aux prétendants de se présenter personnellement : telles étaient les précautions qu'on résolut de prendre ; on se souvenait que récemment la duchesse de Nemours avait essayé d'enlever violemment la souveraineté à la régente en 1674, et Conti à la duchesse de Nemours en 1699. On admettait ensuite que le tribunal des trois États déciderait; mais comment déciderait-il? Les droits des prétendants se valaient tous, à peu près; et même, si l'on s'en tenait strictement à la légalité, ceux de la Prusse valaient beaucoup moins que ceux des Matignon ou des Lesdiguières. Il y avait longtemps que le vieux chancelier Montmollin l'avait dit pour la première fois et ses concitoyens, son neveu en convinrent à l'entrevue de Bevaix. Ils étaient pourtant d'avis, avec du Puy, qu'il fallait rappeler les titres du roi de Prusse, pour la forme. Ces titres suffiraient, « pourvu qu'ils fussent plausibles, et qu'on soutînt bien la partie en secret[1] ».

Le jugement des Trois États, en résumé, dépendrait de la manière dont la Prusse traiterait les juges. Frédéric Ier le savait fort bien : tout le monde le savait. Du Puy, à la fin de l'année précédente, avait envoyé à la cour et à Metternich les noms des personnes qui devraient jouer un rôle dans l'investiture de la souveraineté. Il avait en même temps indiqué les offices et les charges de Neuchâtel qu'on pouvait leur promettre avant l'investiture et qu'on aurait à distribuer après. On conclut à Bevaix « que le droit et la négociation étaient les deux moyens qui devaient, humainement parlant, conduire au succès des prétentions du roi et que le droit n'y était proprement requis que pour le décorum, au lieu que de la négociation devait dépendre cette affaire[2] ». La négociation consistait à gagner les juges, à promettre ou à distribuer des charges, des indemnités, des pensions.

1. Steiger à Wartemberg, 22 janvier 1704. A. R. P., *Acta neuch. success.*, t. VIII.
2. Boyve, *Ann. histor.*, t. IV, p. 446. A. R. P., *ibid., ibid.*

Sa Majesté prussienne approuva. L'entrevue de Bevaix était un vrai succès : Frédéric Ier se félicitait de voir enfin Berne et Neuchâtel d'accord, la famille de Steiger associée à la famille de Montmollin. Quelques temps après, une autre entrevue, un autre rapprochement vinrent accroître sa joie et ses espérances : Denormandie, l'agent spécial des négociations en Bourgogne, se rencontra à Coppet avec du Puy, le suivit à Berne, fit la connaissance des Steiger, leur plut[1]. Tout le monde s'entendait désormais pour préparer le succès du plan arrêté à Bevaix.

La conduite de l'affaire était entièrement remise aux Steiger : rien ne devait se faire sans leur approbation ; le roi avait une entière confiance en eux, et recommandait à tous ses agents de leur témoigner la même confiance[2]. Avec leurs conseils, du Puy continuerait à gagner des partisans à Neuchâtel et à Berne de toutes les manières, et par les moyens dont on était convenu à Bevaix; Bondely, le frère du diplomate, bailli d'Eaubonne, continuerait à rechercher et à établir d'une manière plausible les droits du roi. Les avocats Peyrol et Brandt se tiendraient prêts à les soutenir devant les États, quand la succession serait ouverte. Chacun se mit à l'œuvre.

Le bailli Bondely, dans sa retraite d'Eaubonne, accumulait les meilleurs arguments en faveur de la cause tout à fait détestable qu'on aurait à soutenir, et composait un docte traité dont il envoyait à mesure les feuilles à Berlin[3]. Du Puy fut mis en rapport avec des banquiers suisses, Fatio, Calandrini, et distribua à Neuchâtel des sommes que le trésorier général de Berlin et le secrétaire royal Ilgen ordonnançaient, mais qu'on jugeait toujours insuffisantes. Les Suisses ne démentaient pas leur vieille réputation, et le proverbe qui l'a consacrée. L'ambassadeur d'Angleterre, Agliomby, avertissait le

---

1. Denormandie au roi, 8 mars 1704. A. R. P., *Acta neuch. success.*, t. VIII ; — E. Steiger, bailli de Lausanne à Wartemberg, 19 mars 1704. A. R. P., *ibid.*, *ibid.*
2. Le roi à du Puy, 21 mars 1704. A. R. P., *ibid.*, *ibid.* ; — Le roi à Denormandie, 3 avril 1704. A. R. P., *ibid.*, *ibid.*
3. Bondely au roi, 15 mars 1704. A. R. P., *ibid.*, *ibid.*

ministre Wartemberg plaisamment que pour les Neuchâtelois le grand nombre des prétendants était une bonne fortune, qu'ils en auraient souhaité même davantage [1]. Ni le droit ni la négociation ne furent donc négligés; la diplomatie prussienne agit aussi auprès des cours étrangères, des puissances alliées et prépara, avec la reine d'Angleterre, l'Empereur, les États généraux et le duc de Savoie, un traité secret, relatif à la succession de Châlons-Orange, qui fut signé le 28 octobre 1704 [2].

Toutes ces intrigues, toutes ces négociations avaient été menées dans le plus grand secret possible [3]. Depuis 1702, la cour de Berlin ne jugea à propos de faire que deux démarches officielles, publiques : au mois de février 1703, elle fit annoncer au conseil d'État et au conseil de ville de Neuchâtel, que le roi de Prusse, héritier naturel de Guillaume III, entendait faire valoir ses droits, et réclamer la partie la plus importante de l'héritage, le comté de Neuchâtel et Valangin [4]. D'autre part la cour prussienne avait publié, le 1ᵉʳ mai de la même année, un mémoire des droits du roi à cette succession, « mémoire abrégé des droits du feu roi Guillaume de la Grande-Bretagne sur le comté de Neuchâtel et ses dépendances [5] ».

Mais Frédéric Iᵉʳ avait soigneusement caché l'objet véritable qu'il se proposait en réclamant Neuchâtel, les moyens

---

1. Aglionby à Wartemberg, 23 avril 1704 : « Ces gens-là me paraissent assez mercenaires et gens qui regardent cette affaire comme une moisson pour eux. C'est pourquoi ils sont bien aises du grand nombre des prétendans, afin qu'il y ait d'autant plus à espérer dans les distributions, soit d'argent, soit de charges. » A. R. P., *Acta neuch. success.*, t. VIII.
2. Boyve, *Ann. histor.*, t. IV, p. 447 ; en note, Boyve ajoute : « Ce traité n'a pas vu le jour, mais on l'a cru réel. » Il l'était, comme le prouve une dépêche de Wartemberg à Montmollin, 17 janvier 1705.
3. Wartemberg à Steiger, 14 avril 1703. « Si les choses sont heureusement et secrètement conduites. » A. R. P., *Acta neuch. success.*, t. V ; — Steiger à Wartemberg, 22 janvier 1704 « moyennant que l'on tienne bien la négociation en secret et sans fausses démarches ». A. R. P., *ibid.*, t. VIII.
4. Boyve, *Ann. histor.*, t. IV, p. 437, 438.
5. Id., *ibid.*, p. 442. Le mémoire avait été composé par Denormandie.

qu'il comptait employer pour acquérir le comté, et réaliser jusqu'au bout son dessein. Il les avait même si bien cachés, qu'aujourd'hui encore l'histoire ignore presque entièrement et méconnaît l'importance de cette intrigue prussienne en Suisse.

Les faits que nous venons de raconter, et que nous avons pris aux archives royales de Berlin, ne peuvent plus aujourd'hui laisser aucun doute sur les véritables projets de la Prusse dans cette affaire. Louis XIV s'était contenté, à la mort de Guillaume III, de protéger ses frontières : en donnant à Conti la principauté d'Orange, il avait nettement manifesté l'intention de ne se plus mêler du comté de Neuchâtel. Il avait d'ailleurs trop d'ennemis sur les bras, pour vouloir indisposer les Suisses et menacer leur neutralité. Frédéric Ier, au contraire, depuis la mort de son oncle, avait tout préparé, tout mis en œuvre pour acquérir Neuchâtel, dans l'intention évidente d'inquiéter et d'envahir même la France. Il avait pris, comme principal agent de sa politique, un homme que les Bernois lui recommandaient[1], puis il avait mis les Bernois eux-mêmes dans le secret de sa politique et de ses projets. La raison et le gage de cette alliance étroite, c'étaient l'intérêt commun que Berne, la Prusse et l'Allemagne avaient à reprendre la Franche-Comté. Le roi de Prusse avait de nombreux agents en Suisse. Mais il avait, en outre, un personnel spécial en Bourgogne, les intendants Rigoine, Richard, le genevois Denormandie qui les dirigeait, les consultait ; de Berlin, les ministres répétaient à ces agents, sans cesse, que toutes les propositions qu'ils feraient au sujet des domaines de Franche-Comté seraient les bienvenues[2] : ces domaines, quoique restreints et disséminés, pourraient fournir un jour le prétexte d'une invasion ou d'un *arrondissement* au delà du

---

1. Le roi à Steiger, 4 avril 1704. A. R. P., *Acta neuch. success.*, t. VIII ; — Wartemberg au bailli Steiger, 4 avril 1704. A. R. P., *ibid.*, *ibid.*
2. Wartemberg à Denormandie, 3 avril 1704. A. R. P., *ibid.*, *ibid* ; Denormandie à Wartemberg, 21 mai 1704, et la lettre de Rigoine à Denormandie qui se trouve jointe à cette dépêche. A. R. P., *ibid.*, *ibid.*

Jura. Il n'en fallut pas davantage, quarante ans plus tard, à Frédéric II pour occuper la Silésie. Enfin la cour de Berlin n'avait pas de peine à montrer aux puissances alliées, l'Angleterre et la Hollande, dont elle désirait le concours, suivant les paroles d'un publiciste fréquemment consulté par elle, qu'elles ne pouvaient trouver un plus sûr endroit que Neuchâtel pour chagriner la France. Neuchâtel c'était la Franche-Comté, et la Franche-Comté pour la France, c'était *proprement le défaut de la cuirasse*[1].

Le silence était l'élément essentiel d'une intrigue à si longue portée, et si savamment ourdie, le mensonge même.

L'ambassadeur d'Autriche en Suisse, Trautmansdorf, reçut en janvier 1703 de la cour de Rome l'avis qu'une secrète entreprise se concertait entre la Prusse et les Bernois pour décider du sort de Neuchâtel et qu'il fallait veiller à ces intrigues protestantes. Trautmansdorf connaissait fort bien déjà l'entreprise, les intrigues et tous les projets de Frédéric Ier, depuis longtemps. Il nia pourtant : le bruit dont lui parlait le pape était un bruit en l'air. C'était les Français, dans leur envie démesurée de régner à Neuchâtel, qui l'avaient fait courir pour tromper les simples. La vérité, c'est qu'il n'y avait rien. Sur « la foi germanique », l'ambassadeur d'Allemagne l'affirmait[2]. Le hasard se chargea de rétablir la vérité et de montrer ce qu'il fallait penser de la foi germanique.

Au mois d'août 1704, un courrier qui allait de Suisse à Berlin fut arrêté par un parti français et les dépêches qu'il portait remises au maréchal de Tallard[3]. C'étaient des lettres de du Puy à la cour, en date du 8 et du 16 juillet, la correspondance des frères Steiger de Berne et du résident Bondely

---

1. Considérations de M. de la Bignote, ms., octobre 1702. A. R. P., *Acta neuch. success.*, t. IV.
2. Boyve, *Ann. histor.*, t. IV, p. 460 : Lettre de Trautmansdorff à l'archevêque de Rhodes, nonce du pape à Lucerne.
3. Boyve, *Ann. histor.*, t. IV, p. 446; — Montmollin à Wartemberg, 29 décembre 1704. A. R. P., *Acta neuch. success.*, t. VIII ; — du Puy au même, 3 janvier 1705. A. R. P., *ibid.*, t. IX ; — Montmollin au même, 5 janvier 1705. A. R. P., *ibid.*, t. IX ; — Bondely au même, 14 janvier 1705. A. R. P., *ibid.*, t. IX.

avec le premier ministre Wartemberg, des principaux agents par conséquent de Frédéric Ier en Suisse.

Cet accident venait fort mal à propos troubler les combinaisons de la Prusse, dévoiler ses projets et ses moyens. Dans une des dépêches interceptées, du Puy disait par exemple que la cour avait moins en vue le droit que la négociation dans cette affaire [1]. Entre Prussiens, entre partisans de Frédéric Ier, sans doute on en convenait tous les jours, depuis longtemps ; mais c'était là une vérité que le public n'avait pas besoin de connaître, un aveu que la France et les prétendants français ne manqueraient pas d'exploiter. En outre, depuis la mort de Guillaume d'Orange, Frédéric Ier et ses officiers avaient compté sur leurs intrigues à Berne, à Neuchâtel pour être prêts les premiers. La duchesse de Nemours ne mourait pas : leurs intrigues étaient connues. Ils en perdaient tout le bénéfice : à quoi leur servait-il d'avoir pris les devants? Les partisans du prince de Conti, avertis par le roi de France, allaient se mettre en mouvement et s'arranger pour regagner le temps perdu. Les gens de Berne ou de Neuchâtel qui s'étaient donnés à la Prusse, secrètement, se trouvaient compromis par cette découverte malencontreuse : les Steiger surtout, qui écrivirent immédiatement au roi pour lui demander une indemnité et une pension [2], et certains neuchâtelois dont du Puy dans sa lettre indiquait les intentions, les mouvements, et même les salaires [3]. Enfin, le résident officiel de la Prusse en Suisse, de Bondely qui, depuis la conférence de Bevaix, n'avait plus été tenu au courant des négociations de la cour, apprenait tout à coup, avec le public, qu'auprès de lui, en dehors de lui, existait une diplomatie secrète, active, dont l'avocat du Puy était le chef [4]. Il ne pouvait le pardonner à du Puy qu'il avait mis autrefois en rapport avec la Prusse et

---

1. Du Puy à Brandt, 3 janvier 1705, A. R. P., *Acta neuch. successs.*, t. IX.
2. Du Puy à Wartemberg, 3 janvier 1705, A. R. P., *ibid., ibid.*
3. Boyve, *Ann. histor.*, t. IV, p. 446.
4. Steiger à Wartemberg, 24 janvier 1705, A. R. P., *ibid., ibid.* ; du Puy à Wartemberg, 31 janvier 1705, A. R. P., *ibid., ibid.*

ses amis de Berne : la concorde, que le roi avait eu tant de mal à établir entre ses agents, était de nouveau menacée, au moment où elle devenait surtout nécessaire[1]. Du Puy, pour se justifier, voulait imprimer les lettres interceptées avec un commentaire[2]. Bondely exigeait son rappel. Le roi redoutait les commentaires de l'un, les violences de l'autre.

Tout n'était pas perdu cependant. C'était un contre-temps, ce n'était pas un désastre, comme du Puy s'efforça à ce moment de le démontrer à la cour. On ne pouvait plus nier qu'il y eût, entre la Prusse, Berne et certains neuchâtelois, une secrète intrigue pour procurer, à défaut de droit bien établi, la succession de Neuchâtel à Frédéric Ier. Mais la France et le public ignoraient encore l'objet véritable de la politique prussienne dans le Jura, les espérances communes de la Prusse et des Bernois sur la Franche-Comté. Il suffisait, pour détourner les soupçons, et pour dérober au public le reste de l'intrigue, que la direction de l'affaire passât en d'autres mains que celles de du Puy. Il n'y aurait même ainsi de perdu réellement que du Puy.

L'avocat genevois ne se fit aucune illusion sur le sort qui l'attendait, il voulut prendre les devants : il demanda au roi, pour prix des services qu'il avait rendus, et qu'il ne pouvait plus continuer, une pension[3]. La cour hésitait, cependant, non sur le principe même, mais sur la manière de l'écarter. Elle ne voulait pas mécontenter les Steiger qui engageaient le roi à l'employer encore, loin de la Suisse, à Berlin, et elle craignait, en le rappelant à Berlin, d'exciter la jalousie de Bondely, de justifier et même d'accroître les défiances du public[4]. Elle préférait le garder en Suisse, en le

---

1. Wartemberg à E. Steiger, 24 février 1705 : « Ces discussions et discordes nous désolent. » A. R. P., *Acta neuch. success.*, t. IX.
2. Wartemberg à Montmollin, 23 février 1705. A. R. P., *ibid., ibid.*
3. Du Puy à Wartemberg, 24 janvier 1705. A. R. P., *ibid., ibid.*
4. Le roi à du Puy, 17 janvier 1705. A. R. P., *ibid., ibid.*; — Steiger à Wartemberg, 24 janvier 1705. A. R. P., *ibid., ibid.*; — Wartemberg à Montmollin, 30 janvier 1705. A. R. P., *ibid., ibid.*; — Wartemberg à Montmollin, 23 février 1705. A. R. P., *ibid., ibid.*

réduisant au rôle d'avocat, pour lequel au début il avait été engagé[1]. Quant à le congédier simplement, il n'y fallait pas songer. Il avait trop de moyens de réparer et d'exploiter une disgrâce : nul mieux que lui ne connaissait, pour les avoir encouragés, préparés, les desseins les plus intimes de la politique prussienne en Suisse, depuis trois ans. Précisément c'étaient ces desseins que la Prusse n'entendait ni révéler, ni abandonner.

Wartemberg signifia à du Puy qu'on le gardait, mais à la condition qu'il restât sur le pied d'avocat, non de ministre, et ne se fit pas faute, pendant les premiers mois de 1705[2], de le lui rappeler plusieurs fois. La cour choisit alors, comme homme de confiance, le représentant de Neuchâtel à la conférence de Bevaix, le neveu du chancelier, Emer de Montmollin. On lui remit la direction de l'affaire.

Ce choix avait un double avantage : il donnait satisfaction aux gens de Neuchâtel, qui se plaignaient toujours de voir l'affaire et les bénéfices de l'affaire aux mains des Bernois. Au mois de mai 1704, Montmollin avait réclamé dans ce sens au ministre Wartemberg qui s'était empressé de lui faire tenir mille écus, et l'avait chargé de certaines distributions d'argent à Neuchâtel. Il n'avait plus cessé de correspondre avec lui[3]. Désormais, Montmollin n'aurait plus rien à réclamer, ni pour lui, ni pour ses concitoyens ; on le choisissait comme le chef même de toute l'intrigue.

D'autre part, quoique Montmollin fût de Neuchâtel, et que du Puy eût été plutôt l'ami des Bernois, la substitution de l'un à l'autre ne forçait pas la Prusse à modifier ses projets sur la Franche-Comté. Et c'était pour elle le point essentiel.

1. Wartemberg à E. de Steiger, 29 mai 1705 : « Il a été engagé sur le pié d'avocat, non de ministre. » A. R. P., *Acta neuch. success*, t. X.; — Le même à du Puy, 22 mai 1705 : « Qu'il s'attache donc au métier d'avocat qui est le sien. » A. R. P., *ibid., ibid*.
2. Wartemberg à Montmollin, 30 janvier 1705. A. R. P., *ibid.*, t. IX.
3. Montmollin à Wartemberg, — Wartemberg à Montmollin, 2 et 13 mai 1704. A. R. P., *ibid.*, t. VIII.

Les Neuchâtelois n'agissaient pas tous, en cette affaire, par des motifs désintéressés. Le chancelier de Montmollin avait pu redouter l'établissement de la Prusse en Franche-Comté, par patriotisme. Les gens de Neuchâtel le désiraient, par intérêt, Emer de Montmollin, qui semble avoir été toujours très besoigneux et très avide, particulièrement. Ils espéraient, en aidant le roi à étendre ou à fortifier ses domaines en Franche-Comté, faire leur profit de l'administration de ces domaines. Le 15 décembre 1704, Montmollin écrivait à Wartemberg qu'il souhaitait avec ses amis le retour de la Franche-Comté à l'Empire, afin que Sa Majesté pût un jour unir ses terres de Franche-Comté à Neuchâtel [1].

La découverte des dépêches de du Puy, son remplacement par Montmollin ne modifièrent donc pas essentiellement, en 1705, l'œuvre de la diplomatie prussienne dans l'affaire de Neuchâtel. Cette intrigue demeura ce qu'elle avait été dès l'origine, un effort secret de la Prusse pour prendre les clefs de la Suisse centrale, du Jura et de la Franche-Comté.

En ce sens, Frédéric Ier put même se féliciter de l'accident qui l'avait d'abord très vivement alarmé ; il s'assura qu'à Neuchâtel et à Berne, il trouverait un concours utile pour réaliser ses projets contre la France.

Il en eut la preuve immédiate au début de l'année : inquiets de la faveur que la cour témoignait à Montmollin, les Bernois avaient eu l'idée d'envoyer du Puy à Berlin, à la fin de décembre, avec des instructions très précises. Du Puy devait surtout prier le roi de faire établir ses droits sur les terres de Bourgogne, de préparer un projet d'échange utile à la principauté de Neuchâtel, et aux frontières du canton de Berne, enfin de s'assurer le concours des puissances alliées [2]. La cour ne voulut pas recevoir du Puy à Berlin à la fin de 1704,

---

1. Cf. Appendice III.
2. Wartemberg à Montmollin, 15 octobre 1704, A. R. P., *Acta neuch. success.*, t. VIII; — Montmollin à Wartemberg, 20 octobre 1704, A. R. P., *ibid., ibid.;* — Instructions pour du Puy, octobre 1704, A. R. P., *ibid., ibid.;* — le roi à du Puy, 30 janvier 1705, A. R. P., *ibid.*, t. IX.

mais elle lui demanda ses instructions, les examina et les communiqua à Montmollin. Montmollin les approuva entièrement.

Il fit mieux : il pressa à son tour le roi de Prusse de s'entendre avec les Alliés pour envoyer un corps d'armée en Franche-Comté. Une invasion en Franche-Comté, c'était le dernier mot de tout ce vaste projet, la conclusion nécessaire de cette intrigue. Il fallait la préparer[1].

Ce n'était pas la volonté qui manquait à Frédéric Ier, mais le moyen de mener aussi loin des projets qui lui plaisaient d'ailleurs. Les Alliés étaient forcés de répartir leurs forces sur des points d'attaque si éloignés les uns des autres, qu'ils pouvaient hésiter à en chercher un nouveau. Il leur fallait des troupes en Italie, sur le Rhin, sur la Moselle, aux Pays-Bas et en Portugal. Le roi promit au moins de donner au commandant de ses troupes en Italie, le prince d'Anhalt, l'ordre de se tenir prêt au cas où on aurait besoin de lui sur le Jura. Et le 5 mai 1705, cet ordre fut effectivement donné[2].

Le roi de Prusse sentait bien ce que cette mesure avait d'insuffisant. Montmollin demandait davantage. Les troupes prussiennes d'Italie pouvaient être utiles à une action défensive, mais ne suffiraient point à l'attaque que Montmollin méditait et proposait. La Prusse, pourtant, ne pouvait faire mieux, n'espérant rien des Alliés.

A force de chercher, on eut enfin à Berlin une idée que l'on communiqua aussitôt à Berne et à Neuchâtel. Ne pourrait-on pas faire quelque alliance entre le roi, le duc de Savoie, et même tous les cantons protestants, tant pour pousser contre la France les avantages que Dieu avait donnés aux Alliés jusque-là sur elle, que pour s'assurer d'un bon succès dans l'affaire de Neuchâtel? Le duc de Savoie ne refuserait pas ; le roi était prêt à y contribuer autant que possible : il ferait passer des troupes en Suisse. Il ne tiendrait donc, pour

---

1. Cf. Appendice III.
2. Montmollin à Wartemberg, 23 mars 1705 (en chiffres), A. R. P., *Acta neuch. success.*, t. IX; — Wartemberg à Montmollin, 8 mai 1705, A. R. P., *ibid.* t. X.

constituer cette ligue, qu'à y faire entrer le canton de Berne, les cantons protestants, et le comté de Neuchâtel [1].

Les propositions de la Prusse aux Suisses, en mai 1705, à la veille des grandes défaites de la France pendant l'année 1706, étaient d'une importance qui n'échappera à personne. Il est regrettable seulement que les archives en aient gardé le secret si longtemps.

Il est acquis désormais à l'histoire, qu'en 1705, le roi de Prusse essaya d'entraîner la Suisse dans la coalition des puissances européennes. Une pareille tentative était la négation même de la neutralité helvétique, la violation flagrante du droit public européen. Les Bernois refusèrent de s'y associer, les Neuchâtelois aussi. Frédéric Ier eut beau insister, flatter : ils voyaient des obstacles invincibles, les traités de 1516, de 1648, de 1663 qui semblaient lettres mortes pour la Prusse. La cour de Berlin avait trop présumé des bonnes intentions de ses alliés de Neuchâtel et de Berne : leur désir était bien de voir se reconstituer, entre eux et la France, la barrière franc-comtoise, non pas de la reconstituer eux-mêmes au moyen d'une guerre avec la France. C'était peut-être l'intérêt de la Prusse et de l'Allemagne; ce n'était pas le leur.

On comprendra maintenant pourquoi Frédéric Ier tenait tant à Neuchâtel. Il avait ses raisons pour écrire à Metternich alors : « Soyez persuadé que cette affaire de Neuchâtel nous tient autant à cœur qu'aucune de celles qui sont présentement sur le tapis, et que nous ne négligerons rien de ce qui pourra la faire réussir. » Metternich connaissait le secret de la diplomatie prussienne. Au mois d'août 1706, il quittait Ratisbonne, pour venir soutenir à Berne, officiellement, les droits de son maître à la succession du comté.

1. Cf. Appendice III.

IV

LE PROCÈS DE 1707. — LA PRUSSE ET LA FRANCE.

La mission officielle de Metternich en Suisse (août 1706) marquait une date importante dans l'histoire du comté de Neuchâtel. C'était le moment prévu depuis longtemps par le chancelier Montmollin, « l'occurrence périlleuse et prochaine » qu'il redoutait pour son pays. Les jours de la duchesse de Nemours étaient comptés ; la maison d'Orléans s'éteignait ; le prince de Conti déclarait ses prétentions, publiait l'exposé de ses droits, engageait des agents, enrôlait des Neuchâtelois et réclamait enfin l'appui de l'ambassadeur de France en Suisse, Puysieux[1]. Le roi de Prusse avouait ce qu'il ne pouvait plus dissimuler, ses intrigues à Neuchâtel, les moyens qu'il emploierait à l'appui de droits hautement affirmés depuis longtemps, et très contestables. Il envoyait un ministre, pour affirmer ces droits publiquement et les soutenir. La vacance de la souveraineté, quoique la souveraine vécût encore, était officiellement ouverte.

Cet événement ne modifia pas d'ailleurs la politique du gouvernement prussien, ni surtout les desseins cachés qu'il poursuivait dans cette affaire de Neuchâtel. Frédéric Ier, en annonçant ses prétentions sur le comté, se gardait bien de dire encore pourquoi il voulait obtenir cette souveraineté éloignée dans le Jura. Mais le ministre qu'il chargeait publiquement de la réclamer avait reçu aussi la mission secrète de travailler à un établissement plus considérable en Bourgogne. Metternich poursuivait avec les Bernois l'œuvre que du Puy avait pré-

---

1. Meyercron au roi, 15 septembre 1705, A. R. P., *Acta neuch. success.*, t. X ; — Bondely au roi, 26 septembre 1705, A. R. P., *ibid.*

parée, et dont l'acquisition de Neuchâtel était seulement la préface et la condition.

Les instructions de Metternich étaient entièrement conformes au plan que du Puy avait soumis à la cour et que la cour avait accepté [1]. Metternich avait vu du Puy à Ratisbonne, au moment où Frédéric rappelait l'avocat à Berlin, et l'envoyait lui-même à Neuchâtel. Ils s'étaient entendus sur tous les points [2]. Le premier soin de l'ambassadeur, à son arrivée en Suisse, fut de s'assurer des Bernois. Il eut avec eux de nombreuses conférences, dont il adressait fidèlement chaque fois le compte rendu à Berlin. Je ne crois pas qu'il y ait eu jamais dans aucun temps, dans aucun pays, d'agent diplomatique aussi communicatif avec son gouvernement, disons le mot, aussi bavard. Ses relations, son journal constitueraient presque dans les Archives royales de Prusse un fonds spécial. L'historien d'ailleurs n'a pas le droit de s'en plaindre et, dans l'affaire qui nous occupe, j'ai eu bien des fois l'occasion de m'en louer [3].

Les premières fois que Metternich vit les « bien intentionnés » de Berne, le bailli Steiger, le banderet Villading, le baron d'Erlach, et le chef de l'intrigue à Neuchâtel, Montmollin, il put se convaincre quelles étaient leur haine contre la France, leurs vues intéressées sur la Bourgogne. Steiger lui répétait que Sa Majesté Prussienne devait uniquement se préoccuper de faire passer la Bourgogne entre les mains d'un tiers, de l'Autriche; d'autres insinuaient qu'il leur serait égal de voir la Franche-Comté appartenir à la Prusse, pourvu surtout qu'elle ne fût plus à la France [4]. Montmollin lui fit,

---

[1]. Ces instructions ont été publiées dans le *Musée Neuchâtelois*, t. XIII, 1876, p. 177, d'après un manuscrit conservé à la Bibliothèque de Genève, qui provient des papiers de l'avocat Peyrol.

[2]. Metternich au roi, 26 juin 1705 : « Je le crois homme de service, et son zèle n'est pas à blâmer. » A. R. P., *Acta neuch. success.*, t. X.

[3]. Nous citerons, d'après les papiers de Metternich, conservés aux Archives Royales de Prusse, et divisés en 3 séries : 1° Rescripta; 2° Beylagen; 3° Diarium ou journal.

[4]. Metternich au roi, 17 octobre 1706, A. R. P., *Acta neuch success.*, t. XIII.

dans un mémoire qu'il présenta le 30 octobre, des propositions d'échange identiques à celles qu'il faisait depuis deux ans, ou de conquête, analogues à celles que faisaient les Bernois[1].

Metternich écoutait tout, encourageait tout le monde, et ne cherchait en somme qu'à obtenir la promesse d'un concours effectif contre la France. Ces dispositions étaient excellentes ; mais elles ne suffisaient pas à la Prusse. Elle n'entendait pas attendre que la France fût tout à fait abaissée, l'Espagne abandonnée, les Pays-Bas reconquis, l'Alsace restituée. Elle voulait faire déclarer les Suisses immédiatement, les entraîner dans la coalition, et ruiner la France le plus tôt possible avec leur aide.

C'est là le sens incontestable de toutes les conférences de l'ambassadeur avec les Bernois à cette époque. Le 19 novembre 1706, il causait avec l'un d'eux, Kilchberger. « Les Suisses, dit-il, devraient profiter des conjonctures présentes pour assurer leur liberté, et ils seraient tranquilles le jour où ils n'auraient plus à craindre la Franche-Comté et Huningue. — Cela est vrai, reprit son interlocuteur, les Alliés ne devraient pas laisser la Franche-Comté à la France, puisqu'ils ont résolu de l'abaisser. — Au moins, dit Metternich, les Suisses devraient-ils y contribuer, en paroles[2]. » Un autre jour, le 4 décembre, l'ambassadeur demandait davantage au conseiller d'État Tscharner : « Celui-ci s'étonnait qu'on n'eût pas enlevé la Franche-Comté à la France, non seulement pour s'assurer de Neuchâtel, mais dans l'intérêt général de l'Europe. — Pourquoi, s'écria Metternich, les Suisses, cette nation de héros, illustre entre toutes, ne s'en mêlaient-ils pas[3] ? » Le langage de Metternich était, on le voit, absolument conforme aux propositions que la cour avait faites l'année précédente aux Bernois. L'affaire de Neuchâtel n'était plus qu'une question secondaire : l'objet principal, la grande affaire, c'était la con-

---

1. Metternich au roi, 30 octobre 1706, A. R. P., *Acta neuch. success.*, t. XIII.
2. 19 novembre 1706, A. R. P., *Papiers de Metternich*, Diarium.
3. 4 décembre 1706, A. R. P., *Papiers de Metternich*, Diarium.

quête de la Franche-Comté, et l'adhésion des Suisses à la Grande-Alliance.

A la même époque, l'ambassadeur prussien fut en relation constante avec un réfugié français, conseiller de la ville de Lausanne, Seigneux, qui était venu lui offrir, au mois de décembre, un projet d'invasion en Franche-Comté[1]. Ce projet, suivant son auteur, était de nature à satisfaire tout le monde, les Neuchâtelois d'abord, qui souhaitaient vivement la reconstitution d'une barrière entre eux et la France, les Bernois qui redoutaient Louis XIV, et tous les cantons en général qui auraient le sel de Bourgogne à meilleur compte, la Prusse surtout qui y gagnerait Neuchâtel et peut-être en outre des revenus considérables. Ces arguments n'avaient rien de nouveau : c'étaient ceux-là même que les frères Steiger, Montmollin et du Puy, depuis quatre ans, faisaient valoir à la cour. La cour les connaissait, les appréciait ; depuis longtemps, elle avait approuvé le projet. Mais elle ne trouvait pas les moyens de le réaliser. Il était trop vaste pour que la Prusse pût se charger à elle seule de l'exécution. Les Suisses hésitaient à donner leur concours. Pouvait-on compter sur celui des Alliés? Metternich chargea aussitôt Seigneux d'étudier de nouveau ce côté pratique de la question, et de lui fournir des arguments pour les puissances alliées. Seigneux lui présenta quelques jours après un second mémoire[2].

L'intérêt des Alliés était évident. Il suffisait d'examiner la situation géographique de Neuchâtel et de la Bourgogne, par rapport à l'Europe, à la Suisse et à la France. Maîtresse de la Franche-Comté, la France menaçait constamment l'Allemagne et dominait la Suisse ; maîtresse de la Franche-Comté, l'Allemagne affranchirait la Lorraine, annulerait la puissance française en Alsace, enfermerait les Suisses et les enserrerait dans le cercle de sa politique, acquerrait enfin aux côtés de la

---

1. Metternich au roi, 8 décembre 1706, A. R. P., *Acta neuch. successs.*, XIII.
2. Metternich au roi, 8 décembre 1706, — A. R. P., *ibid., ibid.*; A. R. P., *Papiers de Metternich*, Beylagen. Cf. Appendice IV.

France une position formidable, dans une province riche, hostile à Louis XIV. Jamais l'importance de Neuchâtel et de la Franche-Comté pour l'Allemagne n'avait été mieux mise en lumière. Seigneux apporta des cartes à l'ambassadeur prussien[1]; il lui montra combien l'occasion était belle pour l'Empire de reprendre avec avantage, contre la France, le combat séculaire sur les rives du Rhin, de la Moselle et du Rhône. Dans ces conditions, l'acquisition de Neuchâtel n'était plus une affaire personnelle au roi de Prusse, c'était une affaire allemande au premier chef, une affaire européenne.

Metternich s'empressa de transmettre ces projets, ces arguments à la cour. Et la cour de Berlin n'hésita pas à proposer aux Alliés, comme elle avait fait aux Suisses, une invasion en Franche-Comté. Spanheim reçut l'ordre d'interroger Malborough[2]. Malborough répondit que c'était une affaire à être entreprise par une armée en Allemagne, qu'il approuvait le projet en principe, mais qu'il était pour le moment impossible de distraire aucune des armées de la coalition. Il s'en tenait à la promesse qu'il avait faite en 1704 d'aider le roi de Prusse à obtenir Neuchâtel[3].

La diplomatie prussienne fut plus heureuse avec l'Autriche. L'Autriche avait en Suisse deux représentants, son ambassadeur Trautmansdorff et un agent sans caractère officiel, le général comte de Saint-Saphorin. Ils s'enviaient et se contrariaient le plus souvent[4]; mais ils furent d'accord pour encourager les desseins de la Prusse sur la Franche-Comté. L'ambassadeur le fit avec une certaine réserve que lui imposait sa situation officielle en Suisse, le comte de Saint-Saphorin avec une ardeur parfois intempérante. Son zèle égala, et souvent dépassa celui des agents prussiens qui pouvaient le tenir pour un des leurs.

1. Metternich au roi, 8 décembre 1706, A. R. P., *Acta neuch. success.*, t. XIII; — A. R. P., *Papiers de Metternich*, Beylagen.
2. Spanheim au roi, 28 janvier 1707, A. R. P., *Acta neuch. success.*, t. XIV.
3. Le roi à Metternich, 4 mars 1707, A. R. P., *ibid.*, *ibid.*
4. Metternich au roi, 21 décembre 1706, A. R. P., *ibid.*. t, XIII.

Du 6 au 15 décembre 1705, Saint-Saphorin avait reçu des commissions du roi de Prusse relativement à Neuchâtel ; en lui donnant toutes sortes de marques d'estime, Frédéric Ier l'avait invité à joindre ses efforts à ceux de Metternich, dont le départ pour la Suisse se préparait [1]. Saint-Saphorin n'y manqua point. Metternich l'employa comme un interprète fort utile auprès du prince Eugène et de la cour de Vienne. Grâce à lui, l'Autriche fut toujours informée des projets de la Prusse et souvent disposée à les servir.

Pendant les six premiers mois de sa mission, Metternich ne perdit pas son temps, comme on peut le voir dans son journal conservé aux Archives de Berlin. Et comme le prouve le même document, il s'occupait beaucoup plus de la Franche-Comté que de Neuchâtel. Il essaya de déterminer les Suisses à rompre eux-mêmes la neutralité, d'intéresser l'Europe à la conquête de la Franche-Comté : il voulut en un mot fortifier la coalition et la détourner vers le Jura. Neuchâtel n'était qu'un prétexte, un moyen, la Bourgogne était le but et la raison dernière de ses efforts.

L'activité de Metternich fut même si grande alors que la France finit par en trouver le secret. Son arrivée avait éveillé l'attention de l'ambassadeur de Louis XIV, Puysieux, qui étudia ses démarches, devina aussitôt la portée véritable de ses conférences avec les Bernois. Depuis le mois de juillet 1706, d'ailleurs, il avait été averti par l'intendant de Franche-Comté, de Bernage, que les réfugiés français du canton de Vaud préparaient avec les Bernois toutes sortes de projets sur la Bourgogne [2]. Au milieu de septembre, le chargé d'affaires à Soleure, La Chapelle, informait la cour de France de ce qui se tramait à Berne entre Metternich, les représentants des Puissances Alliées et les Suisses pour faire reconnaître le roi de Prusse comme souverain de Neuchâtel : cette reconnaissance

---

1. Saint-Saphorin à Metternich, 9 décembre 1705, A. R. P., *Acta neuch. success.*, t. XI.
2. Correspondance de Bernage et Puysieux, A. E., *Franche-Comté* ; cf. appendice IV.

serait dangereuse « à cause du voisinage de la Franche-Comté »[1]. Puysieux était beaucoup plus affirmatif : jusque-là, il avait cru que le principal objet de M. l'électeur de Brandebourg, en envoyant M. de Metternich, était l'affaire de Neuchâtel ; mais il ne pouvait s'empêcher de croire qu'il n'eût encore quelque autre vue que celle-ci[2].

La Chapelle étudia de plus près les démarches du ministre prussien : un de ses hommes connaissait le gouverneur du fils de Metternich, un piétiste que le comte avait amené avec lui de Ratisbonne. Il fut ainsi très bien renseigné : le comte de Metternich faisait entendre à Berne qu'il était venu pour assurer les Suisses, de la part de l'Empire, qu'ils seraient compris dans la paix générale, et qu'on obligerait la France à rendre la Franche-Comté et à raser Huningue. Il sut que les Bernois se repaissaient de ces discours chimériques, et que Metternich avait gagné leur confiance[3].

Le ministre des affaires étrangères, Torcy, en recevant à Versailles cette nouvelle, qui était bien fondée, ne put d'abord croire à un entraînement aussi irréfléchi des Suisses. La Suisse, pour échapper à l'influence française, irait-elle jusqu'à se donner à l'Allemagne[4]? Pour que la France consentît à rendre la Franche-Comté, il faudrait qu'elle fût à la dernière extrémité et l'Autriche, par suite, à un point de grandeur d'où elle serait redoutable pour tous ses voisins, pour les Suisses surtout. Torcy avait raison, mais il reçut des agents français en Suisse, par le courrier suivant, deux nouveaux avis dont l'exactitude ne pouvait faire aucun doute.

La Chapelle avait eu la visite d'un bourgeois de Berne que lui envoyait un des hommes influents du canton, le banderet d'Erlach[5]. Metternich s'était ouvert à d'Erlach, qu'il croyait du parti prussien et qui était en correspondance

---

1. La Chapelle à Torcy, 17 septembre 1706, A. E., Suisse, t. CLXXVI.
2. Puysieux à Torcy, 21 septembre 1706, A. E., Suisse. t. CLXXVI.
3. La Chapelle à Torcy, 6 octobre 1706, A. E., Suisse, t. CLXXVII.
4. Torcy à La Chapelle, 13 octobre 1706, A. E., Suisse, t. CLXXVII.
5. La Chapelle à Torcy, octobre 1706, A. E. Suisse, t. CLXXVII.

avec du Puy. Il avait eu tort : d'Erlach n'était ni pour la France, ni pour la Prusse, il était avant tout « bien intentionné » pour le repos de sa patrie. Et peut-être, comme le chancelier Montmollin, craignait-il pour Berne et pour la Suisse les revendications de l'Allemagne dans le Jura. La Chapelle connut ainsi les discours que l'envoyé de la Prusse allait tenir chez tous les conseillers et chez les principaux bourgeois de Berne : Metternich répétait dans ses visites qu'il n'était point venu en Suisse pour la succession de Neuchâtel, qu'il était venu pour faire entendre aux Suisses que les Alliés avaient résolu de leur procurer un voisinage moins dangereux, et de tirer la Franche-Comté des mains du roi, pour la donner à quelque autre puissance moins redoutable. Il leur confiait ces projets, en leur recommandant le secret, mais il voulait savoir de quoi ils étaient capables et quel fond on pouvait faire sur eux, quand on travaillerait pour eux. La Chapelle n'avait pas été trompé : c'étaient bien là les conversations que Metternich tenait aux Bernois et dont on retrouve les termes même dans son journal.

D'autre part, d'Affry, l'ami le plus influent de la France dans le canton de Fribourg, confirma au marquis de Torcy les renseignements que lui donnait le chargé d'affaires La Chapelle [1].

Une nouvelle plus grave encore arriva à Versailles, atténuée pourtant par ce qu'on apprit en même temps du zèle et de l'habileté des agents français. Les Bernois, sur les conseils de Metternich, avaient imaginé de constituer une commission de conseillers d'État, pour faire comprendre la République de Berne dans le traité de paix [2]. La Suisse n'était pas en guerre avec Louis XIV ; ce procédé n'était qu'un moyen détourné d'associer Berne à la Grande-Alliance, sans le compromettre, pour lui procurer sa part des dépouilles de la France. Metternich poursuivait son œuvre ; c'était le nouveau

1. D'Affry à Torcy, 31 octobre 1706, A. E., *Suisse*, t. CLXXVII.
2. La Chapelle à Torcy, 5 janvier 1707, A. E., *Suisse*, t. CLXXVIII.

piège qu'il tendait aux Suisses, la nouvelle embûche qu'il dressait contre nous au début de 1707. Heureusement, La Chapelle avait réussi à faire entrer dans la commission des amis de la France ; des six conseillers qui la composaient, deux du petit conseil, Frisching et Imhoff étaient, ou neutres ou dévoués à notre politique, deux du grand Conseil, Rott et Graffenried étaient dans le même cas. L'homme dangereux, c'était le banderet Villading, le chef du parti prussien. D'Affry donna à Torcy les mêmes renseignements : quand il avait appris le projet suggéré par Metternich aux Bernois, il était accouru à Berne, et avait pris ses mesures avec « les bien intentionnés » pour faire écarter les créatures de la Prusse [1]. Il y avait réussi, et Metternich ne se consolait pas d'avoir échoué. Mais décidément, Torcy put se convaincre que l'ambassadeur de Prusse avait sur la Suisse des desseins qui dépassaient singulièrement l'affaire de la succession de Neuchâtel.

A partir de ce moment, le gouvernement français reçut, pendant les premiers mois de 1707, tous les jours des preuves nouvelles. Au mois de février, les Bernois envoyèrent un député en Hollande, pour régler quelques difficultés relatives au service des troupes bernoises dans les armées des États-Généraux, en réalité pour négocier les conditions d'une alliance, selon les vues de Metternich [2]. Au mois de mars, l'ambassadeur de Prusse se transporta à Zurich, pour engager le canton à servir les projets de son maître sur Neuchâtel et sur la Franche-Comté. Là, comme à Berne, il répéta qu'on obligerait le roi de France à céder la Franche-Comté [3]. Torcy ne s'inquiéta pas outre mesure de ces mouvements de Metternich à Neuchâtel, à Zurich, à Berne ; il les surveilla pourtant, et exigea que ses agents en Suisse lui en rendissent un compte exact. La France courait ailleurs d'autres dangers beaucoup plus grands [4].

1. D'Affry à Torcy, 10 janvier 1707, A. E., *Suisse*, t. CLXXVIII.
2. La Chapelle à Torcy, 2 février 1707, A. E., *Suisse*, t. CLXXVIII.
3. D'Affry à Torcy, 10 mars 1707, A. E., *Suisse*, t. CLXXVIII. — La Chapelle a Torcy, 30 mars 1707, A. E., *Suisse*, t. CLXXVIII.
4. Torcy à La Chapelle, 6 avril 1707, A. E., *Suisse*, t. CLXXVIII.

Au mois d'avril, il parut aux agents français, à La Chapelle, à d'Affry que la situation s'aggravait. Leurs amis étaient frappés véritablement de la réalité des desseins de l'électeur de Brandebourg sur la Franche-Comté. Ils étaient d'avis que le roi ferait bien de tenir des troupes en Bourgogne, et d'augmenter les garnisons d'Huningue et de Landcroon [1]. L'événement justifia leur défiance : La Chapelle apprit le 15 avril que sur les lisières de la Suisse et de la Souabe, sur les frontières de Schaffouse, on organisait des bandes de camisards qu'un certain Riffier, de passage à Bâle, se préparait à diriger sur la Franche-Comté. Il le signala au maréchal de Tessé qui le fit chercher à Bâle et l'arrêta [2].

Et puis, la France devait de plus en plus craindre que le roi de Prusse n'obtînt la succession de Neuchâtel. Si ce n'était pas tout ce qu'il désirait, ce serait au moins un premier succès qui était la condition de tous les autres.

Les prétendants français prenaient à tâche de faciliter par leurs divisions la besogne du comte de Metternich. A Neuchâtel, à Berne ou à la cour de Versailles, le parti de M. de Matignon luttait contre le parti des Villeroi, et les uns comme les autres préféraient presque le succès du roi de Prusse à celui du prince de Conti. Au lieu de se réunir tous contre les étrangers, ils se détruisaient mutuellement et préparaient la voie à Frédéric Ier [3]. Cette situation parut si dangereuse à Puysieux qu'au retour d'une absence qu'il avait faite pendant les premiers mois de 1707, il proposa au roi de prendre en mains la cause des prétendants français [4]. C'étaient des gens atteints d'une maladie incurable ; mais, dans le cas présent, leurs intérêts s'identifiaient avec ceux de la France même, puisque l'occupation de Neuchâtel était désormais présentée par les Prussiens comme une menace contre la Franche-

---

1. La Chapelle à Torcy, 8 avril 1707, A. E., *Suisse*, t. CLXXVIII.
2. La Chapelle à Torcy, 20 avril 1707, A. E., *Suisse*, t. CLXXVIII.
3. La Chapelle à Torcy, 15 avril 1707, A. E., *Suisse*, t. CLXXVIII.
4. Puysieux à Torcy, 6 mai 1707, A. E., *Suisse*, t. CLXXIX.

Comté. Quelques jours après, Puysieux engageait enfin le roi à mettre des troupes en Bourgogne [1].

Ainsi tous les agents de la France, au mois de mai 1707, s'accordaient à signaler au roi les desseins ambitieux de Frédéric Ier, à réclamer une action énergique à Neuchâtel, des mesures de précautions en Bourgogne. La duchesse de Nemours, très malade depuis quatre ans, était depuis un mois mourante. Il fallait se hâter d'arrêter la Prusse.

On ne saurait trop admirer la modération de langage, et d'actes que Louis XIV et son ministre Torcy opposèrent alors aux provocations de Frédéric Ier, aux conseils de leurs propres agents de Suisse [2]. Certains historiens neuchâtelois, et, d'après eux, les historiens allemands ont à tel point dénaturé le caractère de la politique française dans l'affaire de Neuchâtel qu'il faut, pour revenir à une juste appréciation de cette politique, avoir sous les yeux, dans le texte même, la réponse royale du 16 mai 1707 à la dépêche de Puysieux. Il faut aussi ne pas oublier, en la lisant, que la vacance du Comté était près de s'ouvrir, mais n'était pas ouverte :

« Il y a desjà quelques jours que la duchesse de Nemours est fort malade, et son âge avancé laisse peu d'espérance qu'elle puisse sortir heureusement de l'extrémité où elle se trouve; ainsy les différents sur la succession de Neuchâtel vont recommencer, dans une conjoncture où les embarras de la guerre ne me permettent pas d'appuyer par là les droits de mes sujets qui prétendent à cette succession.

« Mais quand mesme je le pourrois faire, je serois bien fasché d'employer auprès des Suisses, mes anciens alliés, d'autre voye que celle de la raison, de la justice et du propre bien de leur Estat. Ces considérations doivent estre assez fortes auprèz d'eux pour les empescher de déférer aux prétentions imaginaires de l'Électeur de Brandebourg. Ils doivent faire réflexion

---

1. Puysieux à Torcy, 16 mai 1707, A. E., *Suisse*, t. CLXXIX.
2. Le roi à Puysieux, de la Closure, etc., 16 mai 1707, A. E., *Suisse*, t. CLXXIX;
— le roi à Puysieux, 26 mai 1707, A. E., *Suisse*, t. CLXXIX.

qu'un Prince Protestant, qui s'est toujours déclaré mon ennemy, sans sujet particulier et seulement parce qu'il est nettement engagé à suivre le sort de l'Empire, les engageroit souvent à des fascheux démeslez, s'il devenoit leur allié, qu'aussitost que la guerre commenceroit entre ma Couronne et l'Empire, je serois obligé à regarder l'Estat de Neufchastel comme un ennemy, et, par conséquent, à prendre de justes précautions pour prévenir les desseins d'un Prince d'Allemagne qui en seroit possesseur.

« Je ne sçay pas quelles en seroient les suites et je ne puis pas en répondre, quelque ménagement que je veuille toujours avoir pour les Cantons. C'est à eux d'y songer; il est de leur sagesse d'éviter ces malheurs, comme il est de leur justice d'avoir seulement esgard aux droits de mes sujets qui véritablement doivent estre les héritiers légitimes de la Comté de Neufchastel. »

Ce langage de Louis XIV contraste éloquemment avec celui que Frédéric Ier tenait au canton de Berne à la fin de 1705. Louis XIV s'adressait à la raison, au bon sens, à la clairvoyance des Suisses ; Frédéric Ier exploitait leur jalousie ombrageuse, excitait leurs ressentiments et leurs rancunes religieuses contre la France. L'un les engageait, au nom d'une alliance séculaire et de leur intérêt même, à ne pas prendre parti dans les conflits perpétuels de la France et de l'empire d'Allemagne ; l'autre, au contraire, soi-disant dans l'intérêt de l'Europe et de la religion protestante, voulait les entraîner à soutenir, avec les Alliés, les revendications de l'Allemagne sur le Rhin, le Jura et les Alpes.

Les défaites de la France, en 1706, et le triomphe de la coalition qui les lui avait infligées avaient bien pu ramener en partie le roi à cette modération de langage et de vues qu'il n'avait pas toujours pratiquée. Cela est possible, mais ce n'est pas une raison pour dire, comme on le fait en Allemagne, sans preuve, que Louis XIV aurait usé de violence à l'égard de Neuchâtel et des Suisses, en 1707, s'il l'avait pu. La veille du jour où la succession de Nemours allait s'ouvrir, averti d'ailleurs par ses agents des projets de la Prusse, il déclara nettement ses intentions dans cette dépêche du 16 mai 1707 qu'il faudra désormais rapprocher toujours de la dépêche prussienne d'avril 1705 aux Bernois. Jamais il ne porterait atteinte à la neutralité suisse ; dans l'intérêt même de cette neutralité, il souhaitait que les Suisses n'appuyassent point la candidature d'un prince allemand. Si cette candidature pourtant venait à réussir, il prendrait de justes précautions pour prévenir les desseins de l'Allemagne sur la Franche-Comté : il gardait encore pour les cantons toute sorte de ménagements, mais il déclinait à l'avance la responsabilité des malheurs que la présence des Prussiens à Neuchâtel pourrait amener. La conduite de Louis XIV, dans la suite, fut toujours conforme à ces déclarations.

La duchesse de Nemours mourut, à Paris, le 16 juin 1707[1]. Le comte de Metternich en reçut le premier la nouvelle par un de ces agents que la Prusse entretenait à Paris, le sieur Martine[2]. Le gouverneur de Neuchâtel, Stavay-Mollondin, ne l'apprit qu'un peu plus tard par deux dépêches des prétendants français, le comte de Matignon et la duchesse de Lesdiguières[3].

Le lendemain du jour où la nouvelle parvint à Neuchâtel, le 20 juin, le gouverneur convoqua le Conseil d'État. Les Neuchâtelois tenaient d'abord à assurer le droit et le respect du droit; ils décrétèrent à cet effet qu'une garde serait établie aux frontières et dans la ville[4]. Puis on publia que les membres du conseil et du tribunal s'engageraient par un serment solennel à n'accepter aucune invitation, aucun présent des prétendants. L'avenir du Comté dépendait de la valeur qu'aurait, dans la forme du moins, la décision du tribunal national de Neuchâtel[5].

---

1. Boyve, *Ann., histor.*, t. IV, p. 451.
2. Puysieux à Torcy, 24 juin 1707, A. E., *Suisse*, t. CLXXIX.
3. Pour les détails du procès, consulter Tribolet, *Hist. de Neuchâtel*, 1846, ch. I; — *A. Neuch. Missives*, 19 juin 1707.
4. A. Neuch., *Arrêts du C. d'État*, 20 juin 1707.
5. Id., *Ibid.*

Les prétendants s'annoncèrent successivement; les héritiers des plus anciennes maisons de Neuchâtel, le baron de Montjoie, les princes de Furstenberg, le margrave de Baden-Hochberg ne demandaient pas l'investiture du comté, mais entendaient seulement faire réserver leurs droits.

Les héritiers *ab intestat* de la maison d'Orléans, au contraire, déclarèrent aussitôt leurs prétentions.

Le 23 juin, le comte de Matignon et le duc de Villeroi arrivèrent à Neuchâtel[1]; le 25 juin, le duc de Savoie-Carignan envoya son représentant, le duc de Saint-Aignan[2].

Puis le 22 juin, le prince de Conti, héritier testamentaire de la maison d'Orléans, annonça par ses représentants, le marquis de Xaintrailles et l'abbé de Gravel, qu'il viendrait en personne soutenir ses droits[3]. Le 21 juin, il était déjà à Dijon[4].

Les héritiers de la maison de Châlons se firent représenter à leur tour : le roi de Prusse, par son ambassadeur Metternich qui s'annonça le 24 juin[5], et fit son entrée, le 30, à Neuchâtel avec une suite nombreuse ; le duc de Montbéliard par ses conseillers Siegeman et Brisechoux[6]; le marquis d'Allègre et enfin la duchesse de Mailly vinrent en personne.

Au point de vue du droit strict, ils avaient tous intérêt à se hâter : c'était une coutume du Comté que les prétendants à une succession devaient se présenter dans l'intervalle de quarante-deux jours après la mort du défunt, sous peine de forclusion[7]. Ils avaient encore d'autres raisons de se hâter, celles précisément qui avaient déterminé la Prusse à intriguer depuis cinq années en Suisse. Personne, ni à Neuchâtel ni ailleurs, n'ignorait que les formes légales étaient simplement

---

1. A. Neuch., *Arrêts du Conseil d'État*, 25 juin 1707.
2. A. Neuch., *Missives*.
3. A. Neuch., *Missives*.
4. Le prince de Conti à la princesse, 21 juin 1707, *France*, A. N., K. 683, VII.
5. A. Neuch., *Missives*, t. XIII.
6. Collection Duvernoy, relative à l'histoire de Montbéliard. *Bibliothèque municipale de Besançon*, t. I.
7. *Ibid.*

Contraste insuffisant
NF Z 43 120-14

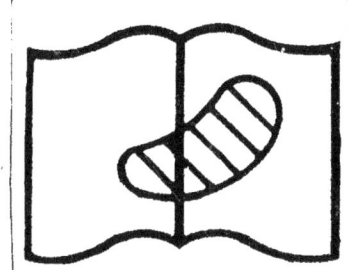

Illisibilité partielle

Valable pour tout ou partie
du document reproduit

destinées à garantir aux gens du Comté la libre disposition de leur choix. Les serments exigés des officiers, les déclarations faites par les prétendants ne pouvaient avoir pratiquement aucun effet. Il ne s'agissait pas du sort d'un héritage, mais de l'avenir d'un pays. Le procès de 1707, comme on l'appelle encore aujourd'hui à Neuchâtel, n'avait de juridique que le nom et la forme. C'était au fond une question politique, dont la solution malgré les serments des uns, les droits des autres, dépendait des intérêts des particuliers et de l'intérêt général de l'État. Il ne suffisait donc pas aux prétendants de laisser faire le temps et leur droit : la politique ferait valoir des considérations d'ordre général, d'autres aussi d'un caractère moins élevé qu'elle a toujours eues à son service.

La Prusse était entrée dans cette voie depuis longtemps déjà. Elle continua pendant le mois de juillet qui suivit la mort de la duchesse de Nemours. Le 23 juillet, l'ambassadeur d'Angleterre, Stanyan, qui avait remplacé Agliomby, apporta à Metternich le concours de sa présence et de son autorité. Il lut au conseil d'État une lettre de Sa Majesté Britannique [1]. A la même époque, l'envoyé des Provinces-Unies, Runckel vint à Neuchâtel, porteur d'une lettre des États analogue à celle de la reine d'Angleterre. L'Autriche, conformément au traité de 1704, avait, aussitôt après la mort de la duchesse, donné des ordres dans le même sens à son ambassadeur Trautmansdorff [2]. Le conseil d'État accueillit ces démarches avec une gravité presque comique; il promit aux Puissances Alliées, « quoique le nombre de douze prétendants eût comme épuisé toute son application et ses soins, » de prendre en sérieuse considération les droits de Sa Majesté Prussienne. Le poids de tous ces droits différents ne le gênait réellement pas tant, qu'il n'eût le moyen d'examiner ceux de la Prusse [3].

1. A. Neuch., *Arrêts du C. d'État*, 23 juillet, 25 juillet 1707.
2. A. Neuch., *Missives*, t. XIII, p. 169.
3. Réponse du Conseil d'État à S. M. Britannique, A. Neuch., *Missives*, t. XIII.

Les prétendants français, de leur côté, espéraient beaucoup de la cour de Versailles. Le prince de Conti fut à Pontarlier le 23 juin[1], il y resta jusqu'au 12 juillet. Il y attendit son équipage, pour paraître en grande pompe à Neuchâtel. L'ambassadeur de France, Puysieux, était disposé à le soutenir : il passa le 23 par Neuchâtel, visita les principaux de la ville, et avertit le prince qu'ils lui paraissaient bien disposés à son égard. Le gouverneur de Pontarlier, Béarnès était entré au service de Conti et travaillait pour lui. Le gouverneur de Neuchâtel, Mollondin paraissait acquis au parti contiste, et la cour de France, pour lui donner plus d'autorité, se proposait de le reconnaître officiellement comme gouverneur[2]. Enfin, le 14 juillet, le marquis de Puysieux, pour répondre aux démarches des Puissances Alliées, présenta au conseil d'État une lettre dont le sens et les termes étaient conformes à ses instructions du mois de mai[3].

La question se posa donc, dès le début, comme on pouvait le prévoir, non entre tel ou tel prétendant plus autorisé, mais entre la Prusse, appuyée par le canton de Berne et les Puissances Alliées, d'une part, et de l'autre la France, dont l'intention était seulement d'empêcher que l'électeur de Brandebourg ne fût préféré. Malheureusement Louis XIV n'avait pas de candidat à lui opposer d'une manière ferme. Les Matignon et les Villeroi disputaient au prince de Conti la faveur de la cour, et s'opposaient à toutes les mesures que Puysieux proposait. Conti était mécontent que le roi tînt compte de leurs droits. Eux, de leur côté, se méfiant du gouverneur Mollondin, ne voulait pas que la cour l'appuyât[4]; ils s'opposaient à ce qu'on envoyât à Neuchâtel le résident de Genève, la Closure. Puysieux, lassé, déclara un jour à Torcy que cette maudite affaire lui causait tous les dégoûts possibles, et que les prétendants

---

1. Le prince de Conti à la princesse, *France*, A. N. K., 603, VII, 25 juin, (Pontarlier); 11 juillet (Pontarlier); 13 juillet (Neuchâtel).
2. *Ibid.*
3. A. Neuch., *Missives*, t. XIII, p. 132, 134.
4. Le prince de Conti à Torcy, 2 juillet 1707, *France*, A. N. K. 603, VII.

français perdaient leur cause par leurs rivalités[1]. Cette cause, c'était celle de la France même : voilà ce qui devait désoler le roi. De source sûre, il savait que Metternich, profitant du voisinage de Neuchâtel, faisait passer des émissaires en Bourgogne. Si le roi de Prusse en usait ainsi dans le temps où, sollicitant l'investiture, il affirmait que Neuchâtel ne se ressentirait pas des engagements pris par lui contre la France, que ferait-il, s'il en devenait le maître[2]? Et, dès cette époque, on pouvait prévoir qu'il le serait.

Le choix des juges du procès fut un premier symptôme. Le tribunal devait se composer, comme les cours féodales du moyen âge, de trois États ; le clergé, remplacé depuis la Réforme par des châtelains, officiers et juges ; la noblesse, remplacée par des conseillers d'État ; le tiers état, représenté par les quatre ministraux, ou officiers municipaux de Neuchâtel. L'usage était que le gouverneur nommât les quatre conseillers d'État chargés de remplacer la noblesse. Le gouverneur, Mollondin procéda immédiatement à cette nomination ; mais les gens de Neuchâtel cassèrent deux de ses choix, sous prétexte que les titulaires résidaient ordinairement à Fribourg et à Soleure. Mollondin était contiste, les juges qu'il avait nommés l'étaient comme lui. Ce fut un succès pour la Prusse de les voir écarter du tribunal[3].

D'autre part, le conseil d'État réserva, au tribunal, des places à la compagnie des pasteurs, aux conseils de bourgeoisie de la ville, à toutes les communautés de l'État dont les sympathies intéressées pour la Prusse étaient bien connues[4]. Le public pèserait au besoin sur les juges, et si le jugement, comme il était probable, dépendait plus des juges que du droit, cette double mesure était d'un bon augure pour Frédéric Ier.

---

1. Puysieux à Torcy, de Bade, 27 juillet 1707, A. E., *Suisse*, t. CLXXIX.
2. Le roi à Puysieux, 3 août 1707, A. E., *Suisse*, t. CLXXIX.
3. Jacottet, *le Procès de 1707*, Neuchâtel, 1881, p. 11 ; — Puysieux à Torcy, 27 juillet 1707, A. E., *Suisse*, t. CLXXIX.
4. Tribolet, *Hist. de Neuchâtel*, p. 6, d'après les registres du conseil, 23, 26 juillet, 12 août ; — Puysieux à Torcy, 27 août 1707, A. E., *Suisse*, t. CLXXXI.

A partir de ce moment, les choses se passèrent suivant le plan même que la cour de Prusse avait dressé avec ses agents. Il ne pouvait pas en être autrement. Les juges, c'étaient ce Guy le Cadet que Metternich avait gagné depuis longtemps, les Chambrier qui étaient de la conférence de Bevaix, Hory, le gendre de Bondely, Petitpierre, dévoué également à la Prusse. Metternich prodiguait les moyens qui lui avaient servi à gagner ceux-là, pour se concilier les autres, l'argent et les promesses. Tous, ils avaient juré de ne rien accepter des prétendants. Mais, comme le remarquait plaisamment Puysieux, MM. de Neuchâtel étaient trop voisins des Suisses et trop alliés avec eux pour qu'un pareil serment pût avoir son effet [1].

Le conseil d'État donna une nouvelle satisfaction à la Prusse, en déclarant que les prétendants seraient tenus de ne pas se présenter personnellement au tribunal, et qu'ils auraient seulement le droit d'envoyer des mémoires. C'était un moyen efficace de diminuer l'influence personnelle du prince de Conti, et de réserver aux États leur entière liberté d'action. La Prusse avait évidemment tout à y gagner. Ce décret tranchait en outre en sa faveur une grave question de préséance entre le prince de Conti qui se refusait, avec Louis XIV, à reconnaître la qualité royale de Frédéric Ier, et l'ambassadeur Metternich qui réclamait, au contraire, pour lui et pour son maître le bénéfice de cette qualité [2].

Le conseil prit aussi, pour la sûreté du Comté, pendant le procès, des mesures conformes aux vues de la Prusse. Il ordonna, le 2 août, de lever les gardes du pays pour protéger la frontière et, le 10, il résolut d'augmenter et de compléter la garnison de la ville. Le plan dressé par du Puy se réalisait de point en point [3].

Puysieux vit, à la tournure que prenait l'affaire, quelle en serait l'issue certaine, et, quoique lassé par la funeste politique des prétendants, il fit un effort suprême pour déter-

1. Puysieux à Torcy, 25 juin 1707, A. E., *Suisse*, t. CLXXIX.
2. Tribolet, *Hist. de Neuchâtel*, p. 13.
3. A. Neuch., *Arrêts du conseil d'État*, 2 août 1707, 10 août 1707.

miner Louis XIV à intervenir. Sans doute, il approuvait les justes motifs qu'avait le roi de ne pas se prononcer entre des prétendants français; mais ne s'agissait-il pas, avant tout, d'empêcher les desseins de la Prusse? Ces desseins étaient gros de périls pour la France : Neuchâtel entre les mains d'un autre que d'un Français, qui pourrait dire ce qui s'y tramerait en cas de guerre pour susciter des troubles en Franche-Comté? Les esprits en Bourgogne n'étaient que trop disposés à la mutinerie. La cour devait tout faire pour empêcher que Neuchâtel ne tombât entre les mains d'un prince de Brandebourg. Il fallait obliger les prétendants français à s'unir contre la Prusse, soutenir ensuite celui d'entre eux que les Neuchâtelois auraient choisi, et, dans l'intervalle, agir sur le conseil et le tribunal, au besoin par les menaces [1].

Le roi de France permit à son ambassadeur de parler aux Cantons. Puysieux se plaignit au conseil d'État de Neuchâtel qu'on laissât répandre dans le public des mémoires injurieux contre son maître, rédigés par les représentants de l'Angleterre et de la Hollande, Stanyan et Runckel [2]. Il écrivit aussi aux Louables Cantons que Sa Majesté pourrait bien être forcée de prendre des mesures opposées aux pensées de paix et de douceur qu'elle avait toujours eues. Ces déclarations irritèrent et inquiétèrent les Suisses.

Louis XIV leur écrivit alors directement, pour les rassurer et pour faire connaître une fois de plus ses véritables intentions. Non, il ne voulait ni inquiéter, ni opprimer les Suisses, ses anciens alliés. S'il voulait la guerre, vraiment, comme ses ennemis cherchaient à le faire croire, n'aurait-il pas trouvé dans l'affaire de Neuchâtel le meilleur des prétextes? Il n'avait qu'à laisser le roi de Prusse s'établir à Neuchâtel et à traiter le Comté comme la propriété d'un de ses pires ennemis. Mais, en réalité, c'était ce malheur qu'il voulait éviter aux Suisses. Les Alliés les trompaient, leur faisaient

---

1. Puysieux à Torcy, 6 août 1707, A. E., *Suisse*, t. CLXXXI.
2. Lettre de Puysieux au conseil d'État, A. Neuch., *Arrêts du Conseil d'État*, 12 août; *Missives*, t. XIII, p. 179.

valoir les avantages d'un gouvernement qui aurait son siège à Berlin, d'un gouvernement protestant, et, sous prétexte d'assurer la liberté du corps helvétique, leur imposait un maître et des troupes allemandes. Il aimait plus sincèrement les Suisses et savait mieux les aimer : il parlait à leur affection, à leur bon sens. Ce n'était pas des menaces qu'il avait chargé son ambassadeur de leur faire; il ne menaçait pas, il avertissait, il conseillait[1].

Cette lettre de Louis XIV aux Cantons ne diffère en rien des instructions que, depuis deux ans, il donnait à son ambassadeur, du langage qu'il avait parlé aux Suisses depuis le jour où il avait connu les desseins de la Prusse sur la Bourgogne. Il est facile de répéter, comme le font les historiens allemands, que la prétendue impartialité de Louis XIV était simple impuissance, et qu'il menaçait, faute de pouvoir faire mieux. Avait-il donc tort de conclure, cependant, en opposant sa conduite et ses intentions à celles de la Prusse : « Je vous demande l'observation de vos lois, mes ennemis en sollicitent le renversement[1]? » Tant que les véritables projets de Frédéric Ier ont été enfouis dans les archives, on pouvait croire que c'était là de la rhétorique diplomatique. Louis XIV connaissait ce que nous avions ignoré jusqu'à ce jour : il savait qu'au moment où il écrivait aux Suisses, les Alliés accumulaient des armes en Bavière et faisaient des préparatifs sur le Rhin et sur le Jura. Il savait que l'occupation de Neuchâtel par la Prusse serait le point de départ d'une entreprise sur nos frontières de l'Est, et, sans violer la neutralité suisse, il prétendait qu'elle ne fût pas violée à ses dépens.

Malheureusement, les efforts de Puysieux et de la cour se heurtèrent toujours au même obstacle, les rivalités des prétendants français. Louis XIV se décida à envoyer à Neuchâtel le résident de Genève, de la Closure, pour les réunir[3]. Il n'y

1. Le roi au conseil d'État de Neuchâtel (minute) 14 août 1707, A. E., *Suisse*, t. CLXXXI, cf. appendice IV.
2. *Ibid.*
3. A. Neuch., *Arrêts du conseil d'État*, 19 août 1707.

réussit pas : MM. de Villeroy et de Matignon se refusèrent énergiquement à un accord qui paraissait nuisible à leurs intérêts[1]. Il n'y avait plus qu'un moyen de travailler, malgré eux et sans eux, au succès de leurs prétentions, et à l'exclusion de Frédéric Ier : Puysieux proposa au roi de retenir pendant quelque temps à Besançon, sur la frontière suisse, les troupes destinées à l'armée de Provence qui venaient du Rhin. Puysieux s'excusait presque de faire au roi une pareille proposition[2]; le roi de France, en effet, fidèle aux promesses qu'il avait données de ne jamais recourir à la force, ne suivit point l'avis de son ambassadeur. Il ne voulut même pas menacer l'intégrité du territoire helvétique, et attendit la décision du tribunal.

Le procès dura longtemps ; on voulait donner à cette affaire, qui n'avait de juridique que la forme, toutes les apparences d'un vrai procès. Du 28 juillet, le tribunal s'ajourna au 26 août, puis au 6 septembre[3]. Dans l'intervalle, les prétendants accumulèrent mémoires sur mémoires. On en compte environ vingt, dont quelques-uns n'ont pas moins de cent cinquante pages : informations, traités sommaires, réflexions, consultations, mémoires et réponses[4]. La Prusse, pour sa part, en publia plus de six, le prince de Conti trois, la duchesse de Lesdiguières et les Matignon trois aussi. Ce luxe de preuves n'eut guère pratiquement, d'ailleurs, d'autre effet que de fournir beaucoup d'ouvrage aux imprimeurs. La Prusse leur commanda jusqu'à mille exemplaires du même factum : il est vrai qu'elle ne les paya qu'au bout de deux ans[5].

En réalité, il fallait plutôt gagner les juges que les convaincre[6]. Les lenteurs du tribunal favorisèrent les intrigues

---

1. Puysieux à Torcy, 24 août 1707, A. E., *Suisse*, t. CLXXXI.
2. Puysieux à Torcy, 27 août 1707, A. E., *Suisse*, t. CLXXXI.
3. Boyve, *Ann. histor.*, t. V, p. 216 et suiv.; p. 241 et suiv.; p. 243.
4. Voir la liste à l'appendice IV.
5. A. Neuch., *Quittances de la trésorerie* (acquis) : compte de Pistorius, février 1709.
6. Puysieux au roi, 3 août 1707, A. E., *Suisse*, t. CLXXXI; — Puysieux à Torcy, 6 août 1707, A. E., *Suisse*, t. CLXXXI.

secrètes de Metternich à Neuchâtel. Ces intrigues nous sont connues aujourd'hui par les Mémoires d'un Neuchâtelois qui jusque-là était resté Contiste, et qui appartenait à l'une des premières familles du comté, Samuel Pury. Ces mémoires n'ont pas encore été publiés, quoiqu'ils soient la suite naturelle de ceux de Montmollin, et l'une des sources les plus importantes de l'histoire de Neuchâtel. Ils ont été communiqués par la famille à l'auteur d'une étude intéressante sur le procès de 1707, M. Jacottet. On y voit comment et quand la majorité du tribunal fut acquise au roi de Prusse [1].

Une réunion eut lieu à la Bocarderie, au début de septembre, chez Emer de Montmollin. Ni le prince de Conti, ni Metternich n'y assistaient. Mais Montmollin travaillait pour la Prusse, aussi bien que le ministre du roi lui-même. Il persuada aux prétendants français, toujours en défiance contre Conti, de faire cause commune avec le roi de Prusse. Le prince de Conti l'apprit aussitôt, et, le 5 septembre, il conseilla à son tour à ses partisans de se rallier à Frédéric Ier. Le roi de Prusse voulait régner : il divisait.

Le 6 septembre, le prince de Conti chargea ses représentants, le marquis de Xaintrailles et l'abbé de Gravel de récuser un certain nombre de juges qui servaient officiellement ou secrètement la Prusse ; puis le 7, il récusa le tribunal tout entier. C'était un prétexte pour couvrir sa retraite, sans abandonner ses droits ; le soir même, le prince de Conti reprit la route de Paris.

Pendant tout le mois, les autres prétendants français eurent l'occasion de voir la faute qu'ils avaient faite et de découvrir le piège dans lequel ils avaient donné. Le tribunal reçut gravement de leurs procureurs leurs différentes requêtes et entendit l'exposé de leurs moyens. Les discussions des avocats donnèrent seuls parfois quelque gaieté à cette procédure généralement fastidieuse. Le 24 septembre, l'avocat du roi de

1. Jacottet, *le Procès de 1707*, p. 24.

Prusse, Denormandie, estimant que le procureur de Mlle de Bourbon, Tribolet avait mal parlé de l'ambassadeur Metternich, lui promit en pleine audience une volée de bois vert. Les Allemands et les Français commencèrent alors à se quereller, et un témoin prétend que, s'il s'était donné une chiquenaude, il y aurait eu une boucherie effroyable[1]. Le roi de Prusse avait décidément des amis et des serviteurs très chauds. Les prétendants français, au début d'octobre, ne pouvaient plus douter de son succès et de leur échec[2]. Comme Conti, ils saisirent le premier prétexte pour se retirer. L'argument dont les partisans de la Prusse entendaient se servir contre l'héritière testamentaire de la duchesse de Nemours, et s'étaient servis contre Conti, c'est que, le comté de Neuchâtel étant inaliénable, les testaments de l'abbé d'Orléans en faveur du prince de Conti, ou de la duchesse de Nemours en faveur du chevalier de Soissons et de sa fille étaient nuls. Cet argument était précisément le même que les ducs de Villeroi et de Matignon, héritiers *ab intestat* de la maison de Longueville, faisaient valoir contre leurs compétiteurs français : l'avocat de Frédéric Ier, Peyrol, demanda au tribunal que tous les prétendants français produisissent à la fois tous leurs moyens, pour profiter des productions qu'ils feraient les uns contre les autres, en faveur de la maison de Châlons, de la Prusse[3]. C'était ingénieux : la Prusse ruinait les droits des prétendants français les uns par les autres, comme elle avait exploité leurs jalousies mutuelles. Le tribunal accepta les propositions de Peyrol[4]. Les princes français s'unirent enfin, trop tard, pour protester, et ils partirent, le duc de Villeroi, le 3 octobre, le comte de Matignon, le 4, Mme de Soissons, le 5. Le parti français abandonnait ainsi le champ de bataille ; ce fut une

---

1. Faverger, agent de Conti à Conti, 24 septembre 1707, *France*, A. N., K. 603, VII.
2. Faverger à la princesse de Conti, 2 octobre 1707, *ibid.*, *ibid.*
3. Boyve, *Ann. histor.*, t. V, p. 309 ; Faverger à la princesse de Conti, 26 septembre 1707, *ibid.*, *ibid.*
4. Boyve, *ibid.*, t. V, p. 310.

vraie déroute¹. Le prince de Conti, dans son échec, n'avait vu que l'ouvrage de la Maintenon²; les autres prétendants français, instruits pourtant à leurs dépens, accusèrent la mauvaise foi des juges³. Ils n'auraient dû accuser qu'eux-mêmes. Leur défaite s'expliquait suffisamment par leurs divisions incurables. Et leurs agents ne se firent pas faute de le leur dire⁴. L'ambassadeur de France avait de bonne heure connu le secret de leurs faiblesses et prévu le dénouement du procès⁵. Au mois d'octobre, l'électeur de Brandebourg n'avait plus en face de lui, à Neuchâtel, que les héritiers de la maison de Châlons, le prince de Montbéliard, dont le représentant Brisechoux, réduit à un équipage très modeste⁶, n'avait pas d'influence, la marquise de Mailly et le marquis d'Allègre. Son succès était certain.

L'ambassadeur Puysieux, qui redoutait cet événement pour la sécurité de nos frontières, tenta un dernier effort. Le 10 octobre, il adressa au conseil d'État de Neuchâtel un premier mémoire, pour protester contre les intrigues de la Prusse et la violation de la légalité; le 14, il vint à Neuchâtel et présenta, le 16, un second mémoire plus complet et d'un ton plus ferme que le premier⁷. Il n'avait pas de peine à démontrer que les droits de Frédéric Iᵉʳ étaient absolument chimériques; mais il prétendait démasquer les projets ambitieux de la Prusse qui préparait, avec le concours des Alliés, une entreprise aussi contraire à l'intérêt de la France qu'à la tran-

---

1. Faverger à la princesse de Conti, 2 octobre 1707, *France*, A. N., K. 603, VII.
2. Mémoires de Sam. Pury, cités par Jacottet, *le Procès de 1707*, p. 25.
3. Protestations faites par Mme la duchesse de Lesdiguières, le comte de Matignon, etc., dans Boyve, *Ann. histor.*, t. V, p. 312 et 50.
4. Cf. à l'appendice IV, la lettre de Faverger à Mme la princesse de Conti; 26 septembre 1707, *France*. A. N., K. 603, VII.
5. Cf. supra. Dépêches de Puysieux, 24 août 1707, 27 août 1707, etc.; — Le prince de Conti à Puysieux, 20 septembre 1707, de Fontainebleau, A. E., *Suisse*, t. CLXXXI.
6. Archives municipales de Besançon, *collection Duvernoy*, t. I : Comptes de Georges Brisechoux, 4 livres pour raccommodage de bas, 2 livres à la blanchisseuse, etc.
7. A. Neuch., *Arrêts du conseil d'État*, 11, 14 et 17 octobre 1707.

quillité de la Suisse. Il demandait un délai en faveur des prétendants français et l'annulation de la décision du 30 octobre qui avait amené leur retraite définitive ; il concluait, en menaçant les États du juste ressentiment de son roi [1].

Ce langage énergique et ces menaces légitimes n'eurent d'autre effet que de provoquer une intervention non moins énergique des représentants de l'Angleterre, des Provinces-Unies, des Bernois [2]. Les Neuchâtelois effrayés firent appel aux Suisses, aux gens de Berne qui avaient toujours favorisé les projets de la Prusse, aux cantons de Lucerne, de Fribourg et de Soleure, pour s'assurer contre les menaces de la France, le bénéfice de la neutralité helvétique [3]. Le ministre d'Angleterre Stanyan, Runckel, l'envoyé des Provinces-Unies réclamèrent le droit de paraître au tribunal, si Puysieux en avait l'accès, et apportèrent un mémoire destiné à rassurer également les Neuchâtelois. Ce mémoire était de nature pourtant à inquiéter plutôt les Suisses : on leur promettait le secours d'une armée allemande, d'un corps de troupes prussien. Le remède n'était-il pas pire que le mal ? Qu'adviendrait-il de la neutralité de la Suisse ? Si les puissances recherchaient le Comté pour le roi de Prusse, si elles montraient un si grand empressement à le lui procurer, c'était pour porter la guerre en Franche-Comté. Elles protégeaient Neuchâtel, mais en le ruinant. Le contre-mémoire de l'Angleterre et de la Hollande ne devait pas éveiller moins d'inquiétude en Suisse que les mémoires de la France [4]. A mesure qu'on approchait du dénouement, l'affaire se précisait : ce n'était plus une simple affaire de succession, c'était une affaire européenne.

Metternich vit le danger : il fallait calmer les alarmes qu'avaient causées le langage de la diplomatie française et la démarche prématurée des Alliés. Il affirma que, si la France

---

1. Boyve, *Ann. histor.*, t. V, p. 335, 338.
2. A. Neuch., *Arrêts du conseil d'État*, 17, 18, 31 octobre 1707.
3. A. Neuch., *Missives*, t. XIII, p. 219, 15 octobre 1707.
4. Boyve, *Ann. histor.*, t. V, p. 337.

faisait entrer des troupes dans le Comté, la Prusse s'engageait à supporter les dommages de l'invasion, et, d'autre part, à ne jamais agir à Neuchâtel que comme membre du Louable Corps helvétique. C'est cette déclaration qu'il fit tirer et répandre à mille exemplaires [1]. Elle n'était pas conforme aux desseins véritables de Frédéric Ier, ni au langage que Metternich avait tenu aux Bernois. Il avait menti à Berne, ou mentait à Neuchâtel. Ce qu'il y avait de certain, c'est que cette déclaration était utile. C'était la vraie réponse au Mémoire de Puysieux.

La Prusse, dès lors assurée du succès, n'eut plus qu'à désirer la conclusion rapide des formalités judiciaires [2]. Ses adversaires souhaitaient précisément le contraire. Ce fut une vraie comédie, presque une farce. Le gouverneur Mollondin, demeuré contiste contre vents et marées, terminait chaque séance au coup de midi, strictement, pour en multiplier le nombre. Les partisans de la Prusse imaginèrent de retarder l'horloge d'une demi-heure et soudoyèrent le marguillier pour l'empêcher de sonner la cloche à l'heure exacte. Mollondin s'en aperçut : il s'indigna d'abord qu'on se jouât ainsi du tribunal, qu'on mît en usage des moyens à peine soufferts dans un collège pour arrêter les écoliers. Puis il se résigna et renonça à présider les audiences [3]. Le jour des plaidoiries fut fixé au 31 octobre : il n'y avait plus d'avocats. L'avocat du prince de Carignan, Fortis avait reçu de son maître, allié du roi de Prusse, l'ordre de rester pour qu'il y eût au moins l'ombre d'un débat. Il avait même, à ce qu'on assure, reçu de la Prusse beaucoup mieux, une subvention de cent mille livres, comme indemnité de séjour [4]. Il s'acquitta de ce rôle ingrat avec un sérieux parfait. Jamais, dans le cours du procès, il

---

1. Boyve, *Ann. histor.*, t. V. p. 347.
2. Mars, agent de Conti à Cressier, au prince : « Toujours le même esprit dans les Prussiens. Ils veulent avoir la fin incessamment. » 24 octobre 1707, *France*, A. N., K. 603, VII.
3. Boyve, *Ann. histor.*, t. V, p. 357.
4. Boyve, *Ann. histor.*, t. V, p. 360, 361.

n'avait été plus éloquent. Il compara Neuchâtel à la terre de Canaan, à la terre promise[1]. La comédie touchait au dénouement, et, comme dans toutes les comédies bien faites, à mesure que la pièce se jouait, l'intrigue devenait plus claire et les incidents plaisants plus nombreux.

Le 3 novembre 1707, le tribunal, à quatre heures du soir, rendit sa sentence[2]. Le procureur général Chambrier, assisté de MM. Marval, Hory et Bullot, juges et conseillers d'État, accompagné de six officiers de l'État, de députés de Neuchâtel et de la bourgeoisie de Valangin, de jeunes gentilshommes, et d'officiers en livrée, alla prendre à son domicile M. de Metternich. On l'amena au château, en grand cortège ; on le fit asseoir au tribunal à la droite du président, et le secrétaire lui donna lecture du jugement qui conférait à S. M. Frédéric Ier, roi de Prusse, l'investiture de l'État et souveraineté avec ses annexes et dépendances. Les trois États avaient adopté le système plaidé par le roi de Prusse.

L'avocat du prince de Savoie protesta, et les juges crurent devoir rentrer en consultation pour annuler ses protestations. L'ambassadeur de Prusse prit alors le sceptre des mains du président Tribolet et adressa aux nouveaux sujets de Frédéric un discours obligeant, trop obligeant, merveilleux d'habileté et d'effronterie. Il loua les juges de leur esprit de justice et de leur désintéressement. Ce fut son premier point. Il les loua ensuite de leur clairvoyance et les félicita d'avoir su mettre la justice d'accord avec leurs intérêts les plus précieux, leurs intérêts temporels et spirituels. Ce fut son second point. La harangue se termina par un éloge du roi, de ses rares qualités, de sa fidélité à tenir ses promesses, de son inclination à se répandre en bienfaits. Les juges n'auraient pas à se repentir : Frédéric Ier ferait honneur à ses engagements. Tout le monde serait content ; le nouveau comte, naturellement, et ses sujets aussi[3].

---

1. Boyve, *Ann. histor.*, t. V, p. 365.
2. A. Neuch., *Registres du conseil d'État*, 4 novembre 1707; Boyve, *Ann. histor.*, t. V, p. 367 et suiv.
3. Cf. Le discours dans Boyve, *Ann. histor.*, t. V, p. 369, 370.

Tout le monde du moins parut l'être ; à Neuchâtel, le jugement fut accueilli par des cris redoublés de : « Vive le roi. » Les cloches sonnèrent, les troupes firent des décharges de mousqueterie. Les pasteurs célébrèrent, en présence de M. de Metternich, le service divin ; à l'Oraison dominicale qui se disait d'ordinaire, ils ajoutèrent quelques paroles de circonstance : « O Dieu ! crée en nous des cœurs purs et revêts de justice tes ministres. » Le soir, le peuple courut boire aux fontaines de vin que l'ambassadeur de Prusse avait fait couler ; les gens du monde s'assemblèrent en sociétés pour fêter le nouveau règne [1].

A Berlin, le roi de Prusse qui était extrêmement malade et comme abandonné des médecins, se rétablit par miracle, en apprenant le jugement des trois États [2]. La Providence veillait sur Frédéric Ier : les pasteurs de Neuchâtel lui avaient confié la vie de leur nouveau souverain [3].

Toute cette comédie judiciaire, politique, religieuse avait cependant un sens profondément sérieux et une portée considérable : avec des formes surannées, sur un théâtre restreint, venait de s'accomplir une révolution qui modifiait, comme les événements de 1688 en Angleterre, l'ancien droit public de l'Europe. Un peuple, menacé du sort que faisait aux peuples du moyen âge la confusion de la propriété et de la souveraineté, avait revendiqué sa souveraineté et s'était librement donné à la Prusse, par un contrat constitutionnel. Il s'était fait lui-même juge de ceux qui prétendaient à le gouverner, et avait considéré ses intérêts plutôt que leurs droits. Il avait fait ses conditions : il n'avait pas subi celles d'un testament, d'un tribunal étranger. C'était là le véritable sens de l'échec qu'avait subi le prince de Conti, et avec lui l'influence française à Neuchâtel. Un des plus chauds partisans de la France dans le Comté, écrivait au prince quelques jours

1. Boyve, *Ann. histor.*, t. V, p. 371.
2. Faverger au prince de Conti, 15 novembre 1707, *France*, A. N., K. 603, VII.
3. La Sentence d'Investiture, dans Boyve, *Ann. hist.*, t. V, p. 375.

avant la conclusion du procès : « Il faudrait dépouiller ce pays de ce chimérique droit de judicature, fatal, à mon avis, au droit de Votre Altesse Sérénissime, parce que je ne vois pas que l'état d'un peuple soit aliénable, qui est sujet à la décision et à la reconnaissance de ce même peuple [1]. » On ne dispose pas des États qui prétendent à disposer d'eux-mêmes. La Suisse échappait à la France, comme l'Angleterre, par la puissance d'un droit nouveau.

La Prusse avait reconnu ce droit, par esprit politique et par ambition. Frédéric Ier avait promis tout ce que ses nouveaux sujets lui demandaient; il s'était engagé par des actes authentiques, par les discours de son ambassadeur, à respecter l'indépendance, l'inaliénabilité du Comté, les libertés, franchises, privilèges des bourgeois et du peuple [2]. Il l'avait juré même [3], peu lui importait le prix qu'il avait dû mettre à l'acquisition du Comté. Les serments lui coûtaient encore moins que les salaires de ses partisans et que les indemnités des juges. La possession de Neuchâtel était indispensable aux desseins de Frédéric sur la Franche-Comté et, comme son petit-fils Frédéric II, ce prince acceptait les formes et la langue de la liberté, pourvu qu'elles servissent ses desseins. C'était déjà un vrai prince du xviiie siècle. Metternich avait juré et déclaré que son maître ne ferait jamais rien par le moyen de l'État de Neuchâtel qui fût contraire aux engagements et à la neutralité dudit État [4]. Le 22 novembre, cependant, le ministre et son roi s'entretenaient ensemble d'un projet d'invasion en Franche-Comté. Maître de Neuchâtel, Frédéric II étudiait les moyens de franchir le Jura, au préjudice et contre le gré du peuple qui s'était donné à lui, dont il avait promis de consulter toujours les intérêts et les désirs.

1. Mars au prince de Conti, 24 octobre 1707, *France*, A. N., K. 603, VII.
2. Cf. La sentence d'investiture, et le Discours de Metternich, dans Boyve, t. V, p. 369, 375.
3. Boyve, *Ann. histor.*, t. V, p. 378, 381.
4. Déclaration de Metternich, Boyve, *Ann. histor.*, t. V, p. 361.

Louis XIV, averti depuis longtemps par ses agents, prenait, de son côté, toutes les mesures nécessaires pour protéger ses frontières. Le 24 octobre, l'ingénieur général de Bourgogne, M. de Verfel, avait reçu de M. de Puysieux l'ordre d'élever en face de Neuchâtel de nouvelles fortifications [1]. L'intendant de Franche-Comté, M. de Bernage avait notifié, le 8 novembre, aux États de Neuchâtel l'interdiction de tout commerce entre sa province et leur pays [2]: le roi de France n'admettait pas la distinction constitutionnelle que l'on prétendait établir entre un souverain en guerre avec lui et son peuple ; il faut bien avouer que la Prusse n'avait admis cette distinction que pour la forme, par intérêt, sans sincérité. Dès le 12 novembre, Louis XIV faisait marcher douze bataillons et sept escadrons de Dauphiné en Franche-Comté, et appelait du Rhin sur la frontière du Jura huit bataillons et deux régiments de dragons. Frédéric Ier engageait à son service deux mille Neuchâtelois ; la reine Anne proposait d'entretenir en Suisse contre la France dix mille Bernois, pourvu que les Suisses voulussent renoncer à leur neutralité [3]. Les malheurs que Louis XIV avait prédits aux cantons se préparaient : l'acquisition de Neuchâtel par la ~~Suisse~~ Prusse, c'était immédiatement la ruine de la neutralité helvétique, l'occasion d'un nouveau conflit entre la France et l'Allemagne. La comédie de 1707 pouvait bien n'avoir été qu'un épisode du drame qui se jouait, depuis des siècles, sur les frontières du Rhin et du Jura, entre l'empire germanique et la France. Le théâtre, cette fois, serait la Suisse, l'acteur principal, la Prusse.

---

1. Mars au prince de Conti, 24 octobre 1707, *France*, A. N., K. 603 VII.
2. Lettres de Neuchâtel à Berne, et à M. de Bernage; — Réponse de M. de Bernage, 12 et 14 novembre 1707, A. Neuch., *Missives*, t. XIII, p. 235, 238, 243.
3. Puysieux au roi, 14 nov. 1707, A. E., *Suisse*, t. CLXXXII.

V

L'INVASION ALLEMANDE EN FRANCHE-COMTÉ
(1707-1709)

Si le roi de Prusse, en acquérant Neuchâtel, n'eût voulu que revendiquer un héritage, et s'assurer les revenus d'une petite principauté, après le 4 novembre 1707, il n'aurait plus eu de souhaits, ni de desseins nouveaux à former. Il pouvait compter sur la fidélité de sujets qui s'étaient librement donnés à lui ; la neutralité helvétique protégeait les frontières de son domaine contre l'étranger. Il n'aurait rien eu à craindre ni au dedans, ni au dehors, s'il n'avait espéré davantage.

Mais il était impossible qu'il se contentât de ce premier succès. La médiocrité de l'héritage compensait à peine les frais du procès. L'exiguïté du comté expliquait mal les efforts qu'il avait faits pour l'obtenir. L'histoire, qui connaît plus aisément les faits que les intentions, trouvant la Prusse réduite dix ans après à la paisible possession de Neuchâtel, a souri d'une telle dépense d'intrigues et d'argent pour un si maigre résultat. En réalité, la diplomatie prussienne attendait de cette affaire beaucoup plus qu'elle n'en a tiré définitivement. Dans les négociations qui ont précédé la sentence du 4 novembre 1707 nous avons saisi le secret de ses desseins sur Neuchâtel et sur la Franche-Comté ; il nous reste à montrer, après 1707, la suite et l'échec final de cette politique.

Louis XIV, éclairé par ses agents en Suisse, savait pourquoi la Prusse tenait tant à Neuchâtel : il avait envoyé immédiatement, au mois de novembre 1707, ses ingénieurs et ses soldats sur la frontière de la Franche-Comté. Voulant la paix, il s'était disposé à la guerre. Il n'avait cessé de répéter aux Suisses que l'établissement d'un prince prussien, son ennemi, à Neuchâtel serait un danger pour ses provinces, malgré la neutralité helvétique. Il était décidé à respecter cette neutralité, mais aussi à se faire respecter. Il assurerait ses frontières, sans inquiéter les Suisses : il ne ferait après tout qu'exécuter ce qu'il avait annoncé depuis deux ans.

Il chargea le maréchal de Villars de diriger les troupes françaises sur Neuchâtel. Le marquis de Puysieux reçut la mission d'éclairer les Suisses sur la portée et le véritable objet de cette expédition. Il devait leur exposer que le roi n'entrait pas dans le Comté pour le confisquer, mais pour l'enlever au roi de Prusse, et le mettre sous la garde des Cantons jusqu'à la paix générale. Entre les mains de la Prusse, la neutralité de Neuchâtel était une neutralité fictive qui pouvait avoir pour la France des conséquences fâcheuses ; entre les mains des Suisses, Neuchâtel serait réellement neutre. Louis XIV espérait que cette déclaration suffirait à calmer les alarmes que l'approche de ses troupes éveillerait parmi les Cantons [1].

Il espérait d'autre part que le maréchal de Villars entrerait à Neuchâtel, sans rencontrer d'opposition, sans avoir d'action à engager sur le territoire suisse. Mais il apprit aussitôt que les Bernois prenaient leurs dispositions pour soutenir le roi de Prusse, et qu'ils faisaient avancer leurs troupes sur le Jura. Les conditions n'étaient plus les mêmes : engager une nouvelle guerre dans le Jura, dans des chemins bordés de précipices, couverts de neige, lorsqu'il fallait faire face à la coalition sur les Alpes, les Pyrénées, le Rhin, en Flandre, c'était une entreprise périlleuse ; Louis XIV donna ordre à Villars de suspendre son départ, le 5 décembre 1707, et chargea Puysieux de faire tous ses efforts auprès des Suisses pour qu'alarmés par les mouvements des troupes françaises, ils prissent sous leur garde Neuchâtel jusqu'à la fin de la guerre. Cette dernière solution lui plaisait bien mieux qu'une entreprise dont le succès n'était plus assuré, et dont l'exécution risquerait de troubler la paix des cantons [2].

1. Le roi à Puysieux, 24 nov. 1707, de Versailles (minute). A. E., *Suisse*, t. CLXXXII. Cf. Appendice V.
2. Le roi à Puysieux, 5 déc. 1707, de Versailles (minute). A. E , *Suisse*, t. CLXXXII.

Après 1707, comme avant, le roi de France n'a pas un instant cessé de montrer autant de prudence que de modération. Il avait pénétré les véritables desseins de Frédéric Ier : il savait les commodités que lui offrait Neuchâtel pour envahir la Bourgogne, il savait aussi que la neutralité du Comté était seulement, pour le roi de Prusse et ses alliés de Berne, un moyen de fermer les portes du Jura à la France, et d'en garder les clefs, pour entrer au besoin dans son royaume. La politique prussienne ne lui avait jamais inspiré la moindre confiance : il prenait ses précautions, mais, d'autre part, il résistait aux conseils de ses agents, sans négliger les indications qu'ils lui donnaient. L'un d'eux, celui de Soleure, Bouret lui représenta en vain, le 10 décembre 1707, que la cour s'exagérait les difficultés d'une expédition au delà du Jura et le pressa de l'entreprendre [1] ; l'autre, le plus autorisé, l'ambassadeur, Puysieux invoqua inutilement son expérience de dix années, les avis des amis de la France en Suisse, pour déterminer le roi à une action énergique [2]. A tous les deux Louis XIV répondit, le 18 décembre, qu'il ferait tout pour éviter une nouvelle guerre avec les Suisses et qu'il lui suffisait de voir ses frontières en sûreté [3].

Tandis que le roi de France persévérait ainsi dans sa modération, la politique prussienne poursuivait son œuvre avec une duplicité qui n'échappait point à la cour de Versailles. Elle assurait le présent, en préparant l'avenir. Le présent, c'était l'intégrité du domaine qu'elle venait d'acquérir; l'avenir, de nouvelles acquisitions en Bourgogne. A la fin de novembre, l'électeur de Brandebourg chargeait l'agent de Genève à Paris, agent particulier de la Prusse, le sieur Martine d'examiner avec le ministre des affaires étrangères, Torcy la question de la neutralité de Neuchâtel [4].

---

1. Bouret à Torcy, de Soleure, 10 déc 1707. A. E., *Suisse*, t. CLXXXII.
2. Puysieux au roi, 10 déc. 1707. A. E., *Suisse*, t. CLXXXII.
3. Le roi à Puysieux, 18 déc. 1707 (minute). A. E., *Suisse*, t. LCXXXII.
4. Le roi à Puysieux, de Marly, 15 déc. 1707. A. E., *Suisse*, t. CLXXXII ; — ligne à Martine, 8 déc. 1707. A. R. P., *Acta neuch. success.*, t. XXIV.

La France eût accepté les propositions de la cour prussienne, si elle les avait crues sincères : elles étaient très loin de l'être; elles n'étaient dictées que par le besoin de mettre en sûreté le nouveau comté prussien. Il n'y avait aucun fondement à faire pour l'avenir sur cet apparent empressement de la Prusse à garantir la neutralité helvétique. C'était l'avis de Puysieux, l'avis de Torcy et de Louis XIV[1]. Ce sera désormais, sur la foi des documents secrets conservés aux archives de Berlin, le jugement de l'histoire.

Nous avons eu l'occasion de signaler déjà la présence en Suisse, et l'activité d'un comte de Saint-Saphorin qui représentait, depuis 1706, l'Autriche à Berne, sans caractère officiel. Ce personnage, qui paraît avoir été l'agent du prince Eugène, avait pris depuis lors la place que le rappel de l'avocat du Puy avait laissée libre. Comme du Puy, il était très agréable aux Bernois dont il flattait l'amour-propre et les ambitions[2]. Auprès de la Prusse, il ne négligeait aucune occasion de prouver son zèle et d'offrir ses services. La cour de Prusse l'écoutait volontiers.

Le jour même où Frédéric Ier avait reçu l'investiture de Neuchâtel, Saint-Saphorin lui écrivait pour le féliciter d'une acquisition qui donnerait à la Prusse une influence prépondérante en Suisse, et les moyens de s'étendre en Franche-Comté. Ce devait être le double résultat du succès que sa diplomatie venait de remporter, résultat plus ou moins lointain, selon que la cour de Prusse y travaillerait avec plus ou moins d'activité[3]. Naturellement Saint-Saphorin proposait un plan, et de-

1. Martine au comte de Wartemberg (copie) 16 déc. 1707. A. E., *Suisse*, t. CLXXXII.
2. Son portrait, par Puysieux, 21 mars 1708 : « C'est l'esprit le plus dangereux et le plus emporté que je connaisse. Il a une sorte de capacité dont il faut se défier. Il n'épargne ny soin ny travail pour parvenir à son but. Il est haï et méprisé dans tous les cantons, hors celui de Berne, où il a quelque crédit, y estant soutenu par le sieur Villading et sa cabale. » A. E. *Suisse, Mémoires et documents*, t. XXV, f° 266.
3. Le comte de Saint-Saphorin à Wartemberg, 3 nov. 1707, de Neuchâtel. A. R. P., *Acta neuch. success.*, t. XXXI.

mandait à être chargé de la préparation et de l'exécution : « Celui, disait-il, qui sera employé en Suisse de la part de Sa Majesté, devra tâcher d'avoir une connaissance exacte des biens de la maison de Châlons qui sont en Bourgogne, pour négocier à la place de ces biens dispersés un cantonnement dans la partie du comté de Bourgogne contiguë à Neuchâtel..... Par ce moyen, on formerait une souveraineté importante, l'influence de Sa Majesté en Suisse serait de beaucoup augmentée, et par là on exigerait en tout temps de la part de la France de grands égards [1]. » Saint-Saphorin indiquait à la Prusse tout le parti qu'elle pouvait tirer de la position unique de Neuchâtel, contre la Suisse et contre la France ; pour s'agrandir dans le Jura, elle avait à sa disposition les mêmes ressources qu'elle avait eues pour s'y établir, les droits très anciens de la maison de Châlons : Saint-Saphorin offrait de les faire valoir, comme du Puy avait fait pour Neuchâtel.

Ni les occasions, ni les moyens ne feraient défaut pour une pareille entreprise. Les Bourguignons n'attendaient qu'un moment pour secouer un joug dont ils étaient accablés. Les armées alliées, et particulièrement les troupes prussiennes qui servaient en Allemagne et en Italie, pourraient facilement se tendre la main, avec l'aide des cantons réformés, pour pénétrer par une porte ouverte dans le cœur de la France. L'essentiel était de décider ces cantons et Berne en particulier à favoriser le projet. Ils paraissaient plutôt disposés à laisser faire les Puissances Alliées et la Prusse, sans se compromettre. Mais il n'était pas impossible de les mener plus loin dans cette affaire qu'ils n'avaient jusqu'alors eu dessein d'y entrer [2].

La cour de Berlin avait depuis longtemps songé au projet que lui soumettait Saint-Saphorin. La meilleure preuve, c'est qu'elle avait désiré et acquis Neuchâtel, réservant pour plus tard la réalisation d'autres désirs plus vastes sur la Franche-

1. Saint-Saphorin à Wartemberg, 31 oct. 1707, A. R. P., *Acta neuch. success.*, t. XXIV.
2. Saint-Saphorin à Wartemberg, 29 nov., 5 déc. 1707. A. R. P., *Acta neuch. success.*, t. XXIV.

Comté. Elle avait songé aussi aux moyens de s'établir en Bourgogne. Jamais elle n'avait perdu de vue les biens qu'elle pouvait revendiquer au delà du Jura. En même temps qu'elle chargeait du Puy de l'affaire de Neuchâtel, elle donnait à l'avocat Denormandie la mission spéciale de rechercher les titres de la maison de Châlons relatifs aux biens de Bourgogne et de rester en relation avec les intendants de ces propriétés. Metternich avait entretenu le mécontentement des Bourguignons. Il avait accueilli tous les projets d'invasion en Franche-Comté qu'on lui proposait, ceux de Seigneux par exemple. Enfin, il avait fait à Berne et à Zurich tous ses efforts pour engager les cantons réformés plus loin qu'ils ne souhaitaient dans une guerre contre la France.

Trois semaines à peine après l'acquisition de Neuchâtel, Frédéric Ier était donc disposé à poursuivre dans le Jura et au delà sa politique de conquête. Le projet de Saint-Saphorin était fait pour lui plaire. Il fit examiner ses plans soigneusement.

Le roi écrivit à Metternich, le 23 novembre [1], pour lui demander son avis. L'entreprise était belle, mais délicate. Dans l'espoir d'acquérir davantage, il ne fallait pas compromettre ce qu'on venait d'acquérir. L'essentiel était de s'assurer les Bernois, et la première condition du succès, de ne rien laisser transpirer du projet. Il faut croire que Metternich approuva aussitôt l'idée : car, dès le début de décembre, il se mettait en relations avec le Bernois Steiger, l'ami de la Prusse[2], avec Montmollin et Saint-Saphorin, avec l'envoyé des Provinces-Unies, Runckel. Et les conférences secrètes reprirent, comme auparavant, lorsque l'ambassadeur de Prusse était venu à Berne préparer l'affaire de Neuchâtel.

L'envoyé prussien à Londres, Spanheim, que Frédéric Ier consultait toujours, de bonne heure, sur tous ses projets, fut chargé dès le 20 novembre d'examiner celui-ci[3]. Et aussitôt il

1. Le roi Frédéric Ier à Metternich, 23 nov. 1707 (minute). A. R. P., *Acta neuch. success.*, t. XXIII.
2. Montmollin à Wartemberg, 7 déc. 1707. A. R. P., *ib.*, t. XXIV.
3. Spanheim au roi, 12-23 nov. 1707. A. R. P., *ibid.*, t. XXIV; — Spanheim au roi, 14-25 nov. 1707. *Ibid., ibid., ibid.*

consulta Malborough, par ordre de son maître, sur la conquête du comté de Bourgogne. Il proposa d'appeler en Franche-Comté l'armée du prince Eugène et les huit mille Prussiens qui servaient en Italie, pour arracher à la France les pays qu'elle possédait encore du ressort de l'Empire et dans son voisinage. Malborough convint qu'une alliance entre les Hautes Puissances Alliées, les cantons réformés et la Prusse à ce sujet pourrait être fort utile.

Enfin, en Hollande, le diplomate Schmettau recevait l'ordre de faire copier dans les archives toutes les pièces relatives aux propriétés d'Orange et de Bourgogne [1].

La résolution de Frédéric Ier, au début de décembre 1707, était prise : il disait, le 13 décembre, à son ambassadeur Metternich qu'il était disposé à soutenir les revendications du canton de Berne sur la Franche-Comté, et même à entrer avec ce canton dans un engagement formel à ce sujet [2]. Et le même jour, il demandait à l'empereur la permission de prendre à son service Saint-Saphorin, qui pourrait lui être fort utile encore en Suisse [3]. Il engageait l'homme, il approuvait l'idée. La Prusse voulait profiter de Neuchâtel pour s'établir en Bourgogne ; il n'est plus permis d'en douter.

Par suite, le langage que la diplomatie prussienne tenait à Paris au même moment, était absolument contraire à ses véritables desseins. L'agent Martine faisait à Louis XIV, de la part de son maître, de fausses protestations d'amitié. Il mentait, le 8 décembre, par ordre supérieur, lorsqu'il offrait à la France de vivre avec elle en bonne intelligence et de s'entendre, « pour ne pas accroître les effets de cette funeste guerre [4] ». Le cabinet de Berlin préparait justement le contraire avec Saint-Saphorin et les Puissances Alliées. Martine mentait encore le 24 décembre, et toujours par ordre, quand il don-

1. Schmettau au roi, 20 déc. 1707. A. R. P., *Acta neuch. success.*, t. XXIV.
2. Le roi à Metternich, 13 déc. 1707 (minute). A. R. P., *ib., ibid.*
3. Le roi à Salm, ambassadeur à Vienne. 13 déc. 1707 (minute). A. R. P., *ib., ibid.*
4. Ilgen à Martine, 8 déc. 1707. A. R. P., *Acta neuch. success.*, t. XXIV. Cf. Appendice V.

naît à M. de Torcy l'assurance positive que la Prusse était sincère en proposant à la France la neutralité [1]. Nous savons maintenant ce qu'il faut penser de la sincérité de la Prusse. Lorsque, d'une part, Louis XIV affirmait n'avoir mis des troupes sur le Jura que pour prévenir une invasion en Franche-Comté, et que Frédéric Ier de son côté prétendait n'avoir agi que par crainte d'une intervention de la France en Suisse [2], l'un des deux princes dissimulait ses véritables intentions. Les historiens allemands et suisses accusent Louis XIV : les dépêches de la chancellerie prussienne condamnent Frédéric.

Si la guerre générale faillit s'étendre alors aux frontières du Jura et à la Suisse, la faute n'en fut qu'à la Prusse. Elle accumulait des troupes à Neuchâtel. Ses ambassadeurs à la Haye et à Londres, Schmettau et Spanheim, proposaient, le 11 mars 1708, aux Alliés de prendre à leur solde les régiments bernois, de rappeler les troupes prussiennes d'Italie [3]. On ne peut que féliciter Torcy et Louis XIV de leur perspicacité et de leur clairvoyance. Ils ne souhaitaient pas la guerre, mais ils ne voulurent pas qu'elle se fît à leur détriment.

Il faut enfin considérer que, dans une certaine mesure, l'état des esprits en Franche-Comté pouvait donner des espérances à la Prusse, et des inquiétudes à la France. Les Bourguignons n'aimaient pas mieux l'Empire que la monarchie de Louis XIV, mais ils regrettaient le temps où, isolés dans leur province, rattachés nominalement à l'Allemagne ou à l'Espagne, ils n'avaient pas à supporter les charges d'un grand État [4]. Depuis le commencement de la guerre de Succession qui avait accru considérablement ces charges, ils ne cessaient de se plaindre et de protester. De petites villes, comme Baumes et Quingey, furent ruinées par les réquisitions et les logements des garnisaires [5]. Les intendants, de Bernage et son

1. Wartemberg à Martine, 24 déc. 1707. A. R. P., *Acta neuch. success*, t. XXIV.
2. Le roi à Martine, 31 déc. 1707, A. R. P., *ibid.*, *ibid.*
3. Lamberty, *Mémoires*, t. V, p. 58.
4. Piépape, *Histoire de la réunion de la Franche-Comté à la France*, t. II, p. 452.
5. *Histoire manuscrite de Besançon*, par le P. Prost, p. 766. (*Biblioth. de Be-*

successeur Le Guerchois avertissaient le contrôleur général du mécontentement que la levée des impôts et des milices entretenait dans la province [1].

En 1706, le lieutenant du roi fit pendre à Besançon un meunier qui avait parlé en riant aux soldats de la garnison de faire réparer des écluses du Doubs pour passer les Allemands. Quelque temps après, on arrêta encore et on pendit de même un certain abbé Prudon qui avait conspiré avec l'ambassadeur d'Allemagne en Suisse, pour livrer aux Impériaux la citadelle de la ville [2]. A Vercel, près de Morteau, les habitants, divisés en deux partis par la nomination d'un curé, se traitaient d'Allemands et de Français. L'un des prétendants à la cure, le sieur Petitcuenot appartenait à une famille qui avait mal accepté la domination française ; ses oncles avaient combattu en 1678 à Ornans contre la France ; son frère, son oncle par alliance, le sieur Courchetet d'Egremont, étaient encore en 1707 au service de l'empereur ; le peuple l'appelait le prince Eugène, et traitait un de ses cousins de « milord Malborouch. » Les deux partis se réunissaient dans des assemblées particulières, où le sieur Petitcuenot buvait, une hallebarde à la main, à la santé de l'empereur et à la prospérité de ses armes. On se tirait des coups de fusil entre Allemands et Français. L'auteur du mémoire qui nous a conservé ces détails curieux faisait remarquer judicieusement à l'intendant que la vraie source de ces discordes était la différence des sentiments « sur la domination », et que c'était un véritable danger public de laisser durer ces discordes dans un pays *si voisin des Suisses protestants et de Neuchâtel* [3].

sançon, manuscrit ; — Plaintes de la municipalité de Besançon, 1706-1709. Arch. munic. de Besançon, BB., 121, 122, 124.

1. *Corresp. des intendants*, éd. Boislisle, t. II, p. 237 ; — *Corresp. des intendants* (1709), manusc. *France*, A. N., G⁷., 283 ; — Lettre de de Bernage, 22 mai 1708, *France*, A. N., G⁷., 282 ; — Lettres de Le Guerchois, 25 juin 1708, *Archives de la guerre*, Dépôt général (minutes) 2064, fᵒˢ 60 et 63.

2. Chroniques anonymes du XVᵉ au XVIIIᵉ s. : Mémoires publiés par l'Académie de Besançon (Documents inédits pour servir à l'histoire de la Franche-Comté), t. VII, 1876.

3. *Mémoire inédit concernant le patronage de la cure de Vercel* (familiarité de Vercel). *Archives du Doubs : Nouvelles acquisitions.*

Ces détails, que nous trouverions plus nombreux sans doute, si les archives de l'intendance n'avaient pas disparu dans un incendie en 1720, ne prouvent pas qu'il y ait jamais eu les éléments d'une grande conspiration en Franche-Comté. Ils prouvent du moins que les sympathies des Francs-Comtois pour le nouveau régime français étaient mal assurées. Les étrangers, Impériaux ou Prussiens, pouvaient recruter parmi eux des alliés contre la France. Le public pensait que les intrigues des Bernois et du nouveau souverain de Neuchâtel trouveraient dans le Jura un terrain assez bien préparé. L'intendant de la province veillait. Le gouvernement garnissait la frontière de troupes.

L'acquisition de Neuchâtel par la Prusse, l'état des esprits en Franche-Comté, les desseins de Frédéric Ier sur la Bourgogne, au début de 1708, menaient insensiblement à un conflit que Louis XIV avait prévu depuis longtemps, que les Alliés désiraient.

L'habileté et la sagesse des Suisses, des Neuchâtelois et des cantons catholiques épargnèrent à la France et à la Suisse ce nouveau malheur et déjouèrent les projets de la Prusse ainsi que les calculs des Alliés.

Dans le premier moment, la présence des troupes françaises sur le Jura avait éveillé de telles craintes à Neuchâtel qu'on s'était jeté dans les bras de la Prusse et des Bernois. Dès le 25 novembre, Samuel Pury était envoyé auprès du canton de Zurich pour lui demander aide et protection contre la France[1] : la demande était si pressante que Zurich redouta d'être entraîné dans une guerre avec la France et refusa. Le 6 décembre, les conseillers d'État Hory, Marval, Chambrier recevaient une mission analogue auprès des cantons protestants réunis à Langenthal, et particulièrement auprès du canton de Berne[2]. Ils devaient faire connaître les avantages qui

---

1. Boyve, *Ann. histor.*, t. V, 383. — L'annotateur de Boyve nie le fait, mais Tribolet, *Hist. de Neuch.*, l'affirme (p. 33), d'après les mémoires de Sam. Pury lui-même.
2. A. Neuch., *Missives*, t. XLII, p. 255, 258, 259.

reviendraient à Berne et à la Suisse protestante des succès de la Prusse à Neuchâtel, réclamer en échange leur assistance immédiate et l'exclusion, s'il était possible, des cantons catholiques. Les pleins pouvoirs des trois députés et leurs instructions étaient contresignés par Metternich : ils avaient été rédigés sous l'influence de la Prusse. Le conseil d'État avait écrit : l'ambassadeur prussien avait dicté[1]. La conséquence de cette négociation fut l'envoi à Neuchâtel de 4,000 soldats bernois[2]. Louis XIV considéra avec raison cet envoi comme la preuve des mauvaises dispositions des cantons protestants à son égard. Il craignit une coalition des Puissances Alliées qui poussaient les Cantons à la guerre, des protestants de Suisse, et de la Prusse. Au début de l'année 1708, il fit déclarer par son ambassadeur que, s'il avait pu un moment songer à la neutralité de Neuchâtel, l'attitude des Bernois et de Metternich ne lui permettait plus d'y consentir[3]. C'était presque une déclaration de guerre : ce n'était pas la guerre cependant que le chancelier Montmollin et les Neuchâtelois avaient cru préparer en travaillant pour la ligne de Nassau-Châlons.

Le ferme langage de Louis XIV dut faire réfléchir les nouveaux sujets de Frédéric Ier. Ils revinrent immédiatement à des résolutions plus sages. Le 6 janvier, ils écrivirent à l'intendant de Besançon une lettre très conciliante, pour protester hautement de leurs intentions pacifiques : ils l'assuraient qu'ils ne permettraient pas aux puissances en guerre avec le roi son maître d'agir offensivement contre la Bourgogne[4]. Le 13 janvier, ils adressèrent au comte de Met-

---

[1]. Instruction générale pour MM. Hory, Marval et Chambrier, A. Neuch., carton II, pièce 191; — Pleins pouvoirs pour les mêmes, ibid., ibid., pièce 197; — Demande à Berne d'un secours de 4,000 fr., 27 déc. 1707, ibid., ibid. pièce 198; — Ordonnance de 600 liv. pour les mêmes, 7 déc. 1707, Quittances de la Trésorerie (acquits), A. Neuch.
[2]. Boyve, Ann. histor., t. V, p. 387; — Lamberty, Mémoires, t. V, p. 57.
[3]. Le roi à Puysieux, 12 janvier 1708; — Puysieux aux Bernois, 24 janvier 1708. A. E., Suisse, t. CLXXXVII; — Lamberty, t. V, p. 60 et 61.
[4]. Le conseil d'État de Neuchâtel à M. de Bernage : A. Neuch., Missives, t. XIV, p. 269.

ternich de respectueuses remontrances. Ils le suppliaient de faire connaître au public les intentions de la Prusse par rapport à la neutralité de Neuchâtel, rappelaient les actes officiels qui avaient jusque-là garanti cette neutralité et devaient la garantir à l'avenir[1]. Mis en demeure, Metternich rappela, à son tour, les engagements que Frédéric Ier avait pris à ce sujet, et consentit à les renouveler dans une déclaration publique. Il promettait que, de la part de Sa Majesté, on n'entreprendrait rien par le comté de Neuchâtel contre les États de la domination du roi de France[2].

Un homme paraît, dès lors, chargé presque exclusivement de cette question de neutralité, Samuel Pury. Envoyé à Zurich, à la fin de novembre, il trouva des gens très décidés à soutenir Neuchâtel, mais à ne pas recourir, comme on faisait à Berne, à des démonstrations belliqueuses. Il s'entendit avec eux pour provoquer la réunion à Baden d'une diète générale qui étudierait avec l'ambassadeur de France les conditions de la neutralité de Neuchâtel. Samuel Pury dut représenter le Comté à cette diète. Il reçut un mémoire sans caractère officiel du comte de Metternich, et des lettres de créance du conseil d'État[3]. L'ambassadeur de France proposa d'abord à la diète de réserver jusqu'après la paix le sort du Comté, et de le garder jusque-là en séquestre. C'était enlever Neuchâtel à la Prusse : revenir sur le fait accompli était impossible. Mais les cantons catholiques et protestants s'accordèrent pour rédiger ensemble, le 5 février, un projet de neutralité dont les termes étaient aussi satisfaisants que possible pour la France : la Suisse priait le roi de rétablir la liberté du commerce avec la Franche-Comté, et s'engageait en retour, d'une manière formelle, à faire que par Neuchâtel on n'entreprît rien ni directement ni indirectement contre le pays de la France. C'était une neutralité provisoire, suffisante pour garantir pendant la

1. Boyve, *Ann. histor.*, t. V, p. 384, 385.
2. Boyve, *ibid.*, t. V, p. 386.
3. A. Neuch., carton 11, p. 192 ; — A. Neuch., *Registres du Conseil d'État*, 13 janvier 1708. — Tribolet, *Hist. de Neuchâtel*, p. 37.

guerre les frontières françaises, et pour assurer le repos du Louable Corps Helvétique [1].

Louis XIV accepta, le 26 mars, le projet, toujours prêt, comme le disait son ambassadeur, à consentir à tout ce qui pouvait être utile aux Cantons [2]. Les Bernois ne l'acceptèrent pas ; ils firent rompre la diète générale, en exigeant qu'on inscrivit dans le traité une clause supplémentaire. Ils prétendaient que le comté de Neuchâtel fût considéré comme une partie du Corps Helvétique, et comme tel assuré d'une paix durable [3]. C'était une neutralité de droit, ce n'était plus seulement une neutralité de fait, réciproque et provisoire, telle que Louis XIV, en guerre avec le souverain de Neuchâtel, avait bien voulu l'accorder : les Neuchâtelois l'eussent préférée, les Bernois la souhaitaient, comme un moyen de préparer avec la Prusse, et sans danger, la ruine de la France.

Leurs intentions n'étaient pas douteuses : au début de mars, ils appelaient les Grisons protestants à la défense de Neuchâtel [4]. Le 22 mars, à l'assemblée des cantons évangéliques qui se tint à Aarau, tous les ennemis de la France se donnèrent rendez-vous. Montmollin, le banneret, député par Metternich et le Conseil d'État, le banneret Villading, chef des « malintentionnés » de Berne, et jusqu'au général de Saint-Saphorin, dont la présence était particulièrement significative [5]. Les Puissances Alliées et la Prusse espéraient un éclat [6]. Louis XIV, le 18 mars, déclara à son représentant, de Sainte-Colombe, qu'il n'irait pas plus loin dans la voie des concessions, et qu'il tenait ses troupes prêtes à marcher sur la frontière. Les Neuchâtelois, peut-être sur les conseils de Sam. Pury qui assistait

---

1. Lamberty, *Mémoires*, t. V, p. 64, donne le texte du projet de traité et les négociations de la diète de Baden.
2. Louis XIV à Puysieux, 18 mars 1708 (minute). A. E., *Suisse*, t. CLXXXVIII.
3. Lamberty, *Mémoires*, t. V, p. 66.
4. Id., *ibid.*
5. *Mémoires* de Sam. Pury, cités par Tribolet, *Hist. de Neuch.*, p. 37.
6. Boyve, *Ann. histor.*, t. V, p. 388. « Les alliés qui faisaient la guerre à la France, ne voulant pas être les agresseurs en Suisse, crainte de violer ce territoire, auraient pour cet effet souhaité que la France eût commencé. »

à la diète, se résignèrent, faute de mieux, aux conditions que la France avait acceptées : on ne spécifia rien d'autre qu'une neutralité à temps, dans des termes qui réservaient à Neuchâtel le droit de réclamer l'*Indigénat helvétique*. L'accord se fit à Aarau (avril 1708)[1]. Le 10 du même mois, Villars et ses troupes quittaient la Franche-Comté ; les régiments bernois sortaient du territoire de Neuchâtel. Toute menace de guerre était enfin écartée entre la France et la Suisse.

On assiste, en 1708, au triomphe de la politique que le chancelier Montmollin avait si habilement tracée à ses concitoyens. Dans un moment critique, lorsque partout en Europe les droits et les intérêts, les passions religieuses et les appétits les plus vulgaires se heurtaient violemment, le peuple de Neuchâtel avait réussi à garantir son indépendance et la sécurité de son territoire. Il avait disposé lui-même de ses destinées ; il s'était librement choisi un maître, sans se livrer à lui. Il n'avait été ni une proie entre les mains des forts, ni un jouet pour les intrigants. Ce résultat heureux, miraculeux en quelque sorte, était la récompense légitime du patriotisme et de l'habileté des Neuchâtelois.

La France pouvait aussi se féliciter de ce résultat, qui était dû en partie à sa politique ferme et conciliante. Louis XIV avait pu, dans un temps où personne ne savait lui résister, songer à l'acquisition de Neuchâtel. Mais on doit reconnaître que, depuis l'année 1702, il n'y avait plus songé. Il avait seulement cherché à prévenir les conséquences de la politique prussienne à Neuchâtel. Il avait tour à tour averti, conseillé et menacé les Suisses, sans jamais porter atteinte à leur indépendance et à leur neutralité, dans le seul but de les garantir et de garantir son royaume contre les intrigues des Alliés. Le traité d'Aarau donnait à la Suisse et à la France cette double garantie.

La Prusse au contraire, n'y trouvait pas son compte, ni les

---

1. Tribolet, *Hist. de Neuch.*, p. 37 ; — Boyve, *Ann. histor.*, t. V, p. 388.

Bernois. Frédéric Ier, en revendiquant l'héritage de Guillaume d'Orange, les Bernois, en appuyant ses revendications, ne bornaient pas leurs espérances à l'acquisition de Neuchâtel. Prince d'Empire, Frédéric Ier espérait, à l'aide d'une position qui commandait les plaines de l'Aar et de la Saône, rendre à l'Empire la Franche-Comté que l'Autriche avait perdue et que la Prusse lui aurait restituée. Les Bernois, toujours en défiance contre la France, toujours jaloux d'accroître leur autorité en Suisse, avaient voulu faire de la Bourgogne, comme la Hollande des Pays-Bas catholiques, une barrière dont ils auraient eu les clefs. La convention d'Aarau subordonnait désormais la neutralité de Neuchâtel à l'abandon de ces espérances et de ces desseins. Les Bernois devaient enfin se résigner à l'établissement définitif des Français en Franche-Comté : l'intégrité de la Suisse était à ce prix. A Berlin, on devait se contenter de l'acquisition de Neuchâtel, au risque de compromettre par de plus vastes desseins un succès qui avait coûté tant et peut-être trop d'efforts et d'argent.

Les Alliés enfin renoncèrent à l'espoir que la Prusse et les Bernois leur avaient donné de pénétrer en France par la Suisse et Neuchâtel. Ils ne renoncèrent pas à l'invasion de la Franche-Comté. Le traité d'Aarau leur fermait les portes du Jura. Entre le Jura et les Vosges, la trouée de Belfort leur était encore ouverte.

Le 17 août 1708, le chargé d'affaires en Suisse, de Sainte-Colombe avertissait Torcy que l'on avait arrêté dans le canton de Schaffouse trois cents soldats allemands et douze officiers déguisés en paysans. Leurs armes, amassées dans des chariots qui descendaient le Rhin depuis Waldshut, devaient leur être livrées près d'Huningue. Le bruit courait dans le pays que cette troupe avait ordre de s'établir dans une île du Rhin, entre Neubourg et Huningue, pour favoriser l'exécution du pont que le comte de Mercy se préparait à jeter sur le fleuve. Les ennemis n'avaient donc pas renoncé à pénétrer en Alsace, ou en Franche-Comté, par la vallée du Rhin [1].

1. De Sainte-Colombe à Torcy, 17 août 1707. A. E., *Suisse*, t. CLXXXIX.

Ces premiers avis se confirmèrent quelque temps après, d'une manière assez singulière. De Sainte-Colombe reçut, le 13 novembre, une lettre, et bientôt la visite d'un certain colonel anglais, de la Tour, ancien aide de camp de Malborough et du prince Eugène. Ce personnage, très intime avec l'ambassadeur anglais en Suisse, Stanyan, était venu de Flandre en Suisse par la France et Pontarlier. Il entretenait une correspondance régulière avec le duc de Hanovre, qui commandait en Allemagne une partie des troupes de la coalition, et avec le prince Eugène. A première vue, le chargé d'affaires français crut reconnaître en lui une personne que l'intendant de Franche-Comté, le Guerchois lui avait signalé comme préparant une conspiration en Bourgogne. Cet officier, qui s'appelait en réalité Braconier, offrit de lui révéler les desseins des Alliés sur la Franche-Comté. Il y mettait deux conditions, un brevet et une pension de colonel réformé, et l'indication de quelques personnes sûres en Franche-Comté, qu'il désignerait aux ennemis comme dignes de confiance, afin de les engager davantage dans leur projet, et de les mieux tromper[1].

Le roi accepta la première condition, et ne promit rien pour la seconde[2]. Braconier se déclara satisfait : il fit les révélations qu'il avait annoncées[3] : après le combat d'Oudenarde, le prince Eugène l'avait dépêché en Suisse pour l'exécution d'un grand projet sur la Franche-Comté. Le traité d'Aarau est du mois d'avril 1708, la bataille d'Oudenarde, du mois de juillet. C'était donc dans les deux mois qui suivirent l'échec de la politique prussienne en Suisse, qu'Eugène avait formé le dessein d'envahir la Franche-Comté par la Haute-Alsace. Le comte de Mercy, comme l'avait appris de Sainte-Colombe au mois d'août, un général autrichien, d'origine franc-comtoise, d'Arnam, un sieur Courchetet d'Aigremont et un certain

---

1. De Sainte-Colombe à Torcy, 14 novembre 1708. A. E., *Suisse*, t. CXC.
2. Torcy à de Sainte-Colombe (minute), 20 novembre 1708. A. E., *Suisse*, t. CXC.
3. De Sainte-Colombe à Torcy, 8 décembre 1708. A. E., *Suisse*, t. CXC.

Renaud, francs-comtois également au service de l'empereur, devaient diriger sur la Bourgogne huit mille Allemands, et soulever les gens des montagnes. Pour faciliter l'entreprise, le sieur Braconier lui-même, avec l'aide des trois cents soldats déguisés qu'on avait arrêtés à Schaffouse, devait s'emparer de Morteau, « petite ville sur les frontières de Neuchâtel, » tandis que les Impériaux descendraient la vallée du Doubs. On se serait réuni à Besançon et à Dôle.

La difficulté de faire passer des troupes par la Suisse avait fait échouer ce premier projet. Ces aveux de Braconier durent prouver à Louis XIV combien il avait eu raison de prendre ses précautions du côté de Neuchâtel, et de ne laisser à ses ennemis aucun moyen d'accès par la Suisse.

Braconier ajouta du reste que le prince Eugène ne se décourageait pas pour si peu. Il avait résolu prochainement de saisir par surprise le fort de Joux, Salins, Auxonne. Il avait encore désigné Braconier pour ce coup de main, qui serait soutenu par un corps de dix mille hommes descendu d'Alsace. Ce corps devait être fourni par l'électeur de Brandebourg. On lui promettait en récompense les bailliages de Saint-Claude, Arbois, Poligny, Salins, Ornans et Baume, tout le plateau en deçà du Doubs, le « *cantonnement* » qu'il avait toujours désiré. Les conditions de l'entreprise étaient réglées par un projet de traité que M. Stanyan, l'ambassadeur d'Angleterre, venait d'emporter en Hollande pour le soumettre au prussien Schmettau, et qu'il emporterait à Berlin, s'il était nécessaire. Braconier désigna enfin, comme les auteurs du projet, M. Stanyan et le comte de Saint-Saphorin.

Les révélations de Braconier ne furent pas accueillies sans examen par la cour de France : quel intérêt avait-il à livrer ces projets, s'ils étaient réels? Et s'ils ne l'étaient pas, ne cherchait-il pas tout simplement à se faire valoir, à se donner des titres à la reconnaissance du roi? Ce fut la première pensée de Torcy [1].

1. De Sainte-Colombe à ¡Torcy, 7 décembre 1708. A. E., *Suisse*, t. CXC; — 26 décembre 1708. A. E., *Suisse*, t. CXC.

De Sainte-Colombe ne fut pas de cet avis. Les Alliés avaient toujours eu dessein de pénétrer en Franche-Comté, de mettre à profit la prétendue mauvaise volonté des peuples et du nouveau gouvernement de Neuchâtel pour porter la guerre sur la Saône. L'électeur de Brandebourg était d'un caractère à encourager ces projets, les Bernois avaient toujours cherché le moyen de constituer une barrière entre eux et la France. De Sainte-Colombe aurait pu ajouter que le chef de l'intrigue était précisément l'homme qui depuis un an préparait avec les Bernois cette entreprise pour les Alliés, l'agent de la Prusse, Saint-Saphorin.

La neutralité de Neuchâtel et le traité d'Aarau avaient mis d'ailleurs les ennemis dans l'impossibilité de faire passer leurs troupes en Franche-Comté par le Jura. Voilà pourquoi ils avaient résolu de porter l'invasion aux sources de la Meuse et de la Saône. Ils avaient changé leur plan d'attaque; mais leur objectif, c'était toujours la Bourgogne.

Il y avait bien une part de chimère dans leurs desseins. La surprise d'Auxonne, de Joux, de Salins, la formation de magasins d'armes en Bourgogne étaient tout à fait impossibles. Ils y avaient pourtant sérieusement songé. Les soldats allemands qu'on avait arrêtés à Schaffouse étaient réellement destinés à un premier coup de main sur Morteau; au début de décembre 1708, on avait saisi près de Porentruy un voiturier qui portait en Bourgogne des tonneaux remplis d'armes. Les renseignements fournis par Braconier sur les desseins des Alliés concordaient avec tout ce que le hasard en avait découvert aux agents de la France.

Quant à Braconier, de Sainte-Colombe pensait qu'il avait de très bonnes raisons pour trahir les Alliés. La partie du projet dont il était chargé, était bien la plus hasardée et la plus périlleuse. Il pouvait craindre un échec et une disgrâce. Il y avait pour lui plus de profit et moins de danger à découvrir le projet tout entier à la France.

Torcy se rendit facilement à ces arguments [1]. Il remit à

1. Torcy à de Sainte-Colombe, 3 janvier 1709. A. E., *Suisse*, t. CXC.

l'ambassadeur du Luc qui, au début de l'année 1709, vint remplacer à Soleure le marquis de Puysieux, la pension et le brevet de colonel promis à Braconier[1]. Dès que du Luc fut en Suisse, il vit Braconier, lui trouva de l'esprit, de la sincérité et du zèle. Il remarqua d'autre part que le comte de Metternich avait des entrevues fréquentes avec des Francs-Comtois, à Neuchâtel. Enfin, il apprit que Saint-Saphorin s'efforçait de faire rappeler à Vienne l'ambassadeur Trautsmandorf, de remplacer Metternich à Neuchâtel[2]. Le projet qu'il avait soumis à la Prusse et fait accepter par les Alliés allait s'exécuter : il voulait être chargé de la direction de l'affaire, sans doute pour en avoir seul les profits.

Il est certain en effet qu'au milieu de l'année 1709 l'entreprise des Alliés sur la Franche-Comté fut décidée. L'ambassadeur d'Angleterre, Stanyan avait fait, dans les premiers mois de 1709, le voyage que Braconier avait annoncé à Sainte-Colombe : son retour, vers la fin d'avril, devait être le signal des opérations[3]. Le 21 mars 1709, les cercles de Souabe proposèrent à la diète de Ratisbonne, pour couvrir l'Empire et lui rendre une frontière, d'entreprendre avec des troupes allemandes la conquête de la Bourgogne[4]. Le duc de Hanovre dut accepter la direction des opérations militaires.

L'entreprise se fit au mois d'août 1709 : Saint-Simon nous en a conservé le plan et les détails[5]. Le duc de Hanovre, « dont le grand projet était l'exécution du dessein sur la Franche-Comté, » se porta en remontant le Rhin sur les lignes de Lauterbourg, pour les forcer, et traverser l'Alsace ensuite à marches forcées. D'autre part, le général autrichien Mercy, venu de Hongrie, descendit le Rhin, le passa à Rheinfelds pour se porter vers Neubourg et Huningue, où il avait dû le tra-

1. Le comte du Luc au roi, 8 mars 1709. A. E., *Suisse*, t. CXCVII ; — Le roi à du Luc, 21 mars 1709. *Ibid., ibid., ibid.*
2. Du Luc au roi, 22 mars 1709. *Ibid., ibid., ibid.*
3. Du Luc au roi. *Ibid., ibid , ibid.*
4. Frischmann, envoyé de Louis XIV à la diète, au roi, 21 mars 1709. A. E., *Allemagne*, t. CCCL, f° 269.
5. Saint-Simon, *Mémoires, édit. Chéruel*, t. VII, ch. xxi, p. 365, 372.

verser l'année précédente et où il voulait tenter encore le passage. Les troupes alliées devaient se réunir près de Mulhouse, et de là se porter sur le Doubs.

Saint-Simon a donné à ces événements une attention toute spéciale. Il était très lié avec l'intendant de Franche-Comté, Le Guerchois, qui, le 16 mai 1708, avait remplacé à Besançon de Bernage. Il sut de lui les mesures que les Alliés avaient prises pour s'assurer des intelligences en Franche-Comté. Depuis l'incendie qui a détruit les archives de Besançon, les renseignements de Saint-Simon sont les seuls qui nous soient restés sur cette affaire [1]. Il n'y a pas lieu de croire que de Guerchois lui en ait donné de faux, ni même d'exagérés.

La conspiration en Bourgogne était formée de trois sortes de gens : les uns qui, au bord du Rhin, correspondaient avec les officiers allemands au moyen de petits bateaux appelés *videlins*. Dans les indications qu'il avait fournies à la Cour sur l'affaire de 1708, de Sainte-Colombe les avait signalés à l'attention de Torcy. D'autres, répandus dans la province, distribuaient des libelles et réchauffaient le zèle des partisans de l'Empire : c'étaient ceux-là qui passaient sans cesse de Bourgogne à Neuchâtel et que du Luc avait remarqués dès son arrivée. Enfin, la majorité des conspirateurs, c'était le bas peuple, mécontent de la domination française, parce qu'il était mécontent des impôts. Depuis longtemps, les intendants

---

[1]. *Hist. de Besançon*, par le père Prost. (Biblioth. de Besançon, p. 768 et 781.) — Saint-Simon accuse les princes lorrains, le prince de Vaudemont et sa sœur, Mme de Lillebonne, d'être les auteurs du complot : son témoignage sur ce point peut paraître suspect. Il ne les a jamais aimés. Cependant la terre de Mme de Lillebonne, où, selon Saint-Simon, se serait tramé le complot, est celle de Belvoir ; il dit qu'un de ses meuniers et plusieurs autres fermiers furent pendus : la *Chronique inédite* de Bourgogne, que nous avons eu occasion de citer déjà, confirme ce détail : « L'an 1709, à Besançon, furent pendus les nommés Dezetan, proche Belvoir, le nommé Maldiné son gendre, et le fils d'un nommé Navette, lorrain de nation, ainsi qu'un menuisier, Lainaut, pour avoir conspiré avec les Allemands. » (*Mém. inédits de l'Acad. de Besançon*, t. VII, p. 341, 344.) Il y a là une preuve intéressante de l'exactitude de Saint-Simon.

Cf. Piogaud : *le prince Ch. Henri de Vaudemont*. Mémoires de la Société d'Emulation du Doubs, année 1878, p. 353, 383.

de la province, les agents de la France en Suisse avaient constaté ces mécontentements et ces dispositions des pauvres gens de Franche-Comté. Il n'y avait guère, parmi les nobles, de prêts à la révolte que les officiers de Mme de Lislebonne, nièce du prince de Vaudemont.

Instruit de la sorte, l'intendant avertit le gouverneur de la province, le comte de Grammont, qui prit ses mesures. Le commandant des troupes françaises en Alsace, le duc d'Harcourt, fut averti : il dépêcha huit escadrons, cinq ou six bataillons à du Bourg qui était chargé de défendre la haute Alsace, et lui ordonna d'attaquer Mercy, à tout prix. Si bien que les Impériaux, au lieu de franchir le Rhin à leur aise, durent subir un assaut furieux des Français auquel ils ne résistèrent point (26 août 1709). Mercy fut blessé, il ne se sauva qu'avec peine à Bâle, laissant aux vainqueurs son carrosse et sa cassette. Le duc de Hanovre, qui se préparait à le soutenir, s'arrêta net dès qu'il eut appris sa défaite, et tous les beaux projets des Alliés s'évanouirent.

Ils purent enfin se convaincre qu'il serait difficile d'arracher la Franche-Comté à la France. On leur avait laissé croire qu'ils en viendraient aisément à bout par les intrigues et par les armes. Mais le gouvernement français était depuis longtemps éclairé sur les menées de la Prusse en Suisse et sur leurs desseins. En dépit des efforts de Frédéric Ier, et malgré son succès à Neuchâtel, la frontière du Jura était fermée aux ennemis : la France veillait sur l'Alsace.

La Prusse n'avait plus rien à espérer d'une invasion allemande en Bourgogne. L'entreprise ne pouvait se faire par Neuchâtel; elle avait échoué par Belfort.

VI

LA DIPLOMATIE PRUSSIENNE ET LA BOURGOGNE
(1709-1713)

Depuis que le traité d'Aarau avait arrêté toute entreprise directe de Frédéric Ier sur la Franche-Comté, la Prusse ne pouvait plus espérer de s'accroître dans le Jura qu'indirectement par le concours de ses Alliés. Au milieu de 1708, elle connaissait et approuvait leur projet d'invasion en Franche-Comté. Mais elle comptait surtout que la paix générale lui procurerait une part des dépouilles de la France.

La diplomatie prussienne poussa plus activement l'œuvre qu'elle préparait depuis longtemps ; au mois d'août 1708, Metternich proposa au roi de réclamer les biens de la succession d'Orange situés en Bourgogne, que la France avait confisqués au début de la guerre « de manière à étendre les limites de Neuchâtel en Franche-Comté. » Il parlait entre autres de Fort-de-Joux et du val Saint-Imier. Le roi de Prusse, déjà maître du val de Ruz, mis ainsi en possession des défilés du val Travers et de la vallée de Bienne, aurait tenu toutes les routes dont Neuchâtel est la clef[1].

Les propositions de Metternich furent tout à fait de son gré. C'était le projet de Saint-Saphorin qu'il avait approuvé depuis 1707. Il le pria d'examiner avec soin les détails de ce plan, et de le tenir au courant. De plus, il lui demanda s'il n'y aurait pas moyen de revendiquer, outre les biens francs-comtois qui d'une manière incontestable appartenaient à la maison de Nassau, d'autres souverainetés encore ; ne pourrait-on simplement établir qu'elles avaient pu appartenir autrefois à la maison de Châlons ? De cette manière, la plus grande partie

---

1. Le roi Frédéric Ier à Metternich, 13 janvier 1709. A. R. P., *Acta neuch. success.* ; Papiers de Metternich (*rescripta*).

de la Bourgogne reviendrait à la Prusse, quand elle reviendrait à l'Empire[1].

Décidément, Neuchâtel ne suffisait pas à Frédéric Ier : ses confidences à son ambassadeur ne laissent aucun doute à cet égard. On lui demandait sans cesse des suppléments de solde pour les officiers du Comté. « Comment, disait-il à Metternich, dans un pays qui nous coûte si cher et nous rapporte si peu ! » Il s'agissait bien d'augmenter les dépenses : il fallait plutôt les réduire de toutes les manières[2]. Frédéric Ier n'aurait pas tenu ce langage avant 1707 ; mais, depuis lors, la politique et la sagesse de ses nouveaux sujets avaient trompé ses espérances, et ses calculs s'étaient trouvés faux. Il commençait à penser qu'il avait fait une mauvaise affaire.

L'agent qu'il entretenait depuis la mort de Guillaume d'Orange pour ses affaires de Bourgogne, l'avocat Denormandie reçut l'ordre de se rendre à la Haye pour appuyer de ses conseils l'ambassadeur Schmettau. Personne mieux que lui ne pouvait connaître les droits et les titres de la Prusse à l'héritage des maisons de Châlons et de Nassau. Depuis quinze ans, il les étudiait, les recherchait, fouillait les archives pour le compte de Guillaume III et de son neveu Frédéric Ier. C'était un homme précieux ; jamais la Prusse ne l'avait oublié. Au moment où ses ministres étaient le plus occupés de l'affaire de Neuchâtel, ils avaient toujours encouragé le zèle de ce serviteur dévoué par l'espérance d'une grande situation en Bourgogne, si la Bourgogne devenait prussienne. Et ce n'est pas pour nous la moindre preuve des raisons véritables qui avaient déterminé Frédéric Ier à rechercher la souveraineté de Neuchâtel[3].

La cour de Berlin accueillait alors, d'ailleurs, tous les dévouements, du moment qu'il s'agissait de la Franche-Comté. Tandis qu'elle lésinait avec les Neuchâtelois, elle ne ménageait pas à ceux qui s'offraient à la servir en Bourgogne les témoi-

1. A. R. P., *Acta neuch. success* ; Papiers de Metternich, cf. Appendice VI.
2. Id., *ibid.*, cf. Appendice VI.
3. Id., *ibid.*

gnages de sa satisfaction. Le médecin de Genève, Manget, que nous avons connu dans les premières années de l'affaire de Neuchâtel, lui offrit, en 1709, des indications sur les domaines de Franche-Comté. Tout en sachant fort bien que ces renseignements avaient fort peu de valeur, la Cour chargea Metternich de les lui faire parvenir, et de récompenser le zèle du Genevois. C'était donc pour s'agrandir en Bourgogne, décidément, que Frédéric Ier faisait des économies à Neuchâtel [1].

Il calculait qu'au moment des négociations générales pour la paix, dans l'état de détresse où se trouvait la France, il pourrait obtenir des Alliés, résolus à humilier Louis XIV, des avantages considérables dans le bassin de la Saône. Neuchâtel, qui ne lui rapportait rien, lui rapporterait alors beaucoup. Il n'y aurait pas dans l'Empire un prince qui eût une situation comparable à la sienne, soit contre la France, soit contre la Suisse. L'essentiel était d'établir d'abord, comme il avait fait sur Neuchâtel, ses droits sur la Bourgogne « d'une manière assez éblouissante ».

Schmettau les soutiendrait ensuite aux conférences pour la paix, avec l'aide des Alliés. Le 9 avril 1709, l'ambassadeur recevait de la Cour l'ordre de s'entendre avec les Hollandais à ce sujet [2].

Il communiqua au grand pensionnaire Heinsius un projet que les Bernois avaient chargé la Prusse de recommander aux Alliés : le canton de Berne et les cantons évangéliques suppliaient la Hollande et l'Angleterre, par l'intermédiaire de la diplomatie prussienne, de prendre leurs intérêts, d'exiger que la France démolît Huningue et restituât la Franche-Comté. C'était le projet même de Saint-Saphorin, agréable aux Bernois sans doute, plus agréable encore et plus utile à la Prusse [3].

La proposition était de nature à plaire aux ennemis de Louis XIV : on parlait à la Haye de constituer une forte bar-

1. Frédéric Ier à Metternich, 13 janvier 1709. A. R. P. Papiers de Metternich (*rescripta*).
2. Schmettau, de la Haye, au roi, 23 avril 1709. A. R. P., *Acta neuch. success.*, Papiers de Metternich (*rescripta*).
3. Id., *ibid.*. cf. Appendice VI.

rière entre la France et ses voisins, les Pays-Bas, l'Empire, la Suisse. On prétendait tirer une ligne de défense depuis les frontières du canton de Berne, à travers l'Alsace et la Lorraine, jusqu'à la Saar et même jusqu'à la Moselle et à la Meuse. Le concours des cantons protestants était indispensable pour obtenir ces avantages qui, aux yeux des Hollandais, étaient les conditions nécessaires d'une paix durable. Les Puissances Alliées ne pourraient manquer de s'entendre avec eux pour fixer et assurer ces garanties.

Le grand pensionnaire et le secrétaire d'Angleterre, Bardonnel, que Schmettau avait vus en même temps, lui firent quelques objections : la conduite des Cantons, dans le passé, pouvait-elle répondre de leur attitude dans l'avenir? Ils avaient permis à Louis XIV d'envahir la Franche-Comté et de construire Huningue, en 1675. Leurs préjugés aveugles contre la maison d'Autriche les avaient déterminés à cette démarche qu'ils regrettaient maintenant. L'argent de la France y avait aussi contribué. En outre, Heinsius craignait que certains députés des Provinces-Unies, et le bas peuple, las de la guerre, ne fussent plutôt disposés à faire des concessions à la France, pour hâter la conclusion de la paix.

Schmettau répliqua que les Suisses étaient tout à fait hostiles à Louis XIV. Ils l'avaient bien montré dans l'affaire de Neuchâtel. Ils avaient donné là une preuve éclatante de leur fermeté. Pourvu qu'on les garantît contre les menaces de la France, comme le roi de Prusse avait su faire, ils ne se démentiraient point. L'ambassadeur prussien parla des traités que depuis quarante années Louis XIV violait impunément, des traités de Westphalie, du traité de Ryswick.

Il n'obtint pas sans doute l'adhésion immédiate des Hollandais au projet de Saint-Saphorin, mais il ne s'en inquiéta pas outre mesure. Pendant le séjour assez long qu'il avait fait à la Haye, il avait pu se convaincre que les députés des Provinces-Unies acceptaient volontiers, avec le temps, certaines propositions qui, au premier abord, leur paraissaient impossibles. Il fallait donc à tout prix gagner du temps, ne pas se hâter de conclure la paix, profiter des succès que Dieu réservait aux alliés. A force de patience et de ténacité, on forcerait la France à restituer toutes les conquêtes qu'elle avait faites depuis la paix des Pyrénées, et la Franche-Comté entre autres. En un mot Schmettau conseilla, le 23 avril, à Frédéric Ier d'attendre un démembrement général de la France, pour lui enlever ce qu'il convoitait, la Bourgogne [1].

Ce n'étaient ni l'ambition, ni la persévérance qui manquaient au roi de Prusse. Il avait toujours été prêt à tirer parti de toutes les occasions : à travers les vicissitudes de la politique européenne, il avait poursuivi la réalisation de ses vœux, obtenu la couronne royale, et préparé, d'une manière générale, la constitution d'une royauté puissante en Allemagne et dans l'Empire. L'état de la France était tel alors qu'avec l'aide des alliés il pouvait espérer de lui imposer ses conditions; depuis dix ans, il avait prévu ce qu'il exigerait d'elle, la reconnaissance de son nouveau titre, et la cession intégrale ou partielle de la Franche-Comté. Ce que Schmettau lui conseillait, il l'avait depuis longtemps décidé.

Au mois de mai 1709, le ministre français Torcy se rendit à la Haye pour obtenir des Provinces-Unies une réponse plus précise et des conditions plus favorables que celles qu'on faisait depuis deux mois par le président Rouillé, notre plénipotentiaire. Aussitôt, les chefs de la coalition, le prince Eugène et Malborough arrivèrent en Hollande pour s'assurer des États, et les empêcher de faire des concessions à la France.

Le 20 mai, eut lieu une grande conférence à laquelle assistaient les députés de la Hollande, le prince Eugène, Heinsius, Malborough, Townsend, Torcy et Rouillé. On délibéra les jours suivants encore ; jusqu'au 24, Eugène, Malborough et Torcy ne purent se mettre d'accord « sur les sûretés à donner à l'Empire [2] ». Eugène réclamait l'Alsace et ses deux

1. Cf. la dépêche de Schmettau à l'appendice VI.
2. Torcy, *Mémoires*, 1709. Ed. Michaud et Poujoulat. — *Journal*, édition Masson : résumé de l'année 1709, p. 87 ; — Lamberty, *Mémoires sur le* xviiie *siècle,* t. V, p. 272, 277.

clefs, Strasbourg et Fort-Louis. C'était le démembrement annoncé par Schmettau auquel Torcy ne pouvait pas consentir.

Le 28 mai, pendant les débats que provoquait la question allemande, le baron de Schmettau, dont les proposition d'avril avaient été acceptées par la Cour, attira l'attention des Alliés sur la Franche-Comté et leur remit un mémoire relatif à la restitution de cette terre d'Empire [1].

Cette démarche de la Prusse, dans un moment décisif pour l'ambition et les revendications germaniques, a jusqu'ici échappé à l'histoire, et, ce qui est plus surprenant, aux historiens allemands. Il n'en est pas une pourtant qui jette une plus vive lumière sur le règne du premier roi de Prusse. Jusqu'aux négociations de 1813, jamais, au xviiie siècle, les espérances et les tendances de la politique prussienne n'ont été plus hautement affirmées qu'à la Haye, en 1709.

Le mémoire présenté par Schmettau, au nom de la Prusse, se trouve aujourd'hui aux archives du ministère des affaires étrangères, au milieu de lettres que l'intendant de la Franche-Comté, de Bernage, adressait à notre ambassadeur en Suisse, Puysieux [2]. Sous forme de pamphlet, il circulait donc en Bourgogne, au moment où les agents de la Prusse le portèrent à la Haye. C'était à la fois un mémoire diplomatique et une sorte de manifeste [3].

C'est un document du premier ordre pour l'histoire des premiers rapports de la royauté prussienne avec la France. Il faut en peser tous les termes, et tâcher d'en connaître toute la portée ; le lecteur en trouvera plus loin le texte complet, collationné sur l'exemplaire original des Affaires Étrangères [4].

« Jamais l'Empereur, l'Empire et leurs hauts alliés n'eurent et n'auront un temps si propre et si favorable à remplir les

---
1. Lamberty, *Mémoires sur le* xviiie *siècle*, t. V, p. 277.
2. *Affaires étrangères*, Mémoires et documents, 1581 (Ancien petit fonds. Franche-Comté, 158), 1706, 1716 ; cf. *Inventaire sommaire du département des Affaires étrangères*, Mémoires et documents, France, 1883, p. 289.
3. Schmettau fait allusion à ce mémoire dans une dépêche du 23 avril 1709, A. R. P. Papiers de Metternich. (*Rescripta*.)
4. Cf. Appendice VI.

desseins, les vœux, et la fin de l'union de leurs armes et de leurs forces qu'à présent. Fasse le ciel qu'ils en profitent avantageusement !

« Ils se sont proposé, ils ont juré d'humilier la France et de modérer sa puissance, de borner son royaume, et de mettre en sûreté et en repos, non seulement tous ses voisins et tout l'Empire, mais encore toute l'Europe, sur laquelle le roi de France n'a pas seulement formé un plan et fait des préparatifs pour dominer, comme avait fait déjà Henri IV son aïeul, mais il a été sur le point d'accomplir et de consommer ce vaste et injuste dessein, dont nous devons dire que l'échec est un coup de la divine Providence [1]. »

Ce début du mémoire prussien est absolument conforme à la lettre des traités qui avaient scellé l'alliance des puissances européennes contre Louis XIV. L'article 1er du traité conclu, le 7 septembre 1701, entre l'Empereur, la Grande-Bretagne et les Provinces-Unies portait : « Les Français et les Espagnols, étant ainsi unis, deviendraient en peu de temps si formidables qu'ils pourraient aisément soumettre toute l'Europe à leur obéissance et empire (ad opprimendam Europæ libertatem, ut *totius Europæ imperium* facile sibi sint vindicaturi) [2]. Par l'article 3 du même traité, les puissances déclaraient que, pour faire échouer les prétentions de la France à la domination universelle, elles se proposaient avant tout (*ut nulla res ipsis magis cordi sit*) d'assurer la paix et la tranquillité de toute l'Europe (*pax et tranquillitas generalis totius Europæ*) [3]. Lorsque le Portugal adhéra, le 16 mai 1703, à cette triple alliance, le roi Pierre II déclara aussi que c'était pour assurer la paix et la tranquillité de l'Espagne et de toute l'Europe (*pax et tranquillitas... ceteræ Europæ*) [4].

Lorsque l'empereur d'Allemagne s'adressa au roi de Suède pour le déterminer à se joindre aux Alliés, il lui écrivit,

1. Cf. Appendice VI.
2. Dumont, *Corps diplom.*, t. VIII, p. 90, col. 1.
3. Dumont, *Corps diplom.*, t. VIII, p. 90, col. 2.
4. Dumont, *Corps diplom.*, t. VIII, p. 128, col. 1.

le 10 novembre 1701, qu'il « était de l'intérêt de tous les princes de l'Europe de mettre un terme au désir immodéré que formait un seul souverain, répudiant toute justice, de tout prendre à son gré pour lui et sa famille, et de s'imposer (*dominari*) à tous les princes[1]. » En Angleterre, le même argument fut employé par tous ceux qui voulaient la guerre, par les comtés auprès des Chambres, par les Chambres elles-mêmes auprès du roi : « Le pouvoir de la France menaçait la liberté de l'Europe... Il fallait soutenir de telles alliances que le Roi trouverait à propos de faire avec l'Empereur et les États Généraux *pour conserver les libertés de l'Europe..., et réduire le pouvoir exorbitant de la France*[2]. »

Il s'était fait en Europe, contre Louis XIV, à la fin du XVIIe siècle, une sorte d'opinion publique que, dans les pays libres, la nation manifestait elle-même, que, dans les autres, les gouvernements invoquaient aussi, que les publicistes avaient contribué à former et continuaient à entretenir. Les procédés sommaires des Chambres de réunion, en Allemagne surtout, entre 1680 et 1686, semblaient indiquer que le roi de France imposerait son autorité à tous les souverains, à toutes les nations d'Europe, sans tenir compte de leurs droits. Le 20 mai 1680, l'électeur palatin Charles-Louis, qui avait cependant contracté avec Louis XIV une alliance, mais s'était joint en 1674 à l'Autriche contre lui, écrivait à la duchesse Sophie de Hanovre : « Je voudrais pouvoir attendre autant de générosité de mon grand tuteur (le roi de France), qui... *le sera bientôt de toute la chrétienté*, si l'on n'y met ordre de bonne heure. » Et la duchesse Sophie, dont le fils faisait pourtant sa cour à la France, lui répondait : « Un tombeau garni d'argent, ce sera à l'avenir le trône des princes d'Allemagne, car la France ne leur en laissera pas davantage, si on la laisse faire[3]. » C'est à cette époque que parut de l'autre côté du Rhin

1. Lamberty, I, p. 629.
2. *Adresse du comté de Warwick aux communes* (juillet 1701), Lamberty, I, p. 511; — *Adresse de la Chambre des communes au roi*, Lamberty, I. p. 511.
3. *Correspondance de la duchesse Sophie de Hanovre avec son frère Charles-Louis*, édition Bodeman. Leipzig, 1856, p. 419, 420.

et en Hollande une foule de pamphlets : *Conduite de la France depuis la paix de Nimègue* (1681) ; *la Cour de France turbanisée* (1683) ; *Soupirs de la France esclave qui aspire après la liberté*, et surtout *la monarchie universelle de Louis XIV*, traduite de l'italien de M. Grégorio Leti, *où l'on montre en quoi consiste cette monarchie, par quels moyens elle s'est établie, la nécessité de la détruire,* etc. (Amsterdam, 1689)[1]. Le représentant de la France en Saxe, Obrecht avertissait Louvois des dangers que préparait cette campagne de pamphlets « faits exprès pour susciter contre le roi la haine publique de toutes les puissances de l'Europe, reproduisant toutes les vieilles chimères du dessein d'une monarchie universelle[2]. »

Obrecht avait raison : depuis 1685, le mot d'ordre donné par les publicistes allemands devint celui des gouvernements européens coalisés contre la France en 1686, en 1689 et enfin en 1701. Quiconque avait eu à se plaindre de Louis XIV, au moment où il était le plus fort, quiconque espérait s'agrandir aux dépens de la France depuis les désastres de la succession d'Espagne, prétendait servir la liberté et les intérêts de l'Europe, en travaillant à sa propre défense ou à ses intérêts particuliers.

L'auteur du mémoire que nous analysons employait naturellement le même procédé, en apparence dans l'intérêt de la Franche-Comté, en réalité pour reprendre à la France, avec l'aide des Hautes Puissances Alliées, les conquêtes du traité de Nimègue.

La Prusse avait un intérêt tout particulier à présenter elle-même cet argument aux conférences de la Haye. Depuis son avènement (1688), Frédéric III s'était posé en champion des libertés européennes contre Louis XIV[3]. Dès le mois de novembre 1688, il était entré en campagne pour défendre la

---

1. Rousset, *Histoire de Louvois*, t. III, p. 223, 233 ; — t. IV, p. 29 et 30, p. 93.
2. Rousset, *Histoire de Louvois*, t. IV, p. 2 et 3 ; dépêche du 22 oct. 1683 (tirée du dépôt de la guerre).
3. Droysen, *Geschichte der Preussischen Politik*. IV^{er} Theil. 1º, abtheil. *Frederich Ier Kœn. v. Preussen*, Leipzig, 1872, p. 21 et 22.

ligne du Rhin[1]. Il avait mis, en 1689, 26,000 hommes au service des États Généraux, facilité le passage de Guillaume III en Angleterre, et pendant tout le cours de la guerre, ses troupes avaient assuré le succès ou réparé les défaites des armées alliées. Dès 1701, il avait encore apporté aux Alliés le concours de son armée, malgré les occasions de conquête que les affaires de Suède et de Pologne pouvaient au même moment lui fournir à l'est ; son successeur et son petit-fils, Frédéric II, devait un jour lui reprocher d'avoir compromis les forces du royaume, par la crainte excessive qu'il avait de la monarchie universelle de Louis XIV, « *un pur fantôme*[2]. »

Les historiens prussiens, qui jugent généralement avec beaucoup de sévérité le gouvernement de Frédéric Ier, qui lui reprochent l'ardeur déréglée et un peu brouillonne de son ambition, lui ont rendu justice, sur ce point particulier, de meilleure grâce que son petit-fils[3]. Si Frédéric Ier prit parti dans des questions de politique générale qui ne semblaient pas intéresser directement le Brandebourg, s'il fut l'allié fidèle de ceux qui prétendaient défendre contre Louis XIV les libertés européennes, ce fut afin de faire à l'État prussien sa place en Europe, à côté des États souverains et indépendants. En 1689, Frédéric écrivait à son ministre Danckelman, à Vienne : « Si Louis XIV réussit à former en Europe une ligue catholique, l'Europe est perdue, la France l'inondera et la dominera ; mais si l'empereur s'abstient, alors nous aurons le moyen de ruiner la puissance française, nous aurons le bonheur de délivrer de la sujétion qui les menace, l'Italie, l'Allemagne et particulièrement le cours du Rhin[4]. » Au

---

1. Droysen, *Geschichte der Preussischen Politik*. IV[er] Theil. I[e], abthell. *Frederich I*[er], *Kœn. v. Preussen*, Leipzig, 1872, p. 31.
2. Droysen, *ouv. cité*, p. 127.
3. Noorden, *Die preussische Politik im Spanisch. Erbefolgekrieg* Sybel, *Hist. Zeitschr.* 1867), I, Folge, Bd. 18, p. 367, 368 ; — Droysen, *ouv. cité*, p. 128 et 129, et Noorden, *Europ. gesch. im achtzehnt. Jahrh.* Leipzig, 1869, 1882, t. I, p. 228.
4. Schreiben Friedrich's an Danckelmann, 31 janvier 1869, cité par Dr Alfred Francis Pribram, *Œsterreich u. Brandenburg*, 1688-1700. Prag. et Leipzig, 1885, p. 15.

même moment, il chargeait ses ministres à Londres, à la Haye, à Vienne, de proposer à l'Angleterre, aux Provinces-Unies, à l'Empereur, une grande alliance contre la France, et l'homme qui, à Londres, devait faire, au nom de la Prusse, cette communication, c'était précisément ce même Schmettau que nous retrouvons en 1709, aux conférences pour la paix [1]. Les propositions de Frédéric ne furent pas alors écoutées : Guillaume III répondit qu'une triple alliance entre les puissances protestantes pouvait inquiéter et éloigner l'Autriche, et qu'elle n'était pas nécessaire. L'Empereur ne voulait consentir qu'à une alliance particulière avec l'électeur de Brandebourg, celle précisément qui venait d'être renouvelée le 28 septembre 1688, sur le modèle de celles de 1685 et de 1686 [2]. Le 15 mars, il signifiait aux envoyés du Brandebourg, de la Saxe, du Hanovre, etc., qu'il entendait se réserver le commandement supérieur et la haute direction de leurs contingents [3]. L'électeur de Brandebourg en était donc réduit à faire la guerre à la France, non comme prince souverain, mais comme prince d'Empire, aux côtés et sous la direction de l'Empereur. Il n'avait pu obtenir qu'il en fût autrement : il avait du moins voulu, en défendant l'Europe, faire acte de souverain européen.

En 1696-97, aux négociations de Ryswick, l'électeur avait encore réclamé vainement le titre d'Excellence pour ses représentants aux conférences. Il y avait eu déclaration de guerre de la Prusse à la France : il demandait en conséquence que les plénipotentiaires français reçussent des pleins pouvoirs spéciaux pour traiter avec la Prusse. Les puissances refusèrent. C'était toujours, de la part de l'électeur, la même idée fixe, de la part des Alliés et surtout de l'Empereur, le même refus obstiné.

1. Instruction royale, 19 fév. 1689. Droysen, *ouv. cité*, I, p. 38, et note 48 (p. 276). — *Berichte Fridag's aus Berlin*, 11 mars 1689. Pribram, *ouv. cité*, p. 21.
2. Pribram, *ouv. cité*, Anhang III, p. 205.
3. Protocole de la conférence de Vienne, 15 avril 1689 : Droysen, *ouv. cité*, p. 43 et p. 277.
4. Droysen, *ouv. cité*, p. 112. — Cf. la lettre citée de Frédéric au même

Frédéric était enfin devenu roi, par un traité avec l'Autriche, le 16 novembre 1700. Depuis 1693, il n'avait pas cessé de poursuivre la réalisation de ce dessein, tantôt par des traités secrets et réciproques avec la Bavière, tantôt par des négociations indirectes à Londres, ou directes à Vienne [1]. La royauté, c'était la consécration légale de la situation que l'électeur avait acquise en luttant avec l'Europe contre la France. Ce fut encore en se déclarant contre Louis XIV, que Frédéric obtint le titre de roi : le prix de cette couronne avait été la promesse donnée à l'Autriche de l'aider à conquérir l'héritage espagnol, dans l'intérêt de l'équilibre européen menacé par les prétentions contraires de la France [2]. Frédéric II, malgré ses préventions injustes contre le premier roi de sa maison, a été au moins obligé de reconnaître que ce qui parut au début une œuvre de vanité, devint par la suite un chef-d'œuvre de politique. S'il avait vu également que ce chef-d'œuvre était le résultat d'une politique constamment occupée, depuis 1688, à faire de la Prusse une des grandes puissances souveraines de l'Europe, il aurait jugé plus équitablement son grand'père. La pensée constante de Frédéric Ier a été d'assurer à l'État prussien, comme il l'a dit dans son manifeste du 16 décembre 1700, « l'indépendance, et un rang conforme à sa puissance [3]. » Le traité du 16 novembre 1700 a été le moment le plus important de cette politique, mais il n'en a été ni le commencement, ni la conclusion.

L'Empire avait reconnu la royauté prussienne : l'Europe ne l'avait pas acceptée. Le 27 novembre 1700, Frédéric écri-

---

Schmettau : « Es kann ihm nicht so empfindlich sein, als dass wir so, wie es allem Anschein nach, die Kaiserlichen vorhaben vor den Augen von ganz Europa beschimpft werden » (14 mai 1697).

1. Pribram, *ouv. cité*, p. 126, note 2 et 3, et Anhang VII, p. 225 : « relatio confereutiæ », 23 juli 1694 : « betreffend die v. C. Br. suchende Kœnigswürde. »

2. Cf. Pribram, (cap. VI, *der Preis der Krone : die geheime allianz*) 16 nov. 1700.

3. « Bestand und Würde der Cron des kœnigreichs Preussen, » 1701 ; Droysen, *ouv. cité*, I, p. 133 et 299.

vait à tous ses ministres à l'étranger, Bondeli, Tettau, Spanheim, Werner, d'avoir à solliciter la reconnaissance des gouvernements de Paris, Varsovie, La Haye[1]. Guillaume III répondit à ces ouvertures qu'il était prêt à reconnaître le nouveau titre de son fidèle allié : il intervint auprès des Provinces-Unies pour les déterminer à faire comme lui[2]. Il se moquait d'ailleurs de la petite vanité de ce grand électeur. Au fond, les Puissances Alliées n'étaient pas disposées à donner à ce titre royal l'importance politique que Frédéric Ier lui attachait. Frédéric Ier ne fut pas appelé à signer la grande alliance de 1701 : il avait un traité particulier avec l'Empereur; il eut un traité de subsides avec les Provinces-Unies (janvier 1702) et la Grande-Bretagne, qui n'était pas précédé des mêmes considérations générales relatives à la liberté de l'Europe que la Grande Alliance[4]. Frédéric, malgré ses efforts, malgré son titre nouveau, restait l'auxiliaire des Alliés, il n'était point leur égal[5].

Aussi l'avait-on vu, pendant les premières années de la succession d'Espagne, toujours fidèle à la coalition, revendiquer ses droits de souverain. Tous les ans, depuis 1702 jusqu'à 1705, il demanda la permission d'entretenir à ses frais un corps de 25,000 hommes, dont il aurait le commandement. Ses troupes feraient une véritable armée prussienne, au lieu d'être un contingent des armées alliées. Il ne l'obtint pas, et

1. Pribram, *ouv. cité*, p. 199.
2. Guill. à Frédéric, Kensington, 27 déc. 1700; Pribram, *ouv. cité*, p. 208, note 1.
3. Guillaume à Heinsius, 10 déc. 1700; Noorden, *Europ. Gesch.*, t. I, p. 228.
4. Dumont, *Corps dipl.*, t. VIII, p. 96. « Sa Majesté le roi de Prusse ayant offert à Sa Majesté le roi de la Grande-Bretagne et à leurs Hautes Puissances les seigneurs états-généraux des Provinces-Unies, de leur remettre un corps de cinq mille hommes de bonnes et vieilles troupes, et cette offre ayant été bien reçue, on en est convenu de part et d'autre, aux conditions suivantes... » Quelle différence avec le préambule de la Grande-Alliance de 1701!
5. Dépêche du ministre prussien Bartholdi, Vienne, 4-5 fév. 1702, *Berlin. Staatsarch.*, citée par Noorden, *Die Preussische Politik im span. Erbfolgekrieg*, Sybel, *Hist. Zeitsch.*, t. XVIII, p 309.

il continua à fournir des secours aux ennemis de la France, dans l'espoir que les négociations pour la paix lui seraient plus favorables que la guerre et que les précédentes négociations de Ryswick. Mais en 1706, les puissances maritimes avaient reçu les propositions de paix de la France sans en faire part à la Prusse [1]. Aussi, lorsqu'en 1709 les conférences furent reprises entre la France et les Provinces-Unies, la première demande que le baron de Schmettau se chargea de présenter aux Alliés fut « qu'il ne se traite plus rien par rapport à la paix sans qu'un des ministres du roi de Prusse y intervienne comme tel [2] (24 mai) ». Le 12 juillet, le baron de Schmettau qui, suivant la jolie expression de Lamberty « apportait un mémoire par semaine, » disait au nom du roi : « Sa Majesté a lieu de s'attendre qu'elle y doit concourir de son chef, et par ses plénipotentiaires, *conformément à ses alliances et à sa dignité*, et qu'alors ses justes intérêts seront appuyés par les Hauts Alliés ; S. M. ayant requis là-dessus une favorable déclaration de VV. HH. PP., de même qu'elle en a fait la réquisition à S. M. Impériale et à S. M. la Reine de la Grande-Bretagne [3]. »

Aussi, en 1709, l'année où les premières négociations générales pour la paix étaient ouvertes avec la France, le roi de Prusse cherchait tous les moyens d'affirmer *sa dignité*, de mettre ses états au rang des grandes puissances européennes, conformément *aux alliances*. Il essayait d'assimiler à la triple alliance ses traités particuliers avec l'Empire et les Provinces-Unies. C'est précisément à ce moment, qu'il faisait présenter aux Alliés le mémoire sur la Franche-Comté dont le début rappelle exactement les termes de la triple alliance. Frédéric Ier se posait ainsi, en protecteur de la Franche-

1. Noorden, *Die Preussische politik*, p. 322.
2. Lamberty, t. V, p. 276.
3. Lamberty, t. V, p. 302. Cf. le mémoire joint : « Que la négociation de la paix recommençant, Sa Majesté soit admise dans la personne de ses plénipotentiaires, *conformément aux Alliances* avec Sa Majesté Impériale, Sa Majesté la reine de la Grande-Bretagne, leurs Hautes Puissances, lesdites Alliances étant claires sur ce point. » Lamberty, t. V, p. 303.

Comté et de l'Europe. Cette démarche et ce langage sont les preuves manifestes des efforts constants que fit, pendant les négociations de la paix d'Utrecht, Frédéric Ier, pour sortir de cette longue guerre, non plus comme le protégé des grandes puissances, mais comme leur égal, comme le protecteur de l'Europe. Il ne voulait pas, que la Prusse restât, selon le mot de son petit-fils, « une espèce d'hermaphrodite qui tînt plus de l'électorat que du royaume [1] ». Il avait mis sa gloire à décider cet être, et, pour y parvenir, il affirmait en toute occasion, au début de son règne comme à la fin, en 1688 comme en 1709, sa haine contre la monarchie de Louis XIV, son zèle pour les intérêts de l'Europe.

Le prince Eugène ne s'y trompait point : passant par Berlin en 1710, il se plaignait des prétentions mal fondées de Schmettau [2]. Schmettau avait exigé qu'on lui ouvrît l'accès des conférences, et déclaré sur le refus du plénipotentiaire impérial, Sinzendorff, qu'il protesterait contre tout ce qui ne serait pas de la convenance de sa cour [3]. Eugène, à Berlin, semblait se plaindre surtout de l'entêtement et de la mauvaise grâce du plénipotentiaire prussien [4]. Les Prussiens trouvaient au contraire Schmettau trop doux, et trop confiant [5]. En réalité ce ministre, qui, depuis 1689, avait constamment servi la politique de Frédéric Ier et revendiqué les droits de la Prusse, ne déplaisait au général autrichien que par les missions même dont il était chargé. La suite du mémoire que nous étudions était encore moins fait que le début, pour plaire à la cour de Vienne.

Prenons le corps même du mémoire, où se trouvent exposées les prétentions de l'Empire sur la Franche-Comté

---

1. Frédéric II, *Mémoires*, édition Boutaric, 1886, I, p. 77.
2. Droysen, *Preuss. Polit.* (Frédéric Ier), p. 219, note 410; p. 313.
3. Lamberty, t. VI, p. 10.
4. Droysen, *Preuss. Polit.* (Frédéric Ier), p. 219.
5. Grümbkow à Frédéric Ier, 20 oct. 1709 : « Un homme brusque et brutal, en cas qu'il eût de l'esprit, conviendrait mieux à ces gens qu'un homme du caractère du baron de Schmettau. » Berlin. *Staatsarch*. Noorden, *Die preussische politik im span. Erbfolgekrieg*. Sybel, H. Z., t. XVIII, p. 333.

et les revendications de la nation germanique en général.

« La Franche-Comté appartient à l'auguste maison d'Autriche : il faut la réunir au corps de l'Empire dont elle a l'honneur de faire une principale partie de l'un de ses cercles principaux, suivant les recez des états tenus à Trèves, en 1511.

« Sous les auspices de ces deux nobles et anciennes qualités de portion du patrimoine de l'auguste maison d'Autriche, et de partie du cercle de Bourgogne, ils pourraient bien d'abord espérer le soin, la protection et l'empressement des Hauts Alliés pour les délivrer d'un joug insupportable. »

L'auteur invoque les droits historiques de l'Empire sur la Franche-Comté. Il rappelle avec raison que ces droits se confondent avec ceux de la maison d'Autriche. C'est la politique matrimoniale des Habsbourg qui a donné le comté à l'Empire. Maximilien Ier avait acquis, par son mariage avec la duchesse Marie la plus grande partie de l'héritage de Charles le Téméraire, la Franche-Comté et Besançon (1477). Lorsqu'en 1511 à Trèves, en 1512 à Cologne, il reprit l'organisation de l'Empire par cercles, que la diète d'Augsbourg en 1500 avait créée en dehors de lui et contre son pouvoir impérial, il ajouta aux cercles précédemment institués des cercles qui comprenaient les possessions héréditaires de sa maison, Autriche, Bourgogne (Pays-Bas et Franche-Comté). La Comté n'était donc entrée, d'après le recez même qu'invoque le mémoire, dans l'unité germanique qu'indirectement, par l'intermédiaire et presque par la volonté de la maison d'Autriche.

Il est vrai qu'en 1548, Charles Quint avait rattaché officiellement la Bourgogne à l'Empire ; la Bourgogne s'était engagée à contribuer dorénavant « en hommes et en argent à la défense de l'Empire, contre le Turc et autres ennemis, » et l'Empire d'autre part avait promis au cercle de la Bourgogne « sa pro-
« tection contre tous et chacun[1] ».

---

1. *Traité dit de Bourgogne*, juin 1548. Dumont, II, p. 244, 686.

Mais l'abdication de Charles Quint, avait de nouveau détaché de l'Empire les provinces bourguignonnes, sinon en droit, du moins en fait. La maison d'Autriche, par l'acte public du 25 octobre 1556, avait perdu la souveraineté de la Bourgogne et des Pays-Bas. D'autre part, la France prétendait que les traités de Westphalie avaient annulé le traité de 1548 : comme loi plus récente, ils dérogeaient nécessairement aux traités ci-devant conclus [1]. Elle se fondait sur l'article III de la paix de Munster qui portait que l'Empereur ni l'Empire ne pourraient prendre le parti des ennemis de la France : l'Espagne étant demeurée depuis 1648 presque constamment l'ennemie de la France, l'Empire avait abandonné ses droits sur la Bourgogne, nécessairement. Les électeurs l'avaient d'ailleurs expressément reconnu dans les articles 13 et 15 de la capitulation impériale qu'ils avaient imposée à l'empereur Léopold.

L'Empereur niait que les Pays-Bas et la Bourgogne, en passant à la couronne d'Espagne, eussent jamais cessé d'appartenir à l'Empire ; la règle *de lege posteriori derogante priori* n'était pas applicable aux traités de Westphalie : ils n'annulaient pas le traité de 1548. Les articles de Munster et de la capitulation impériale étaient des clauses transitoires, valables seulement pour la durée de la guerre alors engagée entre la France et l'Espagne. Si l'on eût admis la doctrine de la France, des terres et provinces que les rois de Pologne, de Danemark et de Suède possédaient en Allemagne n'auraient pas fait partie du corps germanique et ne devaient pas jouir de la protection de l'Empire contre la France.

Cette assimilation entre la Bourgogne et les provinces germaniques de la Suède par exemple était loin d'être juste : la Bourgogne n'avait été donnée à l'Empire que par une acquisition de l'Empereur, à une date relativement récente. La Poméranie avait été conquise au contraire sur l'Empire.

---

1. Rousset, *Intérêts des puissances de l'Europe, fondés sur les traités et sur les preuves de leurs prétentions particulières*. La Haye, 1738, 2 vol., t. I, p. 127.

Le point de droit sans doute était obscur et discuté encore au début du xviii° siècle, comme on peut le voir dans le livre de Rousset, un des meilleurs publicistes de ce temps. Mais ce qui en fait était indiscutable, et ce qui ressort de ces discussions juridiques embrouillées, c'est que les Pays-Bas et la Bourgogne étaient à l'Empire, comme patrimoine de la maison d'Autriche, et que la maison d'Autriche les avait abandonnés à la branche cadette des Habsbourg d'Espagne. Sans doute, comme héritière de cette branche, elle les réclamait à la France en 1709, et l'auteur du mémoire a bien soin de donner ces droits nouveaux de l'Autriche comme le meilleur fondement des revendications de l'Empire. Depuis que l'Espagne avait elle-même donné l'héritage de Charles II au petit-fils de Louis XIV, les droits de l'Autriche étaient assurément très discutables, ceux de l'Empire par suite assez mal fondés. L'Autriche et l'Empire qui soutenaient le peuple anglais, armé depuis vingt ans contre la France en faveur d'une dynastie nationale, avaient mauvaise grâce à vouloir infirmer le choix du peuple espagnol.

Aussi l'auteur du mémoire, se plaçant à un tout autre point de vue, démontrait que les bons sentiments des Francs-Comtois pour l'Allemagne faisaient un devoir à l'Empire de *délivrer* la Bourgogne d'un esclavage odieux, d'un joug insupportable.

Je ne crois pas d'ailleurs qu'il ait donné de ces sentiments des preuves incontestables. La Franche-Comté avait été conquise en quinze jours en 1668, en deux mois en 1674. Cette facile conquête n'indiquait pas un bien vif patriotisme allemand chez les Francs-Comtois. Voici cependant comment, suivant notre auteur, devait s'expliquer leur faible résistance : « Ceux qui commandaient pour le roi d'Espagne, à Besançon, jugèrent téméraire la résistance et ne l'eussent pourtant point fait cesser, *s'ils n'eussent persuadé ces braves citoyens* de mettre bas les armes, pour conserver à l'Empire et à l'auguste maison d'Autriche (en 1674?) de bons soldats, des sujets fidèles, des maisons et des villes entières dignes de leurs attentions et de leurs recherches, lorsque le ciel ferait naître un beau jour pour les recouvrer, comme ils avaient été par le traité de paix d'Aix-la-Chapelle, le 2 mai 1668. »

En vérité, cet argument est tout à fait piquant, et le roi d'Espagne ne devait qu'à moitié se féliciter de pareils officiers qui prenaient si bien dans ses propres provinces, et si tôt les intérêts de la maison d'Autriche. Quant « à l'affection et bon cœur des Francs-Comtois pour la nation germanique, et pour l'auguste maison d'Autriche », il fallait pour se rendre à de pareilles raisons qu'elle ne fût ni bien profonde, ni très sincère. Les Francs-Comtois tenaient avant tout à leurs franchises, à leur indépendance que l'Espagne leur avait laissées presque entière ; ce n'était pas par patriotisme allemand qu'au début ils furent mécontents de la France, mais par amour de l'indépendance, et par un esprit de provincialisme très naturel.

Sur ce chapitre, l'auteur est encore obligé d'appeler l'histoire à son aide et de chercher dans le passé des preuves plus solides de l'affection qu'on avait toujours eue en Franche-Comté pour l'Empire. Ces preuves historiques sont-elles elles-mêmes bien solides ?

« L'Italie, le Portugal, la Catalogne, la Flandre et l'Allemagne sont encore teintes du sang que les Francs-Comtois y ont répandu tant de fois pour leur service contre la France. » Les reîtres allemands, les lansquenets qui s'engageaient au service de la France contre l'Empereur, n'étaient pas plus pour cette raison Français, que les Francs-Comtois n'étaient Allemands. Ils faisaient leur métier de soldats.

Des diplômes avantageux, « de l'incomparables empereur Charles-Quint, » en faveur de Besançon, ne me paraissent pas beaucoup plus concluants que les exploits des Francs-Comtois à son service.

L'auteur n'en fait pas moins appel, en souvenir de ce passé glorieux pour l'Empire et la Franche-Comté, à la *générosité*, à l'attention, à la reconnaissance de l'Empire et de l'Empereur : « il les presse de se déclarer, de se déterminer, pour reprendre non seulement la cité impériale de Besançon, mais encore toute la Franche-Comté. »

Il ne faut pas s'étonner outre mesure de ce luxe de preuves empruntées à tort et à travers à l'histoire, aux archives, au droit. C'était un usage du temps : Louis XIV lui-même faisait comme ses ennemis. Les Chambres de réunion n'avaient pas procédé autrement. « Mon fils, écrit en 1680 l'électrice de Hanovre, est à Paris qui fait sa cour : il y apprendra peut-être à rappeler les prétentions de Henri le Lion, puisqu'en ce pays-là on rappelle un testament de Hugues Capet ou d'un autre roi dont j'ai oublié le nom [1]. » La forme de ces revendications était ridicule, surannée ; mais elles avaient une grande portée. Ce qu'il y avait au fond de toutes ces discussions juridiques, ce que l'auteur invoque, en somme, ce sont les droits, les sentiments germaniques ; ce qu'il cherche, ce sont les intérêts de la patrie allemande, « de la nation germanique. »

Il arrive à dire enfin : « La Franche-Comté est d'une situation si avantageuse que c'est un bouclier, un boulevard, une digue, une forteresse pour tout l'Empire contre le torrent de la puissance française. »

Voilà l'objet général de tout le mémoire, la Franche-Comté est la clef de la Suisse : « Il n'y a point de païs plus propre où à subjuguer la Suisse ou tout au moins à l'obliger de favoriser les armes de la France, » et la Suisse est la route de l'Italie et de l'Allemagne du sud surtout : « N'est-il pas à craindre que les cantons de Bâle et de Berne se trouvant surpris, les cantons de Soleure et de Fribourg se déclarent pour la France, du moins *pour lui permettre et faciliter le passage d'une grosse armée* capable d'occuper la Savoie, l'Italie, et *toute l'Allemagne?* N'a-t-on pas vu comme la France a trouvé le secret de faire glisser tant de troupes et faire passer tant de munitions de guerre et d'argent en Bavière, il y a quelques années. » La Franche-Comté est aussi par la trouée du Jura directement la route de l'Allemagne, et le roi de France a

---

[1]. *Corresp. de la duchesse Sophie de Hanovre*, Leipzig, 1886, p. 419.

fortifié Huningue et Landskron, sans que les Suisses s'y soient opposés. En sorte que l'Empire ne sera jamais tranquille, tant que la Franche-Comté restera à la France.

Il s'agit d'assurer, en même temps que les libertés de l'Europe, surtout « les libertés germaniques » : « J'ose dire que si l'on fait la paix avec la France dans le temps présent, sans lui faire rendre la Franche-Comté, l'on *forge pour l'avenir des chaînes à l'Empire, en faveur de la France*. »

La *liberté germanique*, ç'a été depuis la fin du xvii° siècle, le mot de ralliement des princes allemands effrayés par la politique de Louis XIV, unis par la haine de la France. Dépouillés par Louvois, les Allemands s'aperçurent que leur division faisait leur faiblesse et commencèrent à parler de la patrie germanique dont le morcellement ruinait les différents États[1]. L'électeur palatin écrivait à la duchesse de Hanovre en 1680 : « Un chacun à présent n'a soing que de son intérest qui lui paraît le plus proche, la suite des usurpations de nos plus puissants que très chrétiens voisins... durera pour le moins autant que notre division. » Et, comme le fils de la duchesse faisait sa cour à Paris, il ajoutait qu'il le priait de ne pas intercéder pour lui auprès du roi de France : « cela pourrait bien me faire tort auprès des bons *patriotes allemands* et auprès de ceux qui s'ombragent de la grandeur de la France. » Et la duchesse Sophie lui répondait en parlant de la liberté germanique, elle remarquait qu'à la cour de Zelle on était plus français qu'allemand[2].

Les excès de Louis XIV et le traitement honteux qui avait été infligé aux princes souverains, le sentiment de leur misère commune, avaient réveillé peu à peu dans l'Empire le patriotisme allemand. L'Autriche, depuis 1681, avait exploité cette situation nouvelle. Elle avait parlé à la diète de la sécurité de l'Empire, repris les traditions de gouvernement fédéral que l'Allemagne sous Maximilien, avait essayé de se

---

1. Leibnix, *De fœdere Rhenano* (œuvres, édition Klopp, II, p.163).
2. *Corresp. de la duchesse Sophie de Hanovre*, Leipzig, 1886.

créer. En 1688, elle avait convié les princes à la guerre contre la France, à la défense de la patrie bien-aimée « fur die Defension des geliebten Vaterlandes[1]. »

La Prusse affichait les mêmes sentiments. En même temps qu'il s'armait pour la liberté de l'Europe, Frédéric, encore électeur de Brandebourg, s'était préparé en 1688 à défendre *l'empire et la noble liberté germanique* « *das Reich und die edle deutsche Freiheit*[2]. » Guillaume III l'encourageait à sauver l'empire de l'esclavage de la France. Depuis lors, sauf pendant les quelques années qui séparèrent la paix de Ryswick de la guerre de la succession, 1697-1701, Frédéric était resté fidèle à ce programme patriotique. Il avait lutté pour arracher à la France l'Allemagne et le cours du Rhin. Mais il n'avait pas été seulement bon patriote allemand, il s'était posé sans cesse en principal champion de la patrie allemande : l'Autriche ou du moins beaucoup des ministres autrichiens ne se souciaient pas assez des intérêts de l'Allemagne ; il leur était indifférent « que toute l'Allemagne se perdît, pourvu qu'on prît quelques bicoques en Hongrie[3] ». La Prusse prétendait à faire mieux qu'elle son devoir en Allemagne.

Il est impossible de ne pas établir un rapprochement entre ces sentiments, ces prétentions du roi de Prusse, depuis son avènement, et les revendications dont son ambassadeur Schmettau se faisait l'interprète à la Haye, en 1709. C'était un fait très grave, qu'à la Haye, un ministre prussien vînt rappeler à l'Empereur ses devoirs envers la patrie allemande, lui parlât « d'attention et de reconnaissance » pour les membres du corps germanique. C'était un fait plus grave encore qu'il s'adressât au nom de l'Allemagne à la générosité des Alliés représentés par Heinsius et le duc de Malborough, qu'il vînt plaider auprès des puissances européennes la cause de la liberté germanique. Par de semblables procédés, le roi de

---

1. Fœster, *Die armirten Stænde*, 1681-1697, Frankf. 1886, p. 28-35 ; — Droysen, *Preuss. Polit.* (Frédéric III), p. 29.
2. Droysen, *Preuss. Polit.* (Frédéric III), p. 29.
3. Droysen, *Preuss. Polit.* (Frédéric Ier), note 104.

Prusse usurpait sur l'autorité de l'Empereur : en lui parlant de ses devoirs, il empiétait sur ses droits. En se déclarant le champion des libertés européennes, Frédéric Ier voulait se soustraire à la souveraineté de l'Empereur; en proclamant les droits et les libertés de l'Allemagne, Frédéric Ier prétendait encore davantage : il se substituait à l'Empereur lui-même [1].

L'historien de la politique prussienne, Droysen juge ainsi les effets du règne de Frédéric Ier : « A côté des pays allemands ou non allemands qui formaient la maison d'Autriche, Frédéric Ier constitua une puissance exclusivement allemande et presque exclusivement protestante; il établit, sur les ruines de l'empire romain, le royaume allemand de l'avenir [2]... Ce n'étaient encore, en 1701, ajoute-t-il, que des conséquences éloignées de l'acte qui le faisait roi. » Le mémoire que nous étudions et la démarche de Schmettau ont l'avantage de montrer que ces conséquences étaient voulues, prévues dès le début du XVIIIe siècle. La Prusse invoquait déjà le prétexte des *libertés germaniques*, pour prendre son rang à part parmi les puissances allemandes.

C'était enfin pour obtenir un accroissement de territoire dans le Jura que Frédéric Ier faisait présenter aux Alliés le mémoire de 1709. Ce sont les termes mêmes de ce mémoire qui nous l'indiquent.

Les sentiments de la Prusse pour les Francs-Comtois n'étaient certainement pas désintéressés. Elle faisait l'éloge de leur fidélité à l'Empire, mais se préoccupait très peu de leur bonheur : « L'Espagne a toujours eu grand soin de conserver ses provinces de Flandre, parce que c'étaient de *gros os à ronger par sa gueule béante, capables d'entretenir et d'occuper sa rage et sa fureur*, et de donner le temps au corps de la monarchie de se mettre en mouvement pour secourir *ces provinces ou pour y fixer l'avidité de la France du côté du septentrion :* il en faut dire de même *de la Franche-Comté* qui est à l'orient de ce royaume. »

1. Noorden, *Europ. Gesch.*, III, p. 416, 419.
2. Droysen, *Preuss. Polit.* (Frédéric Ier), p. 156, 157.

On n'est pas plus franc : les Comtois étaient dûment avertis. La Prusse ne leur promettait-elle pas un sort enviable ? Leur pays serait, comme les Flandres, une proie que l'Empire et la France pourraient se disputer, sans que l'Allemagne ou la Suisse eussent plus à craindre pour elles-mêmes. Il fallait fixer l'avidité des Français : on leur jetterait un bon os à ronger, la Franche-Comté. La Prusse avait vraiment une singulière façon de récompenser le zèle de ces fidèles serviteurs de l'Empire.

Elle se souciait peu des Bourguignons : elle voulait d'abord donner une barrière aux Bernois, ses alliés, qui, depuis la conquête de la Comté, redoutaient le voisinage de la France. C'était en promettant cette garantie aux Bernois que Frédéric Ier s'était assuré leur concours dans l'affaire de Neuchâtel.

« On a joint l'art à la nature..... pour faire craindre aux Suisses le roi de France, s'il demeure possesseur de ce pays.

« Car le mont Jura dépend de la Franche-Comté dans toute sa longueur, il embrasse les cantons de Bâle et de Berne, le roi de France y a fait bâtir, fortifier et étendre la forteresse de Landskron contre le canton de Bâle...

« L'on voit à la suite presque sur la même ligne, toujours sur le mont Jura, les châteaux de Maiche, de Trévilliers, de Chatillon, de Belvoir, de Morteau, de Joux, de Jougne, et les villes de Pontarlier et de Saint-Claude par où les cantons de Berne et leurs alliés, les comtés de Neuchâtel et Valangin sont découverts, ouverts et commandés et toujours en proie au souverain de Franche-Comté, s'il est Français. »

Le sens du mémoire devient ainsi de plus en plus clair : l'ambassadeur Schmettau et le gouvernement qui l'avait chargé de présenter ce mémoire n'ont eu recours à tous les arguments précédents que pour obtenir, en faveur du canton de Berne, des avantages spéciaux. Lamberty nous donne des renseignements très nets à ce sujet [1]. Schmettau insista,

---

[1]. Lamberty, *Mémoires*, t. V, p. 287.

auprès des chefs de la coalition, sur ce fait que la restitution de la Franche-Comté mettrait à l'abri le canton de Berne, le plus puissant des cantons évangéliques. Il paraît même que ce canton avait dépêché auprès des États Généraux un de ses sujets, qui avait pris part au mémoire, chargé d'offrir au duc de Malborough un présent de 50,000 écus, s'il pouvait porter la France à la restitution de la Bourgogne. Ces indications suffisent pour qu'on reconnaisse dans le mémoire et l'agent chargé par les Bernois de le présenter, le projet et la personne de Saint-Saphorin. Saint-Saphorin et Schmettau s'étaient réunis à la Haye pour assurer, dans les conférences pour la paix, le succès du projet que Berne et la Prusse avaient formé depuis 1707, et même depuis le début de la guerre de Succession.

En dernière analyse, Frédéric Ier essayait de réaliser son vœu le plus cher, l'extension de Neuchâtel en Franche-Comté. Il ne découvrait pas ses desseins : il les masquait avec soin par un zèle apparent pour la liberté de l'Europe, de l'Allemagne, de la Suisse. On les devinait pourtant dans certains termes du mémoire.

« La Franche-Comté était une terre incomparable, qui fournissait en abondance tous les nerfs de la guerre : des revenus considérables, plus de vingt mille hommes de troupes réglées, des remontes, des fourrages pour la cavalerie, des denrées pour les magasins. » On reconnaît là le langage d'une puissance militaire.

L'Alsace n'était rien, pour elle, comparée à la Franche-Comté. Et l'auteur du mémoire prussien se donnait la peine de faire cette comparaison, et de la faire dans des termes qui sont singulièrement instructifs. Nous la reproduisons intégralement :

« L'Alsace n'est pas à comparer à la Franche-Comté pour lui être préférée par les Hauts Alliés dans un traité de paix, s'il fallait nécessairement acheter la paix de la France aux dépens de l'Empire et de l'auguste maison d'Autriche en cédant l'une ou l'autre de ces deux provinces...

« Car, outre qu'il est notoire que *les habitants de l'Alsace sont plus Français que des Parisiens*, et que le roi de France est si sûr de leur affection à son service et à sa gloire qu'il leur ordonne de se fournir de fusils, de pistolets, de hallebardes, d'épées, de poudre et de plomb, toutes les fois que le bruit court que les Allemands ont dessein de passer le Rhin, *et qu'ils courent en foule sur les bords du Rhin pour en empêcher ou du moins disputer le passage à la nation germanique, au péril évident de leurs propres vies, comme s'ils allaient en triomphe.*

« En sorte que l'empereur et l'empire doivent être persuadés qu'en reprenant l'Alsace seule, sans recouvrer la Franche-Comté, ils ne trouveront qu'un amas de terre morte pour l'auguste maison d'Autriche, et qui couvera un brasier d'amour pour la France et de fervents désirs pour le retour de son règne en ce pays, auquel ils donneront toujours conseil, faveur, aide et secours dans l'occasion.

« Au lieu que les Francs-Comtois voudraient faire des ponts de leurs corps aux armées de l'Empire pour leur faciliter le passage de ce fleuve et de tous les autres endroits les plus difficiles et les plus dangereux, dont le roi de France a pris tant de fois la précaution de les désarmer, et il vient d'en faire exécuter à Besançon un assez bon nombre, sur de simples soupçons de relation avec le ministre du roy de Prusse en Suisse. »

On a souvent dit en Allemagne que l'annexion totale de l'Alsace par la France avait été un acte de violence dont l'effet fut longtemps ressenti sur les rives du Rhin, et contre lequel toutes les revendications, même les plus tardives, étaient légitimes. Dans un livre très étudié, qui chaque année s'enrichit de nouvelles preuves, M. Legrelle a solidement réfuté cette opinion. Il est assez piquant d'entendre un roi de Prusse affirmer, en 1709, que l'Alsace, vingt ans après la conquête définitive, était devenue une terre bien française, que ses habitants *adoraient le Roi* et qu'ils se chargeaient de monter la garde pour la France sur la rive gauche du Rhin.

La Prusse déclarait aux Allemands, qu'en acquérant l'Alsace, ils n'auraient qu'un morceau de terre morte, que les Alsaciens refuseraient de reconnaître le fait accompli, et que leur pays, rendu à l'Empire, couverait un brasier d'amour pour la France. Elle prédisait cela, au début du xviii° siècle, alors que l'union de l'Alsace et de la France n'était pas encore ratifiée et cimentée par deux siècles d'attachement réciproque et d'intimité confiante.

L'ambassadeur Schmettau avait ses raisons pour faire un pareil aveu devant toute l'Europe, à la Haye. Si la rive gauche du Rhin eût cessé d'être française, elle eût fait retour à la maison d'Autriche, sans profit pour la Prusse. Tous les intérêts de la Prusse étaient alors en Franche-Comté. Reprise à la France, la Bourgogne eût du légitimement être restituée à l'Autriche, dont elle était une propriété patrimoniale. Mais Frédéric Ier avait des droits à faire valoir sur une partie de cette province, il caressait depuis dix ans l'espoir de se constituer, au delà du Jura, une principauté considérable qui aurait permis à sa nouvelle royauté de jouer un grand rôle contre la France et en Suisse. Il aurait ainsi fait de son petit domaine de Neuchâtel une position de premier ordre ; et, suivant les conseils de Saint-Saphorin qui encourageait ces espérances et avait rédigé sans doute le mémoire de 1709, il aurait disposé des Cantons et de l'Empire contre la France. C'était la ruine de l'indépendance helvétique, de l'influence autrichienne en Allemagne, la grandeur de la Prusse assurée par le démembrement de la France.

L'auteur du mémoire traduisait ces espérances dans une phrase qui n'est que la reproduction des phrases officielles de la chancellerie prussienne : « Les comtés de Neuchâtel et Valangin deviendraient bientôt inutiles à Sa Majesté, si leurs plus proches voisins à l'occident demeurent à la France. »

Pour conclure, l'auteur appelait les puissances européennes à une revanche éclatante, capable enfin de les payer de tant de pertes et d'humiliations que la France leur avait imposées depuis un demi-siècle. Il essayait de grouper toutes les rancunes et tous les appétits, pour une curée dont la France épuisée déjà par la guerre ne se relèverait plus.

« Il faut faire à ce roi tant de saignées, d'ouvertures et de diversions et l'affaiblir tellement qu'à peine peut-il se faire entendre à son ancien royaume, dont la situation heureuse, la forme et la matière prêtes à recevoir toutes les impressions de son roi..., doivent faire craindre à toute l'Europe une nouvelle guerre deux ou trois ans après la paix faite. »

Sous prétexte de garantir les libertés de l'Europe et de l'Allemagne, l'indépendance des Suisses protestants, le roi de Prusse invitait les ennemis de Louis XIV à un partage de la monarchie française. La part qu'il s'était réservée n'était pas la moins belle : il s'installait au cœur même de la France.

Ni le ton de la diplomatie prussienne en 1709, ni ses projets ne diffèrent du langage et de l'attitude qu'elle prit un siècle plus tard aux traités de Paris. A la fin du règne de Louis XIV, comme après celui de Napoléon, les ministres prussiens, qu'ils fussent Schmettau ou Hardenberg, demandaient hautement qu'on reprît les conquêtes de la monarchie française, l'Alsace, la Lorraine, les Flandres, la Franche-Comté. Les désastres de la France, accablée par une coalition européenne, leur paraissaient l'occasion propice, le moment unique pour assurer contre elle et l'Empire et l'Europe, pour l'écraser à jamais, pour fonder sur ses ruines la fortune de la Prusse. Il est important de constater qu'aux deux époques où l'intégrité, l'existence même de la France furent le plus menacées, les exigences les plus dures furent formulées par la diplomatie prussienne.

Heureusement, la Prusse ne fut pas plus écoutée par ses alliés en 1709 qu'en 1815, et pour les mêmes raisons. L'Autriche prévit, au début du xviiie siècle déjà, ce qu'elle devait constater un peu plus tard, les conséquences que l'avidité de la Prusse pourraient avoir pour sa propre sécurité, pour son influence en Allemagne et en Europe. Le prince Eugène particulièrement avait mis en garde, dès 1701, l'Empereur d'Allemagne contre l'ambition du nouveau roi de Prusse[1]. A la Haye, en 1709, il refusa de donner suite aux propositions de Schmettau[2]. A Berlin en 1710, il se plaignit de l'insupportable entêtement du diplomate lui-même.

Malborough fit exactement comme le prince Eugène. Il avait pu, dans des conversations avec Spanheim, donner à la Prusse des espérances assez précises[3]; dans les conférences officielles de la Haye, il se borna à garantir à Frédéric Ier la sûreté de Neuchâtel[4]. Quelque temps après, l'Angleterre et la Hollande s'entendirent au traité de la Barrière, 29 octobre 1709, pour dépouiller Frédéric Ier des droits qu'il prétendait avoir sur la haute Gueldre[5].

Décidément, les Alliés refusaient à la Prusse l'accès du Rhin, la meilleure partie de l'héritage de Guillaume d'Orange.

Au milieu du mois de mai 1709, Frédéric Ier avait rappelé de Neuchâtel, pour l'envoyer à Utrecht, l'homme auquel il avait confié dès l'origine le secret de ses desseins sur Neuchâtel et sur la Franche-Comté, le comte de Metternich[6]. Peut-être espérait-il qu'il réussirait où Schmettau avait échoué, qu'il serait auprès des Alliés aussi heureux qu'auprès des Suisses. Il se convainquit bientôt que le succès était impossible à Metternich lui-même. L'ambassadeur quitta Neuchâtel le 3 juin[7], mais s'arrêta à Ratisbonne jusqu'à nouvel ordre[8]. Sa présence en Hollande n'avait plus d'objet[9].

1. Noorden, *Europ. Gesch.*, t. III, p. 419.
2. Lamberty, *Mémoires*, t. V, p. 287.
3. Droysen, *Preuss. Polit.* (Frédéric Ier), p. 219, note 4:0.
4. Cf. *Dépêches de Schmettau et Spanheim*, précéd. citées.
5. Lamberty, *ibid.*, ibid.
6. Noorden, *Die Preuss. Polit. im Span. Erbfolgekrieg* (Sybel, *H. Z.*, t. 18, p. 331, 332).
7. Lettre du roi de Prusse au Conseil d'État de Neuchâtel, 19 juin 1709; — Lettre du Conseil d'État de Neuchâtel au roi de Prusse, 19 juin 1709. A. Neuch., *Missives*, t. XIII, p. 359-380; — Lettre à Metternich, comte du Saint-Empire, ministre d'État, plénipotentiaire du roi de Prusse à Ratisbonne, 9 juillet 1709. A. Neuch., *Missives*, t. XIII, p. 477.
8. A. Neuch., *Registres du Conseil d'État*.
9. Lettre de Neuchâtel à Metternich, 1er janvier 1710. A. Neuch., *Missives*, t. XIII, p. 585; — Lettre de Metternich à Neuchâtel, 14 janvier 1710. A. Neuch.,

L'échec du duc de Hanovre et de Mercy en Alsace, le 2 août 1709, ôtait à la Prusse en même temps l'espoir d'obtenir par la force ce qu'elle n'avait eu le moyen d'obtenir aux conférences pour la paix. Elle devait renoncer au rêve qu'elle avait fait d'un établissement considérable dans la haute vallée du Rhin et de la Saône.

Le dépit de Frédéric Ier fut si grand, qu'il chargea au mois d'octobre le brigadier Grümbkow d'entamer une négociation particulière avec la France : puisque ses alliés l'abandonnaient, il les abandonnerait à son tour. Il s'entendrait avec Louis XIV, pour annuler les effets du traité de la Barrière relativement à la haute Gueldre. Au lieu de s'établir sur le haut Rhin aux dépens de la France, il prendrait une position formidable sur le cours inférieur du Rhin, aux dépens de la Hollande, et malgré l'Angleterre[1].

La négociation n'aboutit pas alors, mais elle prouva clairement, et par un simple rapprochement de dates, que Frédéric Ier renonçait dès ce moment à ses projets sur la Franche-Comté et cherchait ailleurs des compensations. La France d'ailleurs les lui avait offertes la première. C'était Torcy qui, rencontrant à la Haye le brigadier Grümbkow, lui avait parlé de l'occupation de la Gueldre et du Limbourg. Le ministre des Affaires Etrangères avait laissé entendre que son maître y consentirait volontiers, pour obtenir la neutralité de la Prusse.

Frédéric Ier mourut le 25 février 1713, sans avoir vu la conclusion de la paix avec la France. Mais il avait, avant sa mort, consenti à la compensation que Torcy lui offrait en 1709, à l'abandon de ses prétentions ou de ses droits sur la Franche-Comté. En 1710, la chute du ministère whig en Angleterre et l'arrivée aux affaires du ministère Bolingbroke, que l'on savait décidé à traiter avec la France, n'avaient plus

---

Missives, t. XIV, p. 6 ; — Lettre de Neuchâtel à Metternich, 1er janvier 1712. A. Neuch., *Missives*, t XV, p. 5.

1. Noorden, *Preuss. Polit. im Spanisch. Erbfolgekrieg.* (Sybel, *H. Z.*, t. 18, p. 333.)

laissé à Frédéric Iᵉʳ le moindre espoir d'un partage général de la monarchie française. Au contraire, en se rapprochant de Louis XIV et des torys, résolus à sacrifier au besoin la Hollande, la Prusse pouvait encore obtenir des dédommagements sur les frontières des Provinces-Unies et faire valoir en partie ses droits à l'héritage de la maison d'Orange : le ministère anglais le lui offrait. La France ne demandait pas mieux, pourvu que Frédéric Iᵉʳ renonçât aux biens de la succession d'Orange situés en deçà de ses frontières. Avant sa mort, le premier roi de Prusse avait accepté en principe cet arrangement, qui consacrait la ruine de projets sans doute plus vastes : Frédéric-Guillaume Iᵉʳ, son successeur, le ratifia par le traité du 11 avril 1713¹. Il espérait, au nord de ses États, trouver dans les affaires de Suède des compensations plus sérieuses qu'un morceau de la Gueldre. Le partage des provinces baltiques de la Suède rapporterait au moins autant à la Prusse que le partage des provinces orientales de la France. La Poméranie valait bien la Franche-Comté.

Neuchâtel resta à la Prusse, aux conditions seulement que le traité d'Aarau avait fixées. Vainement, aux conférences d'Utrecht, les plénipotentiaires prussiens s'efforcèrent de faire inscrire dans les traités que Neuchâtel était un membre du Louable Corps Helvétique et, comme tel, neutre dans tous les cas². Louis XIV n'avait jamais admis cette neutralité sans réserve, qu'il avait toujours considérée comme trop favorable à l'ambition des Bernois et des Prussiens, comme trop dangereuse pour la Franche-Comté. Pendant tout le xviiiᵉ siècle, les Neuchâtelois réclamèrent inutilement ce qu'ils appelaient « l'indigénat helvétique », avec toutes ses conséquences³. La France

1. Dumont, *Corps diplomatique*, t. VIII, p. 357.
2. Le roi de Prusse aux Neuchâtelois, 15 mars 1710. A. Neuch., *Missives*, t. XIV, p. 66-67 ; — Le Conseil d'État au roi de Prusse, 1ᵉʳ avril 1710. A. Neuch., *Missives*, t. XIV, p. 71 ; — *Mémoire servant à prouver que la souveraineté de Neuchâtel fait partie de la Suisse*, présenté au Conseil d'État, le 14 décembre 1711, et au Congrès d'Utrecht (inédit). A. Neuch., carton II, nᵒ 314.
3. Il y eut de nombreuses négociations sur ce sujet, au lendemain des traités d'Utrecht et de Bade, à Paris, entre la France et la Prusse, 18 déc. 1714;

répondit toujours que sa conduite à l'égard de Neuchâtel dépendrait des rapports politiques qu'elle aurait d'ailleurs avec ses souverains.

La Prusse, malgré le suprême effort tenté par ses diplomates à la Haye, n'avait fait qu'une conquête : Neuchâtel. Elle n'avait trouvé ni la France assez faible, ni ses alliés assez complaisants ou assez heureux : elle n'avait pu réaliser l'œuvre, dont la possession de Neuchâtel était seulement la préface, la conquête intégrale ou partielle de la Franche-Comté. Pendant les négociations d'Utrecht, et bien des fois ensuite, au xviii° siècle, le bruit se répandit que les rois de Prusse étaient disposés à se défaire de leurs domaines en Suisse [1]. Et ce bruit n'était pas sans fondement [2]. Les rois de Prusse avaient raison : l'affaire était manquée. Ils devaient abandonner Neuchâtel, puisqu'ils n'avaient pas réussi à s'établir en Bourgogne.

Lettre de Neuchâtel au roi de Prusse, A. Neuch., Missives, p. 412-414 ; — Lettre du roi de Prusse au gouverneur de l'État de Neuchâtel, 14 janv. 1715. A. Neuch., carton II, n° 222 ; — Projet de déclaration qui pourra être demandée au roi T. C. pour suppléer à l'omission de l'État de Neuchâtel dans le traité de Bade, 16 décembre 1713. A. Neuch., carton II, n° 303. — Voir le livre de Boyve sur l'*Indigénat helvétique de Neuchâtel*, Neuchâtel, 1778.

1. *En 1711 notamment*, lettre des Neuchâtelois au roi de Prusse, 30 novembre 1711 : « Le bruit que l'on fait courir, comme si Sa Majesté était dans l'intention de vendre ou de céder la principauté à d'autres puissances voisines. » A. Neuch., Missives, t. XIV, p. 695 ; — En 1723, négociation entre ligen et le duc de Bourbon en vue d'un échange, *Mémoires de S. Pury*, cités par Tribolet, *Hist. de Neuch.*, p. 66. — M. Bonhôte, bibliothécaire de Neuchâtel, nous a déclaré avoir trouvé dans les archives de Neuchâtel un projet d'échange ultérieur en faveur de Maurice de Saxe. Je n'ai pu moi-même voir ce document.

2. Il y a un texte capital sur la conclusion de toute cette affaire : c'est un mémoire qui se trouve dans les papiers des Conti et que nous citons *in-extenso* à l'Appendice VI.

CONCLUSION

L'histoire de Neuchâtel tient peu de place dans l'histoire générale, et particulièrement l'affaire de la succession de 1707 que nous venons d'étudier. On comprend qu'à côté de la succession d'Espagne, la succession de Neuchâtel ait paru de peu d'importance et que la postérité, gardant le souvenir des guerres et des maux sans nombre qu'avait provoqués l'une, ait oublié l'autre, qui se régla pacifiquement. Seuls, quelques Neuchâtelois ont jusqu'ici pieusement recueilli ce qu'ils trouvaient dans les archives du Comté ou dans des papiers de famille sur ces événements décisifs, et honorables pour l'histoire de leur patrie. Mais leurs travaux, inspirés par un patriotisme qu'il faut louer, ne devaient pas être connus hors de Suisse et ne pouvaient éveiller l'attention des historiens sur des faits qui semblaient appartenir exclusivement aux annales helvétiques et à celles de Neuchâtel en particulier.

Les événements, dont Neuchâtel fut le théâtre en 1707, sont cependant d'une véritable importance pour l'histoire des idées et du droit public de l'Europe, au début du xviiie siècle. Il suffit, pour déterminer ce qu'ils ont eu de général, d'éliminer les conditions particulières dans lesquelles ils se sont produits : c'est l'œuvre même et le devoir de la science. Dans ce petit État, où vivait un peuple libre, dirigé par des patriotes clairvoyants, un droit nouveau a triomphé en 1707, qui a sauvé Neuchâtel de l'avidité jalouse d'États vingt fois plus grands. Le chancelier Montmollin, dont le nom devrait être plus connu, appela, en 1697, Guillaume d'Orange, comme les Anglais l'avaient appelé en Angleterre, et pour les mêmes raisons : il était protestant et disposé à recevoir des Neuchâtelois, ainsi que des Anglais, le pouvoir comme une délégation de la souveraineté populaire. Il s'engageait à en user, suivant un coutrat de garanties mutuelles proposé par le peuple et accepté par lui. C'étaient là des idées et des habitudes nouvelles, contraires à l'ancien droit public de l'Europe, au droit monarchique, à la confusion, jusque-là acceptée par tous, de la propriété et de la souveraineté. Les compatriotes de Montmollin, en 1707, firent une seconde application de ces idées à leur État, en appelant eux-mêmes, par un jugement qui n'avait de juridique que la forme, le roi de Prusse, Frédéric Ier, aux dépens des prétendants français. Ils disposèrent librement de leur pays en faveur de la Prusse, parce que celle-ci leur garantissait pour l'avenir l'usage de leurs libertés politiques et religieuses. Ainsi fut réglée, au début du xviiie siècle, deux fois par le même procédé, et le procédé était nouveau, la succession de Neuchâtel.

Ce n'est point un hasard pur si l'Europe, entre 1688 et 1740, ne fut occupée pendant cinquante ans que par des affaires de succession : succession protestante en Angleterre, succession d'Espagne, succession de France, succession de Pologne, succession d'Autriche, succession de Neuchâtel enfin. En histoire, comme dans toutes les sciences, ces sortes de coïncidences tiennent à des analogies qui permettent de retrouver, à travers la multiplicité des phénomènes, les idées essentielles qui dirigent les sociétés humaines. Si l'on discutait tant, au xviiie siècle, sur les moindres successions politiques comme sur les plus grandes, c'est que la manière dont on les avait jusque-là réglées parut alors discutable, c'est que des événements considérables, comme la Révolution de 1688, avaient ébranlé le vieux droit public, c'est que des idées nouvelles tendaient à modifier les procédés de transmission du pouvoir politique dans les États modernes. La transition entre l'ancien droit et le droit qui semblait devoir s'établir se marquait alors partout en Europe par des événements plus ou moins frappants, des guerres en Espagne, des négociations à Vienne, des intrigues à Neuchâtel. On conserva souvent les formes anciennes : l'autorité royale demeura à peu près intacte en Angleterre; en Espagne, la transmission du pouvoir se fit par testament. A

Neuchâtel, on eut recours à la procédure; en Autriche, aux décrets impériaux. Mais, dans tous les cas, et c'est là ce qui fut nouveau, le peuple fut consulté, et les questions de succession se réglèrent moins sur les droits des princes que sur les intérêts des sujets. Nous reviendrons, sans doute, un jour sur cette révolution générale du droit public, pendant la première moitié du xviii° siècle ; mais nous pouvons affirmer que nulle part cette évolution ne s'opéra plus complètement qu'à Neuchâtel et d'une manière en apparence plus légale : c'est à Neuchâtel qu'on prononça, en 1707, cette phrase qui pourrait être la formule même du droit nouveau : « L'État d'un peuple n'est pas aliénable, qui est sujet à la reconnaissance et à la décision de ce même peuple. » On ne disposerait plus des nations qui sauraient décider elles-mêmes de leurs propres destinées.

L'histoire peut donc enregistrer avec profit les résultats du procès de 1707 à Neuchâtel; ils ont une grande portée, une valeur générale. C'est ainsi, dans l'étude des sociétés humaines, comme dans celle des espèces animales, que les observations sur les infiniment petits sont parfois les plus fructueuses.

Neuchâtel, d'ailleurs, qui est un petit pays, très limité en apparence, en réalité est une position géographique et stratégique qui commande toute une grande région naturelle. Aux frontières de la France et de la Suisse, à égale distance du Rhin et du Rhône, au centre du Jura qui n'a guère de portes largement ouvertes qu'en cet endroit, Neuchâtel est à la fois la clef de la Franche-Comté et de la plaine helvétique. En 1700, ce comté pouvait paraître aux Français une sorte d'extension de la Bourgogne; aux Allemands, le meilleur passage pour pénétrer de la vallée du Rhin dans celles de la Saône et du Rhône qu'ils ne se consolaient pas d'avoir perdues. La lutte du parti français et du parti allemand à Neuchâtel, en 1707, fut donc un épisode de la guerre séculaire que se faisaient les deux races latine et germanique pour la possession du Rhin et du Rhône.

Ce n'est pas une simple satisfaction de vanité que Frédéric Ier, roi de Prusse, a cherché dans le Jura, au début du XVIIIe siècle, ni un héritage dont la valeur n'aurait pas compensé les frais du procès. Pour lui, l'annexion de Neuchâtel était la condition et devait être la préface d'une entreprise autrement importante, la conquête de la Franche-Comté, le retour d'un territoire germanique à l'Empire.

Ce fut là la véritable raison des dépenses d'argent et d'intrigues que la cour de Berlin fit, cinq ans avant la mort de la duchesse de Nemours, pour recueillir sa succession. En même temps qu'elle enrôlait des agents et se faisait des amis en Suisse pour revendiquer à Neuchâtel une partie de l'héritage de Guillaume III, elle gardait un personnel spécial, chargé de la partie franc-comtoise de cet héritage, et songeait dès lors à réunir les biens de la maison d'Orange épars dans la vallée de la Saône en une grande souveraineté bourguignonne. Les deux projets ne se séparaient pas : la diplomatie prussienne les suivait à la fois, et préparait peu à peu les esprits en Suisse, à Berne et chez les puissances alliées à l'acquisition de Neuchâtel, à la conquête de la Franche-Comté par la Prusse.

La Prusse acquit Neufchâtel en 1707 ; elle se mit aussitôt en devoir de réaliser la seconde partie, la partie décisive de son plan. Louis XIV, dont la diplomatie active et vigilante connaissait les espérances secrètes de Frédéric Ier, prit immédiatement aussi ses mesures, garnit de troupes la frontière du Jura, et persuada aux Suisses, avec fermeté et modération, de séparer leurs intérêts de ceux de la Prusse. Et ainsi, grâce à l'énergie de Louis XIV et au bon sens des Suisses, Frédéric Ier se vit en définitive forcé de renoncer à un établissement en Bourgogne.

Il n'y renonça pas sans peine ; il crut encore pouvoir tenter, avec l'aide des Alliés et le concours des Bourguignons mécontents de la domination française, un coup de main sur la haute vallée de la Saône. Louis XIV veillait toujours : les troupes allemandes ne purent même pas passer le Rhin. Frédéric Ier fit alors un dernier appel désespéré à l'Europe, aux conférences de la Haye ; quoique roi à peine depuis huit ans, et à peine reconnu par les puissances, il se présenta comme le défenseur des libertés européennes et germaniques menacées par les entreprises de Louis XIV et proposa aux Alliés un démembrement général de la monarchie française qui eût garanti l'indépendance de l'Empire et de l'Europe, et permis surtout à la Prusse de réaliser ses desseins sur la Franche-Comté. C'était hardi et habile, à l'excès peut-être ; l'Autriche surveillait ses progrès et redoutait l'ambition de l'État prussien, son vassal la veille, et bientôt son rival. Elle s'arrangea pour que les propositions de Frédéric Ier ne fussent pas écoutées ; il ne resta plus à celui-ci qu'une consolation, la possession de Neuchâtel, à laquelle il eut désormais volontiers renoncé. Son successeur, Frédéric-Guillaume Ier chercha et trouva des compensations en Orient : la conquête de la Poméranie fut la revanche de l'échec qu'après dix ans d'efforts la politique prussienne avait subi en Franche-Comté. N'ayant pu démembrer la France, la Prusse démembrait la Suède.

Les projets du premier roi de Prusse sur la Bourgogne ont échappé à l'attention et au jugement de la postérité. Le secret dont sa diplomatie les avait entourés, pour les dérober aux contemporains et à la France, effaça leur trace, dès qu'ils eurent échoué ; on n'en connut que la partie secondaire, l'établissement de la Prusse à Neufchâtel, dont bientôt personne ne songea plus à s'occuper.

Et pourtant, cet établissement était comme la première pierre de l'édifice que la Prusse se proposait d'élever en Allemagne sur les ruines de la France. Elle pensait moins à l'Alsace qui, déjà trop française, eût été pour ses projets un fondement trop peu sûr. Elle préférait la Franche-Comté ; mais elle voulait surtout profiter des malheurs de Louis XIV, pour acquérir une position formidable entre le Rhône et le Rhin, en se donnant l'air de servir les intérêts de la patrie allemande. Plus tard, un siècle après, dans la crise analogue que traversa la France après les défaites de Napoléon, aux négociations de Paris, la Prusse, à l'aide des mêmes arguments, revendiqua la Franche-Comté pour l'Allemagne : nul ne sait si elle ne songerait pas encore à la revendiquer.

Peut-être les historiens prussiens auraient-ils été moins sévères pour leur premier roi, s'ils avaient eux-mêmes découvert le secret de sa politique à Neuchâtel, s'ils avaient pu reconnaître en lui le gardien fidèle, quoique malheureux, de la tradition prussienne. Il nous importait à nous de constater qu'à deux reprises différentes, et à un siècle d'intervalle, la politique prussienne, pour constituer ou pour reconstituer la monarchie des Hohenzollern, a procédé par les mêmes moyens : le démembrement de la France et, en particulier, la conquête de la Franche-Comté.

APPENDICE I

LA RÉGION DE NEUCHATEL

C'est vers le lac de Neuchâtel que s'ouvrent les portes les plus curieuses et les routes les plus importantes (du Jura). C'est une raison pour examiner le pays de plus près.

Le lac occupe à peu près le milieu de la longue ligne tracée par le Jura oriental.... La cuvette du lac de Neuchâtel se creuse jusqu'à cent vingt-neuf mètres de profondeur, formant une dépression curieuse vers le centre de la plaine suisse. Ce qu'il y a de remarquable dans ce fait, c'est que la dépression de Neuchâtel est sur la même latitude que l'embouchure du Doubs qui marque la dépression centrale du bassin de la Saône. En même temps, la ligne qui relie ces deux dépressions centrales passe par le centre du Jura.

En arrivant au lac de Neuchâtel par le nord, on ne tarde pas à rencontrer la ville du même nom, et un massif de roches isolées qui se montre sur ce point explique pourquoi un château féodal, le noyau de la ville, avait choisi cet emplacement. Au nord-ouest de Neuchâtel s'ouvre le val de Ruz qui conduit vers le Jura industriel et, au sud-ouest, le val de Travers se creuse profondément dans le centre du Jura. Mais pour comprendre la distribution des routes de cette région, il faut suivre la montagne jusqu'au midi du lac, jusqu'à Grandson et Yvordon.

Ici, on est en face du Chasseron, 1611 mètres, qui s'élève du côté de l'ouest. Ce qui donne une importance au Chasseron, ce n'est pas l'élévation, puisque ce sommet ne dépasse le Chasseral que de quelques mètres. Mais il devient tout de suite intéressant, dès qu'on en remarque la place au centre de la ligne décrite par le Jura entre le Rhin et le Rhône. Après cela, on voit que le massif au milieu duquel il se dresse est enveloppé par un cercle de chemins de fer. C'est donc à la fois le centre de la montagne et le centre des routes du Jura que l'on rencontre vers le Chasseron.

Ce grand massif, revêtu de bois et de pâturages, à travers lesquels surgissent des roches escarpées, s'étend entre le val de Travers au nord et le val d'Orbe au midi. Par le val de Travers, d'où la Reuse descend en écumant vers la plaine, s'élève le chemin de fer qui vient de Berne et de la Suisse centrale, pour gagner la France en traversant le centre du Jura, et courir sur Paris. Par le val d'Orbe monte la ligne de Genève et de la Suisse méridionale, qui rejoint la ligne précédente avant d'atteindre Pontarlier.

On est donc au centre de toutes les routes qui franchissent le Jura et qui mettent en communication la Suisse avec la France. Ces faits démontrent l'importance de la région de Neuchâtel.

(Berlioux, *Le Jura*, Paris, Dumaine, 1880, p. 37 et 38.)

LES VALLÉES DU DOUBS ET DE LA SAONE

(FRANCHE-COMTÉ)

Le rôle militaire de la vallée du Doubs sera mieux compris, si l'on jette un regard sur l'ensemble du bassin de la Saône. Ce bassin a un rôle capital dans la défense de notre pays. De là partent des routes naturelles qui communiquent directement avec la France entière. C'est une position militaire beaucoup plus centrale que celle de Paris, d'où l'on peut atteindre tout à la fois et rapidement les pays du nord, les régions du centre et les provinces du midi, pour paralyser la défense sur tous les points à la fois.

On va dans la France du midi en descendant la Saône; on pénètre dans la France centrale ou dans le bassin de la Loire par la dépression qui s'ouvre en face de Châlon et que suit le canal du Centre; pour la France du nord, il y a une série de routes : celle de Dijon qui conduit sur l'Yonne et sur Paris; celle de Langres, qui mène sur la Seine supérieure; enfin, les routes de la Meuse et de la Moselle, qui prennent à revers nos défenses des Vosges.

On peut donc dire que le bassin supérieur de la Saône est comme le nœud vital de notre pays et qu'il doit être entouré de la surveillance la plus attentive.

(Berlioux, *Le Jura*, p. 20.)

APPENDICE II

EXTRAITS
DES MÉMOIRES SUR LE COMTÉ DE NEUCHATEL
PAR LE CHANCELIER DE MONTMOLLIN (Neuchâtel, 1831).

Après avoir déduit de mon mieux tout ce qui est parvenu à ma connaissance sur l'enchaînure des causes et de leurs effets, au regard de la nature seigneuriale de ce pays et de ses principales formes constitutives, depuis la plus reculée origine jusqu'à maintenant ; après avoir suivi des yeux diverses révolutions et périlleuses occurrences qui semblent ne l'avoir menacé tant de fois d'une totale ruine que pour rendre sa destinée plus heureuse par une fortune non pareille, et certes, toute singulière, on ne peut s'empêcher de demander avec inquiétude ce que deviendra ce pauvre petit État à la prochaine extinction de la maison d'Orléans, qui ne peut être éloignée et qui nous annonce une orageuse vacance, soit que notre souverain survive à sa sœur régente, soit que celle-ci lui succède.

Quand je dis une orageuse vacance, certes, ce n'est pas sans raison : chacun sait que notre prince actuel, par son testament du 1er octobre 1668, institue son héritier universel le prince de Conti et que celui-ci ne doute pas d'être un jour souverain de Neuchâtel. On sait aussi que ce prince fort aimable a déjà plusieurs partisans et affidés en ce pays, ainsi qu'à Lucerne, à Fribourg et à Soleure. On assure même que le roi Louis XIV lui a promis de le favoriser en cette affaire ; voilà donc un redoutable champion qui s'avance.

D'autre part, je sais avec pleine certitude que Mme de Nemours appelle à la succession de ses biens le chevalier de Soissons, et que, si elle survit au prince son frère et lui succède à cette souveraineté (ce qui ne peut lui manquer), elle est résolue d'employer tous ses efforts à faire désigner de son vivant ledit chevalier de Soissons pour son successeur au comté : lequel dessein a été mis naguère par écrit en forme de promesse, de quoi j'ai bonne et assurée connaissance. Ce champion ne serait si nerveux que le prince de Conti et ne se présenterait que lorsque le nom d'Orléans serait éteint, au lieu que l'autre, dit-on, voudra mettre dehors la fille de la maison, ce qui serait une étrange entreprise.

Il n'est besoin de dire que l'un et l'autre de ces prétendants, n'ayant que des dispositions testamentaires pour titres, et qu'une aliénation pour fondement de leurs droits, sont totalement inhabiles à succéder à une souveraineté *inaliénable*, à un état *successif* et non *patrimonial*. Admettre l'un ou l'autre de ces prétendants, ce serait bouleverser la nature seigneuriale de cet État, saper jusqu'aux fondements les lois et formes constitutives imméinor:alement observées dans l'ordre de la succession, détruire le principe de l'*inaliénabilité*, si fermement établi de toute anciennuté, *à priori*, par la nature et l'essence de la chose et par les titres primitifs ; *à posteriori*, par une suite non interrompue de faits concordants, depuis les temps les plus reculés, et ci-devant déduits.

Quel sera donc, à la prochaine ouverture susdite, le légitime souverain appelé par la loi? Sans discuter ici en quels points et à quel degré le mode seigneurial de ce pays se rapporte, soit aux us de Bourgogne, soit au droit commun des fiefs, matière amplement traitée dans mes mémoires de 1664 et 1668, je dis que la nature de cette seigneurie, soutenue par une pratique constamment suivie sous les précédentes races de nos souverains, nous apprend avec évidence : 1° que dans l'ordre de la succession, les mâles sont préférés aux filles et les aînés aux cadets; 2° que les filles venant à succéder au défaut des mâles, elles observent le même ordre de primogéniture; 3° que de ces deux premières règles découle nécessairement celle de la succession *linéale*, selon laquelle, à l'extinction de la ligne directe, les *lignes collatérales* sont appelées dans le même ordre, assavoir, les *lignes masculines* préférées aux *féminines* et les *aînées* aux *cadettes*, sans nul égard au degré de parenté personnelle ; *non tanquam proximiores agnati, sed tanquam proximiores prognati.* Ce langage des docteurs vient de m'échapper, malgré ma résolution de ne pas fourrer du latin en cette notice, vu que j'ai suffisamment écrit ailleurs en doctoral publiciste.

Or, puisque la *ligne directe* va s'éteindre, il faudra recourir aux collatérales, en suivant les règles ci-dessus : pour cet effet, je remonte à la souche commune et je vois Léonor d'Orléans, qui eut de son mariage avec Marie de Bourbon : 1° Henri Ier, auteur de la ligne directe prête à s'éteindre ; 2° François, comte de Saint-Pol, sans lignée ; 3° Catherine, sans lignée ; 4° Marguerite, sans lignée ; 5° Antoinette, mariée à Charles de Gondy, sa lignée subsiste ; 6° Eléonore, mariée à Charles de Matignon, sa lignée subsiste.

Par ainsi, Henri Ier n'ayant eu qu'un frère, qui n'a pas laissé de postérité, il ne se trouve point de *ligne collatérale masculine* ; donc, il faut recourir aux *lignes collatérales féminines*, et, comme Catherine et Marguerite n'ont pas eu lignée, Antoinette a formé la *ligne aînée collatérale féminine*, et Eléonore a formé la ligne cadette.

Ce serait donc dans la descendance d'Antoinette d'Orléans que se trouverait le légitime successeur à la souveraineté, et, comme Antoinette d'Orléans ne laissa qu'un fils, Henri de Gondy, duc de Retz, lequel n'eut que deux filles, Catherine et Marguerite, il s'ensuit, par les règles ci-lessus, que l'aînée Catherine (si la *ligne directe* s'éteignait maintenant) aurait le plus légitime droit à cette souveraineté, conformément à l'*ordre linéal* inséparable d'un état successif tel que le nôtre et qui a été, en effet, incontestablement et immémorialement suivi dans ce pays jusqu'à ce jour.

Mais, comme il est souvent nécessaire en politique ainsi qu'en chirurgie, de faire un mal pour en éviter un plus grand, ou en vue d'opérer un bien considérable, l'état des choses demandera peut-être qu'à la susdite prochaine vacance on fasse violence à la loi en faveur du salut public. Or, quels souverains nous présentent les lignes collatérales féminines, soit de Gondy, soit de Matignon ? Des gentilshommes ou, si l'on veut, des seigneurs français qui, selon toute apparence, soutiendraient faiblement nos efforts en faveur de la loi, quand ils auraient à lutter contre François-Louis de Bourbon-Conti, prince du sang, étayé par Louis XIV et par les cantons catholiques. A quoi j'ajoute que des gentilshommes ou seigneurs français, asservis comme ils le sont à cette heure, seraient des princes dangereux pour ce pays, moins par les choses qu'ils pourraient faire au dedans, que par celles qu'ils ne pourraient empêcher au dehors.

D'autre part, je suis informé, et cela de bon et haut lieu, qu'à l'ouverture susdite, plus d'un soi-disant ayant droit, comme issus du sang de Châlons, se présenteront pour faire revivre l'antique et caduque souveraineté de cette maison éteinte.

Au milieu de tout cet appareil qui menace rudement ce pauvre pays par tant de conflits dont on ne peut rien prévoir de bon, il est, certes, bien raisonnable de s'occuper l'esprit d'une nécessaire et périlleuse occurrence toute prochaine, et de ruminer un peu d'avance sur le parti le plus opportun à prendre.

Entre les diverses pensées qui m'ont été manifestées par des personnes dont j'estime grandement la droiture et les lumières et qui s'inquiètent avec moi desdits futurs contingents, j'ai remarqué un parfait accord :

1° Sur le danger qu'il y aurait, après l'extinction de la maison d'Orléans, de retourner sous la domination d'un souverain, Français de nation et partant sujet du roi, maintenant que l'autorité royale n'a plus de bornes et que la Franche-Comté est annexée à la couronne ; 2°, sur la nécessité qu'il y aurait pour le salut de l'État de prévenir à l'avance les maux qui devront résulter du choc de tant d'intérêts différents, intérêts auxquels diverses puissances de l'Europe ne manqueront pas de prendre part, au grand danger et peut-être pour le malheur de ce petit État : qu'à cet effet, rien ne pourrait être plus salutaire qu'une association secrète de personnes sages et intelligentes qui conféreraient et correspondraient sur cet important sujet avec certains principaux de Berne, bien connus pour citoyens vertueux et fort éclairés, amis et conservateurs du repos et du bonheur public, par tout quoi telle ou telle négociation sur tel ou tel plan pourrait être préparée de loin, communiquée insensiblement à un plus grand nombre de bien intentionnés et enfin amenée heureusement à bien en son temps.

Pareilles idées générales conduisent aux spéciales, assavoir, à méditer avec recueillement et sans autre motif que le bien de l'État sur le meilleur choix à faire et sur le parti le plus utile à prendre; en telle sorte que si la rigueur des occurrences oblige à mettre de côté à cette fois l'ordre constitutif de succession, il apparaisse du moins que le bonheur public a été le seul objet qu'on s'est proposé.

Divers sentiments particuliers m'ont été communiqués par de braves gens à bonne tête, entre lesquels sentimens il y a un qui me charmerait de tous points, si je n'y voyais des difficultés qui me semblent presque insurmontables, du moins jusqu'à présent. Il s'agirait de profiter de la prochaine extinction de la présente race de nos souverains pour convertir ce pays en république suisse aristo-démocratique, avec l'approbation et concours et sous la protection et tuition du corps helvétique, dont nous deviendrons par ce moyen une partie encore plus intégrante.

Cette grande, belle et bonne idée ne me serait jamais venue dans l'esprit et me captive d'autant plus que par là notre sûreté politique serait à tout jamais assise sur celle du corps helvétique et que, par là aussi, seraient mis d'accord tous ces messieurs et dames, princes et princesses qui viendront par douzaines tirailler et déchirer finalement, peut-être, ce pauvre petit État qu'on a eu tant de peine, pendant plusieurs siècles, à former et conserver comme par miracle. Le déduit spécifique du plan est habilement fait et, certes, il faut être véritablement homme d'État pour l'avoir conçu et si bien arrangé. Il est trop long pour être transcrit ici, on en trouvera une copie dans mes papiers. Si j'ai dit plus haut que son exécution me semblait bien difficile et presque impossible ; c'est par les raisons suivantes : les obstacles que j'aperçois sont de deux sortes, *internes* et *externes*. Au regard des premiers, il faut convenir qu'une semblable révolution demanderait que les principaux corps du pays et la majeure partie des habitants fussent du même avis et sentiment, persuadé que je suis que le corps helvétique ne prendrait cœur à l'affaire qu'autant qu'il verrait un parfait accord, du moins en la majeure partie du pays. Or, je ne puis l'espérer cet accord : 1° parce qu'à parler généralement, c'est chose qui semble peu faite pour nos têtes pleines de feu et de montant, soit par influence du Jura, soit par l'effet des droits et libertés de la multitude ; 2° parce qu'à cette disposition de nos têtes se joint aujourd'hui un empêchement de plus au bon accord, par les haines, divisions et partis qui sont les fruits tant des brouilleries de 1673, que de la régence actuelle; 3° parce que l'intérêt particulier de certaines familles et personnes assez connues, qui espèrent avancer leur fortune et crédit en la clientelle de tel ou tel futur prince et qui ne trouveraient grand profit en la forme républicaine, la contrecarreront de tout leur pouvoir ; 4° parce que les gens de Valangin, tant gâtés depuis longtemps et tant mignonnés maintenant par Mme de Nemours, ne se contenteront de la place qui leur est assignée dans le plan, quand bien l'auteur, qui les connaît, la leur a faite toute belle ; car, comme ils ne se souviennent plus que leur pays n'a jamais été autre chose qu'un fief servant du comté de Neuchâtel, et qu'ils disent aujourd'hui que c'est aussi un comté souverain, ils ne manqueront de vouloir régenter en cette affaire, si même ils ne prétendaient faire une république à eux seuls.

Les obstacles externes me semblent plus grands encore. Le roi Louis XIV, heureux et redouté, fort accoutumé à faire toutes ses volontés chez lui et souvent chez les autres, voudra-t-il, pour nous faire plaisir, abandonner un prince de son sang, ou tels seigneurs français qui diront avoir droit à cette souveraineté? Cela ne me semble nullement probable ; d'autant que les Suisses ne se mêleront pas de cette affaire, s'il en devait provenir la moindre brouillerie avec la couronne de France, quand bien le véritable intérêt de la Suisse demanderait que ce pays fût plus pleinement dans l'incorporation helvétique par son convertissement en république. Si l'état des choses était encore aujourd'hui comme du temps de Louis XII ou de François I*er*, il nous suffirait d'avoir les cantons pour nous ; mais la chance n'est plus la même et Louis XIV est, certes, un tout autre roi que ceux-là. De plus, on sait assez que le prince de Conti a déjà de puissants amis en Suisse, singulièrement à Fribourg et à Soleure, qui ne favoriseraient pas notre plan. Enfin, ne serait-il pas à craindre, s'il y avait jour à ce changement, que les cantons, au lieu de s'occuper de notre république, ne songeassent à rentrer eux-mêmes en possession d'un pays autrefois entre leurs mains?

Une personne de grand sens et jugement me disait naguères que ce pays serait perdu s'il passait à un collatéral Gondy ou Matignon, et que mieux vaudrait pour nous de retourner ès mains des cantons, mais qu'il préférerait de n'appartenir qu'aux cantons de Berne et Fribourg, comme Morat et Grandson, prétendant que le sort de ces bailliages est fort heureux. Je conviens que ce serait procurer à ce pays une parfaite santé politique à l'égard du reste de la Suisse, mais que nous achèterons cette sûreté par la perte immanquable de nos franchises, pièce après pièce : *franchement*, ajoutai-je, *il m'en coûterait beaucoup de me faire d'évêque meunier*. Toutefois, comme c'est mon orgueil qui parlait de la sorte, possible que cette domination serait préférable à celle qui pourrait nous venir du côté de la France.

Entre ceux-là qui n'imaginent pas une autre domination à attendre que celle d'un prince français, et qui, toutefois, ne dissimulent pas les grands inconvénients à craindre de ce côté-là, j'en connais plusieurs qui tiennent pour le prince de Conti, persuadés que lesdits inconvénients disparaîtront avec un prince du sang et fort chéri du roi. Oui, sous le présent règne, tout ira bien, peut-être, mais les justes sujets d'appréhension sus-indiqués ne subsisteront pas moins; et puisque chacun use ainsi de la liberté de disposer de la souveraineté, sans consulter d'autre règle que l'utilité publique qu'il croit apercevoir, il me semble que s'il y avait quelque part un prince en état de nous protéger et de nous faire du bien, et assez éloigné pour ne pouvoir aisément nous nuire, un prince en grande considération par toute l'Europe, défenseur déclaré des libertés spirituelles et temporelles des peuples, à l'exemple de tous ceux de sa race, et en faveur duquel on pourrait établir d'une manière assez éblouissante le droit de succéder à la maison d'Orléans une fois éteinte, il me semble, dis-je, que puisqu'il est question de chercher, non le vrai et légitime successeur que la loi appelle, mais celui qui, politiquement, nous conviendrait le mieux, un souverain tel que je viens de le décrire, serait bien notre fait. Or, je crois l'apercevoir en la personne du prince d'Orange, Guillaume-Henri de Nassau, possesseurs des droits et titres de l'ancienne maison de Châlons-Orange. Par ce mot, on comprend facilement ce que je veux dire et comme cette pensée me roule dans la tête depuis quelque temps déjà et qu'elle mérite un sérieux examen, vu le pour et le contre qu'elle présente, j'ai dessein d'en faire le sujet d'un travail particulier.

(P. 196-200.)

ADJONCTION

Je disais, il y a dix-sept ans (comme on peut le voir quelques pages plus haut) qu'entre tant de compétiteurs à cette pauvre petite souveraineté, qui ne manqueront de venir la tirailler et disloquer à la prochaine extinction de la quatrième race de nos princes, celui que j'appellerais, si j'avais pouvoir et qualité de le faire, serait Guillaume-Henri, prince d'Orange; j'ajoutais que je voulais m'occuper de cette idée, ce que je n'ai manqué de faire avec soin et recueillement, ayant travaillé un mémoire avec déduction de droits et fondements de prétentions à cette souveraineté en faveur dudit prince d'Orange, parvenu depuis lors au trône de la Grande-Bretagne, sous le nom de Guillaume III, lequel plan et mémoire (sinon inexpugnable, du moins assez spécieux) je l'ai fait présenter par mes fils qui servent les États Généraux. Après le plus gracieux accueil fait au dit mémoire et certains éclaircissements demandés, auxquels je n'ai manqué de répondre, le roi Guillaume s'est déterminé à faire usage de cette idée au traité conclu naguère à Ryswick, dans un appendice du 8 novembre 1697, par lequel ce monarque déclare à toute l'Europe ses droits sur la souveraineté de Neuchâtel en Suisse, lesquels droits il renvoie à faire valoir après le décès de Mme de Nemours, afin de ne pas retarder la paix et le bonheur de l'Europe.

Certes, il me semble encore que cette affaire est un pur songe; toutefois plus je rumine à cette tournure non attendue, plus je me persuade avec joie et satisfaction que tous les vrais et sages enfants de la patrie ne me blâmeront, ains me sauront gré d'avoir amené sur les rangs un tel prétendant, quand bien on aura quelques raisons de croire que j'ai eu principalement en tête de faire pièce à la princesse de présent et à son cher et bien-aimé le chevalier de Soissons ; ce que je ne veux dénier ; car je sais mieux que personne que la vindication et autres passions, non des plus louables, dirigent souvent nos faits et dits à notre insçu. Toutefois en ce rencontre, je puis protester de la loyauté de mon motif, persuadé que le roi Guillaume ou l'un de ses héritiers Nassau ou Brandebourg nous conviennent mille fois mieux qu'un seigneur français par les raisons suffisamment débattues ci-devant. Et puisque la rigueur des circonstances annonce que ceux-là qui auraient seuls un légitime droit à la souveraineté ne manqueront d'être éclaboussés par des étrangers sans droits et n'ayant d'autres titres que des testaments-tels que : 1° le prince de Conti, par disposition de Jean-Louis-Charles d'Orléans, de l'an 1668, étayé, dit-on, par le roi Louis XIV ; 2° le chevalier de Soissons, par disposition de Marie d'Orléans, année 1694, sans étaie; il me semble que nous pouvons bien aussi en choisir un qui alléguera pareillement une disposition de René de Nassau, année 1544, qui, de plus, est en possession des titres de la maison de Châlons Orange et qui s'étayera lui-même.

Il est manifeste que l'un ou l'autre de ces concurrents ne pourra parvenir à la souveraineté, tant que l'ordre constitutif ne soit perverti, avec cette grande différence toutefois que les prétentions du prince Orange pourraient être si bien vêtues que la majeure partie des yeux n'apercevront les coutures, au lieu que je ne connais pas un seul mot raisonnable à dire en faveur du prince de Conti et bien moins pour le chevalier de Soissons.

Je l'ai déjà dit, les légitimes héritiers seraient les descendans d'Antoinette d'Orléans, et après ceux-là les descendans d'Eléonore d'Orléans : mais nous n'aurions toujours que des étourneaux ; encore les anciens étaient-ils en liberté, ceux-ci ne seraient qu'étourneaux en cage. C'est encore pis.

(Pages 209-211.)

GÉNÉALOGIE DES MAI[

D'après Boyve (*Annales*

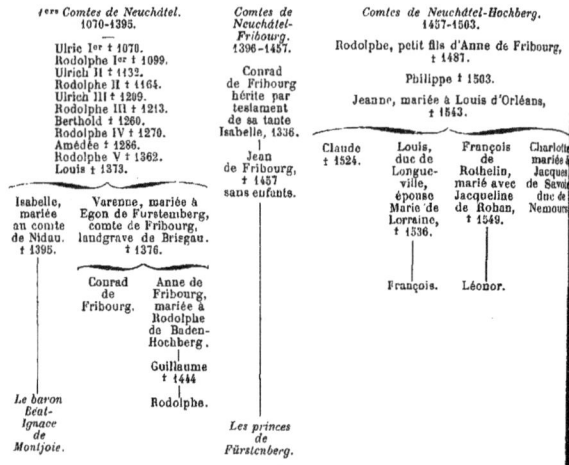

1ers Comtes de Neuchâtel.
1070-1395.

Ulric Ier † 1078.
Rodolphe Ier † 1099.
Ulrich II † 1132.
Rodolphe II † 1164.
Ulrich III † 1209.
Rodolphe III † 1213.
Berthold † 1260.
Rodolphe IV † 1270.
Amédée † 1286.
Rodolphe V † 1362.
Louis † 1373.

Isabelle, mariée au comte de Nidau. † 1395.

Varenne, mariée à Egon de Furstemberg, comte de Fribourg, landgrave de Brisgau. † 1376.

Le baron Béat-Ignace de Montjoie.

Conrad de Fribourg.

Anne de Fribourg, mariée à Rodolphe de Baden-Hochberg.

Guillaume † 1444

Rodolphe.

Comtes de Neuchâtel-Fribourg.
1396-1457.

Conrad de Fribourg hérite par testament de sa tante Isabelle, 1336.

Jean de Fribourg, † 1457 sans enfants.

Les princes de Fürstenberg.

Comtes de Neuchâtel-Hochberg.
1457-1503.

Rodolphe, petit fils d'Anne de Fribourg, † 1487.

Philippe † 1503.

Jeanne, mariée à Louis d'Orléans, † 1543.

Claude † 1524.

Louis, duc de Longueville, épouse Marie de Lorraine, † 1536.

François de Rothelin, marié avec Jacqueline de Rohan, † 1549.

Charlotte mariée à Jacques de Savoie, duc de Nemours

François.

Léonor.

N. B. — Les noms en italique sont ceux des prétendants à la souveraineté

APPENDICE II

SONS DE NEUCHATEL.

historiques, V, p. 134 et suiv.)

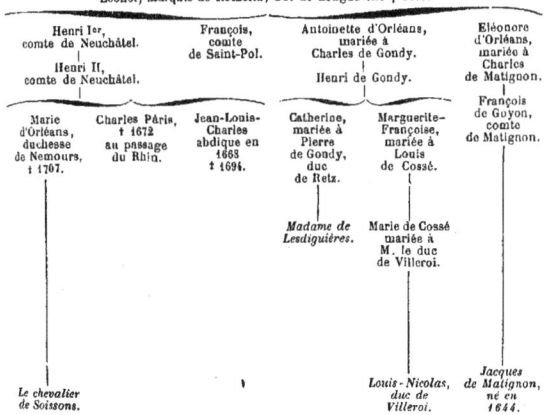

Comtes de Neuchâtel-Orléans-Longueville, 1503-1707.
François, duc de Longueville † 1551, sans enfants.
Léonor, marquis de Rothelin, duc de Longueville † 1601.

Henri Ier, comte de Neuchâtel.	François, comte de Saint-Pol.	Antoinette d'Orléans, mariée à Charles de Gondy.	Éléonore d'Orléans, mariée à Charles de Matignon.
Henri II, comte de Neuchâtel.		Henri de Gondy.	François de Guyon, comte de Matignon.

Marie d'Orléans, duchesse de Nemours, † 1707.	Charles Páris, † 1672 au passage du Rhin.	Jean-Louis-Charles abdique en 1668 † 1694.	Catherine, mariée à Pierre de Gondy, duc de Retz.	Marguerite-Françoise, mariée à Louis de Cossé.	

Madame de Lesdiguières.   Marie de Cossé mariée à M. le duc de Villeroi.

| Le chevalier de Soissons. | | | | Louis-Nicolas, duc de Villeroi. | Jacques de Matignon, né en 1644. |

de Neuchâtel à la fin du XVIIe siècle.

GÉNÉALOGIE DES MAISONS DE CHALONS-ORANGE
D'après Boyve (*Annales historiques*, V, p. 134 et suiv.)

Jean Ier, dit le Sage, † 1267.
Jean II.
Hugues.
Jean III d'Arlay.

Jean IV de Châlons épouse Marie de Baux, princesse d'Orange.

Marguerite de Châlons épouse Etienne de Montfaucon, comte de Montbéliard.

Louis le Bon † 1463, princesse de Châlons-Orange.
Guillaume, prince d'Orange, † 1475.
Jean V, † 1498.
Philibert † 1530.
Claudine, sa sœur, épouse Henri de Nassau † 1538.
René de Nassau Châlons † 1544.
Guillaume de Nassau, son neveu, le Taciturne.

Jean, seigneur de Cuisel et Vitaux.
Charles, seigneur de Cuisel.
Charlotte dame de Cuisel, épouse

Henri de Montfaucon, comte de Montbéliard.
Henriette de Montfaucon, épouse Eberard V, comte de Montbéliard.

1° Adrien de Sainte-Maure.
Jean de Sainte-Maure.
Charles de Ste-Maure.
Jean de la Val, marquis de Néelle.
Guy de la Val, marquis de Néelle.
René de la Val, marquis de Néelle.
Madelaine de la Val, marquise de Néelle.

2° François d'Allègre.
Anne d'Allègre
Antoinette du Prat, épouse Christophe Ier, marquis d'Allègre.
Christophe II d'Allègre.
Emmanuel d'Allègre.

Guillaume-Henri d'Orange, roi d'Angleterre,
Frédéric III, électeur de Brandebourg, son neveu.

Jeanne de Mouchy, épouse Louis de Mailly.

Yves, marquis d'Allègre.

Léopold Eberard, duc de Wurtemberg-Montbéliard.

N. B. — Les noms en italique sont ceux des prétendants à la souveraineté de Neuchâtel à la fin du XVIIe siècle.

APPENDICE III

Pleins pouvoirs pour l'avocat général Du Puy.

A tous ceux qui ces présentes verront, salut. Le zèle et l'attachement à notre service que fait paraître noble Marc Du Puy, docteur ès droits *à l'occasion du changement qui vient d'arriver malheureusement par la mort du feu Roy de la Grande-Bretagne, et par laquelle nous et nos descendants sommes devenus seuls et uniques héritiers des principautés, comtés et autres terres appartenant à la maison d'Orange*, nous ont porté à lui faire ressentir les effets de notre bienveillance royale. A ces causes et pour autres bonnes considérations à ce nous mouvans, nous avons nommé, fait et institué, nommons, faisons et instituons par ces présentes ledit noble Marc Du Puy, *notre agent et advocat général tant pour ce qui regarde les affaires de notre principauté d'Orange et domaines en Bourgogne, France et Charolais, que pour tous autres lieux* où nous trouverons à propos de l'employer pour le bien de nostre service, à la *charge de bien et deuement maintenir, en tant qu'en luisera, nos hauteurs, droitures, prérogatives, interest et authorités*, et à cet effet de veiller et travailler avec nos autres officiers et ceux qui en seront chargés à la conservation de nos droits pour le maniement, d'rection, et deffense desquels nous lui donnons tout mandement et pouvoir requis... Il prêtera serment de fidélité entre les mains de notre conseiller d'ambassade de Bondely.

Donné à Wesel, ce 28 d'avril, l'an de grâce mil sept cent deux et de nostre règne le deuxième,

FRÉDÉRIC R.
Contresigné : Le comte de WARTEMBERG.

(Archives de Prusse, *Acta betr. die Neuch. succession*, t. IV.)

Décharge pour le sieur Du Puy.

Sa Majesté ordonne au sieur Du Puy, son agent et advocat général en Suisse de luy *faire savoir et à ses ministres à la cour, en Hollande, à Ratisbonne*, et où la nécessité le requerra, *tout ce qu'il croira leur devoir être communiqué pour ses hauts intérêts, même à l'insu de son plénipotentiaire* à Berne, s'il croit être du service de Sa Majesté qu'il n'en soit pas informé, le dégageant à cet égard du scrupule que lui donne le serment qu'il a prêté, par lequel il se croit engagé à ne pouvoir écrire sans la participation dudit plénipotentiaire.

Orangebourg, 17 avril 1703.

FRÉDÉRIC R.
Contresigné : Comte de WARTEMBERG.

(Archives de Prusse, *Acta betr. die Neuch. succession*, t. IV.)

Contraste insuffisant
NF Z 43-120-14

Illisibilité partielle

Valable pour tout ou partie
du document reproduit

Mémoire communiqué par l'ambassadeur de Prusse à Londres, Spanheim à la cour d'Angleterre.

« Le soussigné, ambassadeur extraordinaire de S. M. le roy de Prusse, se trouve obligé de représenter... que, parmi les biens de la maison de Châlons se trouve aussi le comté de Neuchâtel et Valengin, avec sa souveraineté, droits et revenus situés en Suisse, au *voisinage du canton de Berne et de la Franche-Comté...* L'interest de conserver la religion protestante..., comme aussi celui de s'opposer à l'extension des pouvoirs et des limites de la France au delà de ce qui lui appartient » doivent décider la reine à donner des ordres à son envoyé en Suisse en faveur du roi de Prusse.

(Archives de Prusse, *Acta betr. die Neuch. succession,* t. IV (minute).

Mémoire de Montmollin au roi de Prusse.

La France connaît trop ses intérêts pour ne pas traverser ceux de S. M. prussienne. Les Français ont une si grande soumission pour leur Roy, qu'il sera toujours le maître absolu de Neuchâtel, pendant qu'un de ses sujets en sera le souverain. Comme cet Etat peut beaucoup luy servir soit pour tenir les Suisses dans le respect et pénétrer même jusque dans le cœur de leur païs en cas de rupture, soit du moins pour en tirer de bons officiers et de bons soldats, et même pour s'y en attirer des cantons voisins, lorsqu'ils n'osent pas s'enrôller chez eux, il est aisé de voir que S. M. T. C. « tâchera de se conserver ces avantages... »

Personne n'a de droit bien établi ; « on voit que cette affaire se décidera plutôt par les intrigues et les négociations que par des raisons purement de droit. »

Par conséquent, il s'agit de gagner des partisans au roi de Prusse. Il indique les moyens de gagner Faverger, Pury, Sandoz, les Contistes enfin.

Il ajoute : « Par rapport aux puissances étrangères, il faut qu'elles stipulent que l'empereur et ses autres Hauts Alliés assisteront le roi de Prusse, soit dans la guerre, soit dans la paix pour reprendre la succession d'Orange, la Franche-Comté et Neuchâtel. » Ce qui vaudrait le mieux, ce serait de réserver l'affaire jusqu'à la paix « *au pis aller*, je prendrai la liberté de dire que S. M. ne devrait pas hésiter de sacrifier les biens de Franche-Comté et même Orange que la France, suivant qu'elle l'a fait déjà plusieurs fois, lui enlèvera toujours à la première rupture, pour acquérir la principauté de Neuchâtel qui lui serait d'une toute autre conséquence, par rapport à la relation qu'a cet État avec le corps helvétique, dont S. M. pourrait tirer dans la suite de grands avantages, et en avoir plus d'influence sur les affaires générales de l'Europe...

S. M. à la paix devrait faire entrer *Neuchâtel dans le corps helvétique*. Ce serait utile aux intérêts de S. M., et cela *procurerait une entière et perpétuelle sûreté à l'État de Neuchâtel*.

(Archives de Prusse, *Acta betr. die Neuch. succession*, t. IV, 1702.)

Meyercron au roi de Prusse.

13 février 1703. Versailles.

Tout ce qu'on peut prévoir qui pourrait apporter de la répugnance dans les esprits de ce pays-là (Neuchâtel et Suisse), c'est la crainte qu'ils pourraient avoir que, depuis que le roi très chrétien a la Franche-Comté, s'ils appartenaient à un prince sujet à être en guerre avec la France, ils seraient trop exposés ; comme à présent on se serait servi de leur pays, et on y détruirait la religion.

Si la Franche-Comté redevenait à l'Empire, cette crainte leur serait levée, et il paraît que c'est la chose sur laquelle il y a le plus à travailler pour guérir les esprits.

(Archives de Prusse, *Acta betr. die Neuch. succession*, t. V.)

Mémoire de Du Puy au chancelier Wartemberg.

6 avril 1703.

... Il faut écrire au plénipotentiaire Bondely, de manière à faire voir à ceux de Neuchâtel que S. M. rendrait la Régence plus considérable, en y annexant les biens de Bourgogne, et qu'elle augmenterait par là leurs bénéfices...

L'on est persuadé qu'à la paix, la principauté d'Orange et les terres de Bourgogne seront restituées à S. M., mais l'on croit aussi qu'elle n'en jouira que comme ses glorieux prédécesseurs, et que le roy de France s'en servira aussi souvent qu'il ne sera pas d'accord avec S. M.

Si cette réflexion pouvait disposer S. M. à consentir à un échange, en luy laissant la principauté de Neuchâtel, l'on prendrait la liberté de luy proposer de donner Orange et les terres éloignées en Bourgogne contre l'équivalent en d'autres terres de la Franche-Comté à la bienséance de Neuchâtel. Comme cet échange ne pourrait se faire sans donner une frontière assurée aux Suisses, nommément au canton de Berne, qu'ils ont perdue en laissant perdre la Franche-Comté à la maison d'Autriche, cet échange réparerait leur faute...

Sur ce pié là nul homme vivant n'oserait, dans Berne, prendre parti contre notre auguste monarque. Cette principauté serait des plus belles. Il est aisé à Votre Excellence d'y réfléchir sur les cartes que j'eus l'honneur de luy remettre hier. Elle suppléerait à la réputation de celle d'Orange, puisqu'elle serait composée de la meilleure partie des terres qui ont fait l'ancien royaume de la petite Bourgogne..... Elle donnerait à Votre Majesté un revenu très considérable, surtout si les saumureries de Salins y étaient comprises... Sa Majesté aurait plus de 20,000 hommes portant armes dans cette principauté, et tous fidèlement dévoués, même les Bourguignons qui nonobstant leur religion préféreront son règne à celuy du roy de France. »

Du Puy conclut en demandant au roi, s'il approuve ce projet, d'écrire au boursier Steiger de Berne qui lui en a parlé, et de faire faire des recherches sur les domaines de Bourgogne, pour en porter des mémoires circonstanciés aux plénipotentiaires à la paix.

(Archives de Prusse, *Acta betr. die Neuch. succession*, t. V, 1703.)

Wartemberg à Steiger, sénateur et ancien trésorier général du pays de Vaud.

14 avril 1703 (minute).

La cour est satisfaite de M. Du Puy et met sa confiance en luy. Comme vous l'aviez recommandé à Sa Majesté, il n'est pas nécessaire de vous le recommander.

M. Du Puy pourra vous dire les dispositions de Sa Majesté sur l'échange qu'il a proposé en cas d'investiture de la principauté de Neuchâtel. Sa Majesté en a goûté les raisons. Elles les a trouvées sensibles. Mais cette proposition n'étant qu'ébauchée, elle souhaite, monsieur, qu'il luy donne un mémoire bien circonstancié de l'équivalent de la principauté d'Orange, et de ses terres éloignées en Bourgogne contre d'autres en Franche-Comté à la bienséance de Neuchâtel et à celle de votre canton, dont les intérêts ne lui tiennent pas moins à cœur que les siens propres, ainsy qu'elle le fera connaître en toutes rencontres, et nommément en celle-cy, à un traité de paix, si *les choses sont heureusement et secrètement conduites.*

WARTEMBERG.

(Archives de Prusse, *Acta betr. die Neuch. succession*, t. V, 1703.)

Le roi à M. Steiger.
14 avril 1703.

... Au moyen de mes droits de succession,... je pourrai donner une frontière à votre république...

(Archives de Prusse, *Acta betr. die Neuch. succession*, t. V.)

Spanheim au roi.
24 septembre 1703.

L'envoyé de Hollande m'a donné à entendre confidentiellement sur ce qu'il avait ouï dire en France de quelque parti, que ceux de Neuchâtel pourraient prendre de se convertir en quatorzième canton, après la mort de la duchesse de Nemours... Cela ne roule encore que sur les conjectures ou les préjugés de quelques personnes de Neuchâtel et de Suisse, à quel avis la multitude des prétendans audit comté après le décès de cette duchesse pourrait donner lieu. L'envoyé de Hollande en ayant causé au commandant des troupes suisses au service des États généraux, celui-ci lui a répliqué qu'il voyait assez d'apparence que cela pouvait arriver.

(Archives de Prusse, *Acta betr. die Neuch. succession*, t. VI.)

Le roi de Prusse au sieur Du Puy.
28 septembre 1703 (minute).

Ayant receu le recueil des pièces imprimées touchant l'affaire de Neuchâtel que vous m'avez envoié, j'ay été surpris d'y trouver un mémoire qui porte pour titre : *Tombeau des prétendans*, etc... dans lequel l'auteur prétend que la dite succession sera dévolue aux peuples de ce païs après la mort de la duchesse de Nemours. Comme cela a quelque rapport aux avis qui m'ont été donnés de bonne part, comme si en cas de contestation de plusieurs intéressés au comté de Neuchâtel, après le décès de Mme de Nemours, les Etats de Neuchâtel pourraient très bien prendre le parti de se faire ériger en quatorzième canton de la Suisse, et de s'associer en forme de République libre au corps helvétique, j'ai cru que je vous en devais donner part et vous charger d'en conférer avec les sieurs Steiger, et me dire si vous voyez quelque apparence que cet avis soit fondé, et quelles précautions il y aurait à prendre contre cela.
FRÉDÉRIC R.

(Même lettre à Walkenier, 28 septembre 1703.)

(Archives de Prusse, *Acta betr. die Neuch. succession*, t. VI.)

Steiger au Roi.

13 octobre 1703.

« Les idées de l'auteur du *Tombeau des Prétendans* ne sont pas praticables. »

(Archives de Prusse, *Acta betr. die Neuch. succession*, t. VII.)

Du Puy au Roi.

20 octobre 1703.

... Une personne proposa les veues dudit *Tombeau* au conseiller Hory, le sieur Walkenier présent... Le docteur Pury, fameux contiste, fut soupçonné d'avoir composé cette pièce... D'ailleurs, elle a été interdite, ceux qui la vendaient mis en prison, et les exemplaires brûlés en place publique... Il est impossible de constituer une république à Neuchâtel : si les bourgeois de Neuchâtel voulaient être maîtres, ceux de Valangin et autres communautés n'y consentiraient point. Si on voulait, au contraire, faire une démocratie, les bourgeois de Neuchâtel ne voudraient pas y consentir.

(*Ibid., ibid.*)

Steiger à Du Puy.

14 octobre 1703.

Les cantons catholiques ne voudront pas renforcer les Réformés, et le canton de Berne n'y trouverait pas son compte.

(*Ibid., ibid.*)

Emer de Montmollin à Wartemberg.

15 décembre 1704 (en chiffres).

Il importe essentiellement au bien du commerce de Sa Majesté que la Suisse ne soit pas enfermée de ce côté-là par les armes de la France. Il serait même à souhaiter que les Alliés puissent trouver le moyen d'enlever la Franche-Comté à la France, tant pour faciliter un bon succès à Sa Majesté à Neuchâtel qu'afin que Sa Majesté pût un jour unir ses terres de Franche-Comté avec Neuchâtel.

(Archives de Prusse, *Acta betr. die Neuch. succession*, t. VIII.)

Entrevue de Guy le cadet, de Neuchâtel, avec Metternich.

11 octobre 1706.

1° Il est nécessaire que Sa Majesté concoure avec les hauts Alliés à faire restituer la Franche-Comté à son ancien maître.

2° Il faudrait que Sa Majesté voulût bien annexer toutes ses terres qui sont en Bourgogne au comté de Neuchâtel, afin d'en étendre de plus en plus les bornes;

3° Qu'il réservât aux gens de Neuchâtel l'administration de ces biens.

(Archives de Prusse, *Acta betr. die Neuch. succession*, t. XIII.)

Wartemberg à Montmollin.

23 février 1705.

Je me souviens bien que vous m'avez toujours dit que, pour bien faire valoir nos prétentions sur Neuchâtel, il fallait que les Alliés envoyassent un bon corps de troupes en Franche-Comté. Nous n'avons pas manqué de faire tout ce que nous pouvions pour disposer les choses à cela. Mais comme il faut absolument un corps de troupes allemandes pour sauver le duc de Savoie, et qu'il en faut un deuxième sur le Rhin, un troisième sur la Moselle, et un quatrième dans les Pays-Bas, sans compter le nouveau secours que l'on destine au roi de Portugal, il a été impossible de trouver les troupes qu'il aurait fallu pour former un corps d'armée en Franche-Comté, sans parler de plusieurs difficultés qui se sont opposées à ce projet.

Mais je suis toujours de l'opinion que, dans la grande distraction où les forces de la France sont présentement, les troupes que nous allons avoir dans peu au Piémont seront assez à portée pour soutenir les prétentions du roi sur Neuchâtel. Quels ordres et quelles instructions croyiez-vous que nous pouvons donner là-dessus au général commandant de nos troupes en Italie, qui sera le prince régent de la maison d'Anhalt.

(Archives de Prusse, *Acta betr. die Neuch. succession*, t. IX.)

Wartemberg à M. Steiger, bailli de Lenfburg à Berne.

Avril 1705.

La pensée de Manget touchant les droits que l'empereur et l'Empire peuvent avoir eu autrefois sur Neuchâtel est fort bonne, mais on y a pourvu il y a longtemps, et les traités que nous avons avec l'Empereur touchant Neuchâtel nous donnent effectivement tout ce qu'un Empereur peut jamais donner à cet égard.

Au reste, monsieur, comme vous sçavez, nous entretenons plusieurs avocats, en Suisse, à Genève et à Neuchâtel dont le soin doit être de se bien informer du droit de Sa Majesté pour en faire des déductions, et pour plaider l'affaire lorsqu'il en sera question.

A l'égard des puissances étrangères, nous avons engagé l'Empereur, l'Angleterre et la Hollande dans cette affaire aussi fortement qu'il se peut et, si la duchesse de Nemours meurt pendant la guerre, toutes ces puissances ne peuvent faire ny paix ny trève ny aucune autre convention avec la France, à moins que nous n'entrions dans la possession effective de Neuchâtel.

Nous envoyons aussi, comme vous savez, un corps de troupes de huit à dix mille hommes en Piémont, lequel y restera tant que la guerre dure, et si la mort de la duchesse de Nemours arrive pendant ce temps, il sera employé pour le maintien de nos droits sur Neuchâtel. Le Roi même est résolu d'y envoyer en cas de besoin encore plus de troupes, et nous en avons toujours quelques-unes en Bavière et en Franconie pour être à portée de servir au même but en cas de besoin.

Je vous dirai encore que l'argent ne nous manquera pas au jour de l'ouverture et que le roi en aura autant de prêt, qu'il en faut pour qu'aucun des autres prétendants puisse l'emporter par dessus nous par ce moyen... On donnera... des billets payables en cas de succès jusqu'à une somme fort considérable... Car je vous avoue que, si nous devons donner de l'argent, nous sommes gens à ne pas vouloir tirer la poudre aux moineaux.

Permettez-moi, monsieur, que je vous parle après cela d'une autre pensée qui m'est venue et qui pourrait bien être d'une grande utilité, tant pour le public, que pour nos intérêts à Neuchâtel, si elle pouvait être mise à effet.

C'est, monsieur, s'il ne se pourrait pas faire dans les conjonctures présentes quelque liaison entre le Roi, le duc de Savoie, le canton de Berne, et même tous les cantons protestants, tant pour pousser contre la France les avantages que Dieu a donnés jusqu'à présent aux Alliés contre cette couronne, que pour nous assurer par ce moyen d'un bon succès dans l'affaire de Neuchâtel. A l'égard du duc de Savoie, nous sommes en quelque façon assurés qu'il entrera très volontiers dans un engagement pareil. Le roi, de son côté, le fera aussi, et s'il était besoin que, pour bien soutenir ce parti, il envoyât encore un plus grand corps de troupes dans vos quartiers et que même on formât une bonne armée du côté de Genève ou du pays de Gex pour attaquer la France de ce côté-là, le roi y contribuerait de son côté de tout ce qu'il pourrait.

Il ne tiendrait donc, monsieur, pour former cette ligue, que d'y faire entrer le louable canton de Berne... Je vous prie de bien réfléchir là-dessus, et de m'en dire votre sentiment et même d'y travailler selon votre crédit.

Il serait superflu de vous étaler le mérite que l'on y gagnerait envers la cause commune, si vous vouliez bien travailler à ce but. Vous comprenez bien aussi que le projet que je vous propose serait le vrai et le plus sûr moyen pour établir une bonne barrière entre le canton de Berne et la France. C'est de cette bonne barrière que la sécurité du canton de Berne dépend uniquement, et, pourvu que vous le trouviez praticable, je pourrai vous donner là-dessus des éclaircissements ultérieurs. On entrerait même d'abord en négociation pour cela, et on en chargerait de la part du Roi telle personne que vous jugerez la plus propre pour cet effet.

(Archives de Prusse, *Acta betr. die Neuch. succession*, t. X, minute.)

Steiger à Wartemberg.

30 mai 1705.

Il est bon que les troupes du roi de Prusse soient dans le voisinage, mais, comme les Suisses craignent extrêmement la guerre et d'en rendre leur pays le théâtre, on aura mille peines d'en obtenir le passage à moins que l'on ne voie la France hors d'état de nous insulter, ce qui arriverait en la délogeant de Bourgogne.

Votre Excellence désire savoir si le roi de Prusse pourrait entrer en liaison avec le duc de Savoie et Berne pour pousser les avantages contre la France du côté de Genève. Votre Excellence n'ignore pas peut-être que Berne a fait il y a un an toutes les instances possibles auprès des deux cantons pour prendre la Savoie sous sa protection et s'opposer aux troupes qui voudraient s'en rendre maîtres, afin que la Suisse ne fût pas fermée de ce côté. Cependant, quand on vint au fait, on n'a pas pu mettre en mouvement les autres cantons, et Berne ne se vit pas assez en état de faire seule quelque chose de considérable... joint que quant à Sa Majesté prussienne, comme Votre Excellence propose un traité offensif contre la France, Berne ne serait pas en liberté d'y entrer, puisque la paix perpétuelle de l'an 1516, article 8, dit : « etc... et l'alliance de l'an 1663 défend expressément les alliances offensives.

Ainsi, je vois des obstacles invincibles pour parvenir à la pensée proposée. Votre Excellence pourra faire proposer la même chose à d'autres pour en mieux juger. Je suis avec tout e respect que je dois, monseigneur, de Votre Excellence, le très humble et très obéissant serviteur.

(Archives de Prusse, *Acta betr. die Neuch. succession*, t. X.)

Montmollin à Wartemberg.

1ᵉʳ juin 1705 (en chiffres).

Le projet d'une alliance entre le roi de Prusse, le duc de Savoie et Berne paraît être très bon. Mais il ne faut pas faire semblant que cela regarde Neuchâtel. On pourra prendre quelque autre prétexte comme la neutralité de la Savoie... Car si le roi de France découvrait qu'il s'agit en cela de Neuchâtel, il ne manquerait pas de faire tous ses efforts pour prévenir l'effet de cette alliance.

(Archives de Prusse, *Acta betr. die Neuch. succession*, t. X.)

Le roi à Bondely.

3 août 1705 (minute).

Il serait à voir s'il ne serait pas bon de proposer que le canton de Berne voulût bien prendre des mesures touchant l'affaire de Neuchâtel, ne fût-ce que pour maintenir les voies justes et désintéressées. Que le canton de Berne voie quels effets ils se pourront promettre, si le canton de Neuchâtel tombe entre les mains du prince de Conti ou d'un autre prétendant français, lequel sera assurément obligé de céder tous ses droits à la couronne de France, laquelle, étant en possession de cette Comté, fera bien sentir au canton de Berne ce que c'est d'avoir les Français pour voisins. Si le canton de Berne pouvait être disposé d'entrer dans un pareil engagement avec moi, je suis persuadé que l'Empereur, l'Angleterre, la Hollande et le duc de Savoie s'y joindraient très volontiers, et que cela formerait une ligue qui rendrait le canton de Berne fort considérable et le mettrait à l'abri de tout ce que ses ennemis et ses envieux pourraient tramer de préjudiciable à ses intérêts.

(Archives de Prusse, *Acta betr. die Neuch. succession*, t. XI.)

Steiger à Wartemberg.

29 juillet 1705 (en chiffres).

Si la cour le juge à propos, une alliance défensive avec le roi de Prusse nous serait utile et glorieuse ; mais je ne vois pas que le roi de Prusse y ait de l'avantage, car, avant et après la succession, Berne est dans le devoir, en vertu de la combourgeoisie avec le comté de Neuchâtel et la ville, de les maintenir en possession de leurs privilèges à ses propres frais et de toutes ses forces.

(Archives de Prusse, *Acta betr. die Neuch. succession*, t. XI.)

APPENDICE IV

De Bernage à M. de Puyzieulx.

Besançon, 25 juillet 1706.

J'ai bien de la joye, monsieur, de ce que mon retour en ce país va me rendre l'honneur et le plaisir de rester en relations avec vous. On a fait courir ici bien des bruits dont le fond est toujours qu'il y a nombre de réfugiés et de fanatiques en Suisse qui complotent avec les mal intentionnés du comté. On ajoutait même que les Suisses armaient, chose qui ne me paraît ni vraisemblable, ni croyable. Je vous supplie cependant de continuer votre attention à découvrir ce qui pourrait se passer dans vos cantons, et de me faire l'honneur de m'en donner avis. J'aurais bien souhaité que vous m'eussiez jugé propre à Paris pour l'exécution de quelques-unes de vos commissions. Vous n'aurez pu en charger personne qui soit avec plus de dévouement et de zèle, monsieur, votre très humble et très obéissant serviteur,

De Bernage.

(France, *Affaires étrangères*, Franche-Comté, f° 46.)

Le même au même.

Besançon, le 8 août 1706.

Je ne puis trop vous remercier très humblement de la bonté que vous avez de vouloir bien renouveler la relation que j'ai toujours eu l'honneur d'avoir avec vous. J'aurais été bien malheureux si j'avais perdu ce droit par mon absence. J'espère que ce que vous avez mandé à MM. de Berne, joint à nostre attention en ce pays, préviendra toute entreprise de la part des réfugiés et bandis qui sont dans le pays de Vaud. Permettez-moi de vous demander de continuer à me faire envoyer vos gazettes et vos nouvelles.

De Bernage.

(France, *Affaires étrangères*, Franche-Comté, f° 46.)

Conférence du 28 août 1706 entre Metternich et les Bernois.

(Analyse.)

Metternich a posé la question suivante : quelle serait l'attitude de Berne, si la France employait la voie des armes à Neuchâtel? Les Bernois ont refusé de s'engager tant que la duchesse ne serait pas morte. Il est difficile, dit Metternich, de savoir en somme ce que pensent ceux qu'on appelle à Berne « les bien intentionnés. »

Il y a trois sortes de gens, à Berne :

1° *Einige Franzosen hold*;

2° *Andre halten im Herzen mit den Alliirten, und wünschen dass Frankreich gedemuthigt werden mœchte, und diese werden die Wohlgesinnten und Patriots genannt*;

3° *Noch andere sind die man furchtsam nennt, welche nicht einmal, ich will sagen, den mund aufthun dürften.* Ceux-là veulent également l'abaissement de la France.

L'abaissement de la France, cela veut dire à Berne : « *Dass Burgund und die Franche-Comté dem Kœnig von Frankreich wieder abgenommen werden müssen*[1]. » — Ils pourront faire tout ce qu'ils voudront, conclut Metternich; si l'on doit attendre, pour que le roi de France soit assez abaissé, que l'Espagne ait été abandonnée, les Pays-Bas et l'Alsace restitués, les avantages qu'on en espère ne viendraient pas assez vite.

(Archives de Prusse, *Acta betr. die Neuch. succession*, t. XIII.)

Conférence du 17 octobre 1706 entre Metternich, Steiger, Villading.

(Analyse.)

L'ancien bailli de Lenfburg, Steiger, est venu pour lui dire : « *Seine K. Majestæt v. Preussen sollte alle seine Gedanken darin rüsten, dass Burgund in die deutschen Hænde kæme*[2]. » Il devrait échanger ses terres d'Orange, « *und sonst von Frankreich das übrige erlangen* (obtenir le reste de la France). »

Même conversation avec Villading : « *Dieses hat mir auch sonst der Banneret Villading gesagt und es ist wohl zu begreifen*, » et aussi avec d'Erlach : « *Banneret Erlach hat mir auch denselben discours geführt.* »

Metternich a répondu : « *Es wære aber in der That diese Sache wegen F.-Comté nicht so leicht zu supponiren* [3].

(Archives de Prusse, *Acta betr. die Neuch. succession*, t. XIV.)

---

1. Que la Bourgogne et la Franche-Comté soient reprises au roi de France.
2. Sa Majesté Prussienne devrait se préoccuper uniquement de faire passer la Bourgogne entre les mains d'un tiers.
3. En fait, il ne serait pas si facile de combiner cette affaire de Franche-Comté.

Conversation de Metternich avec Kilchberger, de Berne.

(Analyse.)

Metternich lui dit que les Suisses devraient profiter des conjonctures présentes, pour obtenir ce qu'ils désirent relativement à leur liberté et à leur sûreté : « *Es wære aber nichts aderns, als wenn Burgund und die Franche-Comté wie auch Huningen sie gar nicht incommodirten*[1]. »

Ille (Kilchberger). — *Die Alliirten führten ja eben desswegen krieg dass Frankreich nicht sollte so mæchtig und formidable bleiben, man würde Ihm nicht Burgund und Franche Comté lassen*[2].

Ego (Metternich). — *Die Schweizer müssten zum wenigsten mit worten dazu contribuiren*[3].

Ille. — *Sollte man Jhnen Gelegenheit dieses geben*[4].

Ego. — *Das sollte durch mich zum Theil geschehen, dann ich würde Jhnen S. M. P. officia antragen*[5].

(Archives de Prusse, *Papiers de Metternich*, Diarium.)

Conversation de Metternich avec Tscharner, de Berne.

(Analyse.)

4 décembre 1796.

Tscharner a demandé à Metternich pourquoi on n'avait pas encore enlevé la Franche-Comté à la France, non seulement à cause de Neuchâtel, mais encore *dans l'intérêt de la cause commune*, « *wegen der gemeinen sache* ».

Metternich. — Les Suisses « *eine so berühmte Heldennation*[6] » ne feraient-ils rien pour y aider ?

Tscharner. — Les Suisses ont bien changé. Ils sont désunis. On l'a vu dans les affaires récentes de Toggenburg.

(Archives de Prusse, *Papiers de Metternich*, Diarium.)

---

1. Ce ne serait que lorsque la Franche-Comté, la Bourgogne et Huningue ne les incommodraient plus.
2. Les Alliés ont entrepris cette guerre pour ne pas permettre à la France de rester aussi puissante et formidable ; on ne devrait pas lui laisser la Bourgogne et la Franche-Comté.
3. Les Suisses devraient au moins y contribuer en paroles.
4. Il faudrait qu'on leur en donnât l'occasion.
5. Je le ferais pour ma part, et je leur promettrais les bons offices de Sa Majesté Prussienne.
6. Une si célèbre nation de héros.

Relation de Metternich, de Berne.

8 décembre 1706.

Sérénissime et très puissant Roi,
Très gracieux Roi et Seigneur,

Que Votre Majesté Royale me permette très gracieusement de lui présenter le mémoire ci-joint : Seigneux, par rapport à l'affaire de Neuchâtel, ne trouve rien de plus nécessaire que d'arracher des mains des Français la Franche-Comté. Mais comme il ne paraît pas que dans un tel projet on ait seulement en vue l'intérêt particulier de Votre Majesté Royale, j'ai obligé l'auteur à exposer l'utilité de cette entreprise pour la cause commune, et les moyens de la réaliser. C'est ce qu'il a fait dans un autre mémoire qui part ci-inclus. En ce qui concerne l'utilité générale de cette affaire, elle crève d'elle-même tellement les yeux, qu'on devrait s'étonner de voir considérer la conquête de la Bourgogne comme une affaire de nature à regarder seulement Votre Majesté Royale, ou même simplement utile à son intérêt particulier. Tout le monde réfléchira que la cause commune et spécialement l'Empire Romain ont plus d'intérêt dans cette province que dans toute autre de la monarchie espagnole. Mais, en supposant même qu'on voulût croire en Hollande que Votre Majesté Royale ait un intérêt particulier à faire cette proposition, ce qui n'est cependant pas, puisqu'elle a été faite il y a plusieurs semaines, par les mêmes gens, au prince Eugène et au duc de Malborough qui n'ont pas alors pensé à l'intérêt de Votre Majesté Royale, les Hauts Alliés, et surtout l'Angleterre et la Hollande ne devraient rien avoir autant à cœur que de reconnaître en quelque manière les services rendus au public par Votre Majesté Royale, et cela sans qu'il leur en coûte rien. En un mot, cette œuvre salutaire ne doit pas être vue d'un

---

1. *Bericht Metternich's, aus Bern.*

8 december 1706.

Allerdurchleuchtigster, Grossmæchtigster Kœnig,
Allergnædigster Kœnig und Herr,

Euere Kœnigl. Mayt geruhen allergnædigst sich uns dem sub A. hiebei liegenden Memorial vortragen zu lassen, wie Seigneux zu behuf der Neufchatellischen Sache nicht nœthiger findet als dass die Franche-Comté denen Franzosen aus Hænden gerissen werden mœge. Domit es aber nicht etwa scheine als wenn bei solchen Vorschlag allein auf Euer. K. Mt particularinteresse gesehen wurde, habe ich den autoren obligiret dass er dessen nutzen für die gemeine Sache, und dessen mœglichkeit deduciren mochte, welcher Er nun in einem andern Memoire præstiret zu haben, vermeinet welches sub B. Hiebei gehet. Wiewohl nun, was den allgemeinen nutzen desselben angeht, solches von sich selbst dergestalt in die augen fællet, dass man sich verwundern müste wenn man die Conqueste von Burgund anderwærts für eine Euer. Kœnigl. Mayt allein angehende, oder bloss dero particu-

autre œil, ni poussée avec moins de zèle, pour cette seule raison que le hasard met d'accord en cette occasion l'intérêt général et l'intérêt particulier de Votre Majesté Royale. Par suite, il faut seulement qu'en considérant ce projet, on examine surtout les moyens qui permettront de le réaliser. Il faut prendre garde, pense l'auteur du projet qui, en soi, est d'une exécution facile, que bien peu de choses restent secrètes à la cour de Votre Majesté; il désire donc avant tout que, sans tarder, Votre Majesté communique la chose le plus secrètement possible au prince Eugène, et que si Votre Majesté Royale trouve le projet acceptable, elle s'entende avec ce prince pour que Sa Majesté Impériale lui donne pleins pouvoirs de préparer à sa guise les opérations, sans aucune réserve, et suivant les propres sentiments de Son Altesse. Il faut tenir, au contraire, le prince de Salm pour suspect, et pour un homme en qui on ne pourrait avoir confiance. Je crois que cet homme qui, j'ai ouï dire, a déjà été employé dans beaucoup de négociations importantes, se chargerait lui-même de cette commission pour le prince Eugène, si Son Altesse devait rester en Italie ; il pourrait, sous prétexte d'un voyage privé, quitter ce pays-ci secrètement ; il tient lui-même la chose pour possible. Les frais ne se monteraient même pas très haut ; il n'a rien qu'un domestique avec lui et n'a besoin, pour tout équipage, que d'un vêtement propre.

ar, interesse betreffende Sache ansehen wollte. Hier will manchem bedünken es sey dem gemeinen Wesen, sonderlich dem Rœm. Reiche mehr an dieser provinz als an einer oder andern Spanisch. Konigreich gelegen. Gesetzet aber auch das man in Holland glauben wollte, er habe hier. Konigl. Mayt eigenes interesse anlass zu diesem Vorschlage gegeben, welches doch nicht ist, sintemahlen dieselbe schon vor einigen wochen dem Printz Eugène und Duc de Malborough von solchen Leuten eroffnet worden, die an Euer. Konigl. Mayt interesse damals nicht gedacht. So solte doch den Hohen Alliirten, und insouderheit Engelland und Holland nichts liebers seyn, als dass sie eine Gelegenheit hætten Euer. Konigl. Mayt um das Publicum erworben grosse meritum einigermassen zu erkennen, und zwar ohne dass es Ihnen etwas koste. Mit einem Worte das eylsame Werk muss darum nicht mit andren augen angesehen werden, oder nicht mit geringern eyfer getrieben werden, weil per accidens Eu. Konigl. Mayt. eigenes interesse mit demselben vereiniget ist. Es wird demnach bey dem Vorschlage auch vornehmlich wohl nur hirauf zu reflectiren seyn wie derselbe kœnne zum effect gebracht werden. Die Sorge, so der Autor desselben bey der an sich selbst leichten execution hat, ist dass am Kœniglischen Hofe wenig Sachen geheim bleiben, daher Er vor allem wünschet, dass Euer. Kœnigl. Mayt. unverlæagst mit dem Prinz Eugène aus der Sache wie wohl in hœchster stille communiciren, und wann sie den Vorschlag Mœglich gefunden es dahin mit Ihm richten mœchten, dass s. Kays... Majest. Hohesten Printzen vœllige gewalt gæben, die operationes nach eigenem Gefallen anzustellen, ohne einige Rückfrage, wiewohl es auch disfalls auf Sr Durchlaut sentiment ankommen kœnte. Den Printzen de Salm aber hielte man verdæchtig und kœnte sich Ihm nicht vertrauen. Ich glaube dieser Mann, der, wie ich hœre, schon in vielen importanten negotiationen gebraucht worden næhme diese Commission an den Printz Eugène selbst über sich, wann Sr Durchl. in Italien bleiben sollten und kœnte er sich unter dem prœtext einer privat Reyse in geheim von hier absentiren, welcher er selbst für moglich hælt. Die Umkosten werden auch nicht hoch

Je pourrais lui faire tenir l'argent du voyage. Personne ne paraît plus apte à cette mission que lui : il connaît tous les chemins, tous les sentiers et, pour ainsi dire, tous les détours secrets de la route; il a, pour l'aller et le retour, des hommes sûrs par lesquels il me fera parvenir quelques lettres. Ajoutez que sa personne n'est pas inconnue au prince Eugène, et que, s'il n'a pas inventé ce projet, il y a du moins beaucoup réfléchi, il l'a ruminé, ce qui lui permettra d'élucider le mieux du monde les points qui pourraient paraître douteux à Son Altesse, lorsqu'il correspondrait pour cette affaire en secret avec le duc de Malborough, le grand trésorier d'Angleterre et le pensionnaire de Hollande. Je dis en secret, car c'est non seulement le bon ou le mauvais succès de l'affaire, mais l'honneur et la vie de cet homme qui dépendent de ce secret. Ni son souverain, ni l'ambassadeur de France ne lui pardonneraient de tels projets, particulièrement parce qu'il veut concourir à leur exécution et qu'il a coutume d'entretenir pour cela une correspondance avec des gens de Franche-Comté. J'attendrai, en toute soumission, l'ordre gracieux de Votre Majesté royale, pour savoir ce que je dois répondre à cet homme. Bondely ne pourra être d'aucun service ni pour cette mission, ni pour aucune autre, pour cette raison même, et pour beaucoup d'autres. En l'envoyant, on n'atteindrait pas le but qu'on se propose en tout ceci; car mon

unlauffen, denn er nichts als einen Diener bey sich hat, und zu seiner Equipage nichts als etwa eines saubren Kleides bedarf. Die Reise-Gelder kœnte ich Ihm zustellen. Er scheinet auch keiner geschickter zu dieser Commission als Er, weil er alle wege und stege, und so zu sagen alle heimliche schliche weiss, dazu auch hin und wieder auf der route Seine confidenten hat, von denen Er mir einige briefe sehen lassen. Zugeschweigen dass S. Perschn dem Printz Eugène nicht unbekant und der Vorschlag, womicht von ihm ersonnen, doch wenigstens wohl bedacht, und ruminirt worden, mithin er S. Durchl. die etwa dabey vorkommende Dubia am besten solviren kann, wie er denn auch mit dem duc de Malborough, dem grand tresorier in Engelland und den Pensionario in Holland aus diesem Werke in geheim correspondiret. Ich sage aber ingeheim, weil nicht allein der glückliche oder unglückliche Ausschlag der Sachen, sondern auch der mannes Ehr und Leben von dem secret dependiret. Dann weder sein souverain, noch der Franzos. Ambassadeur Ihm dergleichen consilia pardoniren wurden, sonderlich da Er auch zu deren Ausführung mit der that concouriren will und zu dem eine correspondenz mit Leuten in der Franche-Comté und sonst hin und wieder pfleget. Euer. Konigl. Mayt allergnædigstem befehl, was ich dem Manne antworten soll, werde ich in tiefster submission zu erwarten haben. Bondely wird weder zu dieser noch zu einer andern commission dorthin sich brauchen lassen, auch zu dieser, wegen vieler considerationen, sich nicht schicken ; zudem wurde auch durch seine verschickung der dabey intendirte zweck nicht erhalten, denn ich kann pflichten halben nicht dissimuliren dass Er und die seinigen es aufnehmen, als sollte er dem Reboulet platzmachen, welches in Ihrem Gemüthe das empfindlichste ist, so man sich einbilden kann.

Womit zu allerhœchsten Kœniglichen Hulden und Gnaden ich mich in tiefster submission empfehle und verharre.

Euer Konigl. Majestæt allertæhnigster, treugehorsamster Diener,

METTERNICH.

devoir m'oblige à ne pas dissimuler que lui et les siens croiraient qu'on veut donner sa place à Reboulet, ce qui, suivant eux, est la chose du monde la plus triste...

Sur quoi, je me recommande et me confie en toute soumission à la très haute bonté, à la grâce du Roi,

De Votre Majesté royale, le serviteur très soumis et fidèlement obéissant,

METTERNICH.

Berne, 8 décembre 1706.

(Archives de Prusse, *Acta betr. die Neuch. succession*, t. XV.)

Extrait du journal (Diarium) de Metternich[1].

(Conversation entre Metternich et le comte de Saint-Saphorin.)

21 décembre 1706.

Le pire en tout ceci, c'est que Lui (le comte de Saint-Saphorin) ne veut pas souffrir à ses côtés le comte Trautmansdorf. Il a prétendu qu'il n'était pas décent de voir dans une république deux ministres publics d'un même maître n'entretenir aucune relation l'un avec l'autre et ignorer mutuellement ce qu'ils faisaient. Aussi travaille-t-il à ce que le duc de Malborough exprime à la cour impériale secrètement le désir de voir rappeler de Suisse le comte Trautmansdorf.

MOI. — Cela ne se fera pas si aisément, et le duc de Malborough devrait donner de fortes raisons.

LUI. — Les raisons devraient être celles-ci, et point d'autres : le comte Trautmansdorf ne devrait point concourir au projet

---

1. *Auszug aus dem Journal (Diarium) Metternich's.*

Das schlimste aber ist dabey das Er (Saint-Saphorin) den Graf Trautmansdorf nicht neben sich leyden will; wie er denn vorgegeben es schicke sich nicht dass zwey publique ministri in einer Republic von einem Herrn wæren, die gar keine relation mit einander hatten, und da keiner nicht wusste was der andre thæte: dhero Er denn dahin geriethe dass duc de Malboroug um Kaiser Hofe in der stille begehren mochte, dass der Graf Trautm. aus der schweiz gar abgefordet würde. — Eoo (Metternich), Das liesse sich nicht so thun und würde der duc de Malboroug. Grosse Ursachen anführen müssen. — ILLE. Die Ursachen dürfften keine andera seyn als dass der Graf Trautmansdorf mit dem absehen auf die Franche-Comté nicht müste zu thun haben, und dass Er keinen Credit in der Schweiz halte, mithin der Alliirten Partheij mehr schædlich als nützlich wære. — Eoo. Er hætte aber dieser minister von gedcht. Absehen auf die Bahn gebracht. — ILLE. Eben deswegen würde der duc de Malbor. Ursach haben, ihn zu eloignairen, nicht allein, weil die sache so übel conduiret worden, dass man wohl daraus schliessen kœnte, dass es dem Graffen kein ernst damit gewesen, sondern auch weil man sonst das Gerücht so von dieser enterprise entstanden anders nicht dæmpfen kœnte, Graf Trautmansdorff hætte einmahl mit diesem vorschlæge nichts intendiret,

sur la Franche-Comté. Il n'a nul crédit en Suisse; il serait plus nuisible qu'utile aux Alliés.

Mot. — Mais c'était ce ministre qui avait mis l'affaire sur le tapis.

Lui. — Précisément, c'est pour cela que le duc de Malborough aurait raison de l'éloigner. Il avait si mal conduit l'affaire, qu'on en pouvait conclure qu'il ne l'avait jamais prise au sérieux; sans lui, le bruit d'une pareille entreprise ne se serait pas répandu : on ne pouvait l'etouffer qu'en l'éloignant. Le comte de Trautmansdorf n'avait vu dans ce projet qu'un moyen de revenir en Suisse pour avoir du pain à manger. Il n'en coûterait qu'un mot au duc de Malborough pour qu'il fût rappelé. D'ailleurs, cette entreprise était en elle-même de la plus haute importance, et l'on devrait plutôt abandonner Naples et la Sicile que cette province. Si la chose était bien conduite, on pourrait amener le canton de Berne et toute la Suisse à la favoriser, et prendre pour cela de *réelles mesures*, puisqu'alors l'envoyé anglais Saint-Saphorien trouverait assez à faire. Mais si l'affaire n'était pas dès le début prudemment concertée et menée *avec vigueur*, les Suisses n'en seraient que d'autant plus opposés au projet, si leur territoire devait, en quoi que ce fût, être atteint. Le seul moyen pour eux de ne pas éveiller les soupçons de la France serait de conclure avec les Alliés un accord secret sur cette affaire. Il me demanda si je n'étais pas encore allé chez Muralt et si je ne lui avais pas donné à entendre qu'il se trouverait quelqu'un pour lui fournir les quatre cents pistoles que les Français lui avaient prises dans sa bourse.

(Archives de Prusse, *Acta beir. die Neuch. succession*, t. XII.)

als dass Er wieder nach Schweitz hommen mæchte pour avoir du pain à manger. Er würde dem duc. de Marlb. nur ein Wort Kosten dass er wieder abgefordet werde. Sonst wære die entreprise von sich von der groessten importanz und solte man ehr Neapolis und Sicilien als diese Provintz dahinten lassen. Wann die sache wohl conduiret würde, koente man die Canton Bærne und die gantze Schweitz dahin bringen dass sie selbte favorisirten, und desswegen réelles mesures nahmen, da dann der Englische Envoyé Saint-Saphorien genug würde zu thun finden. Würde aber die sache nicht klüglich angefangen und mit Vigueur fortgesetzet, so würden die Schweitzer auch desto hefftiger darwieder scheinen, wann etwa Ihr territorium berührt werden muste, nur damit dieselbe nicht in den verdacht bey Frankreich kommen dass sie wegen dieser sache mit den alliirten in heimlicher verstandnisse gewesen. Fragte mich beym Weggehen ob ich noch nicht bey dem Muralt gewesen und Ihm zu verstehen gegeben hætte dass sich jemand finden würde des Ihm die 400 Pistolen welche die Frantzosen Ihm aus dem Beutel gebracht gutthun würde.

Mémoires de Seigneux à Metternich (annexés à la relation du 8 décembre 1706).

1ᵉʳ *Mémoire* concernant la prétention que Sa Majesté prussienne a sur Neuchâtel.

Il faut premièrement établir le droit que Sa Majesté a sur cette province et comme ce droit est fort problématique, il faut chercher quelque autre moyen qui puisse nous conduire au but...

Les prétendants à cette Comté insinuent adroitement, tant à Neuchâtel qu'aux cantons voisins qu'il n'est pas de leur intérêt que le roi de Prusse se rende maître de Neuchâtel, parce que cette province étant frontière de la France, elle sera toujours exposée aux invasions de la France, quand arrivera une guerre entre les maisons d'Autriche et de France, parce que le roi de Prusse entre dans toutes les guerres qui se font entre ces deux puissances. On proposera un moyen qui guérira les esprits de cette juste crainte. Il sera très utile aux Alliés pour remplir le plan qu'ils se sont fait...

Il produira un grand revenu à Sa Majesté et nous conduira... au but qu'on se propose par rapport à Neuchâtel...

... Il faut que Neuchâtel ne soit plus frontière de la France. Le seul moyen qu'il y a pour cela est de s'emparer de la Franche-Comté.

Cette proposition pourra paraître d'abord ridicule par les difficultés... mais on s'expliquera là-dessus de vive voix, qu'il n'y a rien d'imaginaire dans le projet.

Si les Alliés entreprennent cette conquête et s'ils y réussissent, ils ôteront une belle province à la France de laquelle elle tire de grands revenus. C'est le lieu où on fait la plus grande quantité de boulets et de bombes. C'est un pays abondant en pâturages pour l'entretien de sa cavalerie, pendant les quartiers d'hiver, dont la France peut envoyer des troupes en Alsace-Lorraine et en d'autres endroits qui incommoderont toujours l'Empire.

C'est l'endroit le plus propre pour entrer en France et porter la guerre dans le cœur du royaume.

Si on ôte cette province à la France, on dissipera la crainte que le canton de Berne a de s'exposer au ressentiment de la France... on pourra ensuite négocier facilement avec les cantons de Berne et de Fribourg qu'ils pourront tirer du sel à meilleur compte de cette province.

Pour ce qui regarde Sa Majesté, le premier avantage qu'elle retirera de la conquête de ce païs consistera dans le revenu des terres qui lui appartiennent, et comme on lui propose d'employer quelques-unes de ses troupes pour cette expédition, elle y consentira moyennant que les Alliés s'engagent à lui faire avoir la Comté de Neuchâtel.

2° *Mémoire* qui indique les raisons qui doivent porter les Hauts Alliés à entreprendre la conquête de la Franche-Comté, et les moyens par lesquels on peut réussir dans ce dessein.

Les motifs qui doivent engager les Alliés à faire cette conquête sont tirés de la situation de cette province qui est frontière, qui touche l'Alsace et la Lorraine par rapport à l'Empire, à la Suisse et à la France.

Je dis que la situation de cette province donne une grande facilité au roy de France de se rejeter dans l'empire au commencement de la campagne et avant que les troupes impériales puissent se rendre sur les frontières pour empêcher une irruption. La raison en est que le roy peut hiverner un grand nombre de troupes dans cette province, à cause de la grande quantité de blés et de fourrages que cette province produit...

Si on se rend maitre de cette province, on le sera en quelque sorte de la Lorraine, et on obligera le prince à quitter les intérêts de la France...

La Suisse étant un païs qui ne se conduit que par la crainte ou l'espérance sera obligée de garder de grandes mesures avec les Alliés, parce qu'elle se trouvera environnée de tous côtés par des voisins qui seront en état de se faire craindre. Le voisinage du Milanais d'où les petits cantons tirent des bleds et des vins les tiendra en haleine sous le gouvernement du prince Eugène.,. L'empire borde les Suisses et leur fournit plusieurs vivres et les sels, et si l'empereur peut aller dans les droits qu'il avait en Alsace, on enfermera de tous côtés les Suisses, et on sera en état de faire des traités avantageux avec eux.

J'ai dit en troisième lieu que la conquête de la Franche-Comté est fort avantageuse aux Alliés par rapport à la situation du côté de la France... La France paraît impénétrable par tout autre endroit que par le comté de Bourgogne... Le second motif qui doit porter les Alliés à entreprendre ce dessein est tiré des grands avantages qu'ils en tireront. Les habitants de cette province ont une souveraine aversion pour le gouvernement de la France. Ils sont tout disposés à secouer le joug du gouvernement arbitraire et despotique du Roy, pourvu qu'on les rétablisse dans leurs privilèges... Ils fourniront beaucoup de troupes pour aider à chasser les Français...

... Cette province étant extrêmement fertile en bleds, vins qui se transportent dans les païs éloignés, en fer, bestiaux et même en mines d'argent, il est constant qu'on en peut tirer de grands avantages; celuy des sels qu'elle fournit produit de grandes sommes.

Le secret est l'âme des grandes choses... Il le faut garder inviolablement dans cette affaire et ne pas même le communiquer à l'empereur et au duc de Savoie... Il faut faire donner le commandement de l'armée d'Allemagne au prince Eugène, dissiper les bruits qui se sont répandus à ce sujet et faire une attaque feinte en Piémont.

(Archives de Prusse, *Papiers de Metternich* (Documents, *Beylagen*)

La Chapelle à Torcy.

Soleure, 17 septembre 1706.

Monseigneur,

.... Aujourd'hui, j'aurai l'honneur seulement de vous informer de ce que j'apprends concernant le comte de Metternich.

Il est vrai que l'Électeur ne fait pas difficulté de déclarer que le séjour de son ministre en ce pais-ci est pour veiller à la succession de Neuchâtel : on publie que ce prince a fait donner à l'Empereur le mémoire pour expliquer ses prétendus droits sur cette succession, et y est soutenu par tous les Alliés communs. On dit qu'ils feront de ce procès un des intérêts de ce qu'ils appellent *la cause commune* et *la défense de la liberté de l'Europe.*

Les créatures de Brandebourg déclament dans Berne et à Neuchâtel ; ils disent qu'il faut délivrer cette principauté du joug des Français, toujours prêts à faire ce qu'il plairait au Roy de leur ordonner et de leur ouvrir la porte de la Suisse. L'intérêt de leur religion entre aussi dans leurs déclamations.

Quoique les partisans de l'Électeur à Neuchâtel ayent, à ce qu'on dit, prié le comte de Metternich de ne point paraitre dans la ville avant la mort de Mme de Nemours, les gens sages et attachés à la France ne laissent pas de craindre que cette faction déjà puissante ne se fortifie par le silence du Roy et que, conduite par Villading, de Berne, homme hardi et impétueux, aidée ouvertement par les agents et les amis de l'Empereur et de ses Alliés, elle n'entreprenne, avant la mort de Mme de Nemours, de faire reconnaitre l'Électeur successeur légitime à la principauté de Neuchâtel. Les suites de cette *reconnaissance paraissent dangereuses à cause du voisinage de la Franche-Comté et de la mauvaise disposition des gens de Berne, envenimés depuis longtemps contre la France.*

Beaucoup de gentilshommes et d'hommes de guerre du pais de Vaud sont venus, Monseigneur, offrir leurs services au comte de Metternich, sur le bruit qui court de la levée qu'il fera pour l'Électeur.

Le Piétiste que j'ai eu l'honneur de vous mander, qui était gouverneur du jeune Metternich, s'est trouvé de la connaissance d'un de mes hommes et il aime à parler pour se fare valoir. Il avait été chassé de Berne il y a déjà quelque temps, et *c'est à*

Ratisbonne qu'il s'est donné au comte de Metternich. Le Piét! te a donc dit en confidence à l'homme qu'il croit son ancien ami que les Bernois ont asseuré le comte de Metternich que, malgré les efforts et les oppositions que pourrait faire le Roy, ils feraient obtenir à l'Électeur la succession de Neuchâtel, que les avantages de Berne et de l'Etat de Neuchâtel étaient trop grands en mettant un tel prince à Neuchâtel pour ne rendre pas ses droits incontestables.

La Chapelle.

(Affaires étrangères, Suisse, t. CLXXVI.)

Puisieulx à Torcy.

Sillery, le 21 septembre 1706.

J'ai toujours bien cru que le principal objet de M. l'Électeur de Brandebourg, en envoyant M. de Metternich en Suisse, était l'affaire de Neuchâtel, mais je ne puis m'empêcher de croire que ce prince a encore quelque autre vue que celle-ci. J'aurai l'honneur de m'expliquer avec vous, Monsieur, plus amplement, sur ce sujet lorsque je serai à la cour, ce qui ne peut être que sur la fin du mois prochain, parce que les personnes qui occupent actuellement ma maison à Paris ne peuvent me la remettre que vers le quinze octobre.

Puyzieulx.

(Affaires étrangères, Suisse, t. CLXXVI.)

La Chapelle à Torcy.

Soleure, 6 octobre 1706.

La relation de mes deux hommes, détachés à la suite du comte de Metternich, ne me rapporte que des discours tenus par ses gens et par luy, sur lesquels il n'y a nul jugement bien solide à asseoir : il se plaint de la classe des ministres, c'est-à-dire des prédicants de Neuchâtel. Il avait compté que ces gens-là gouverneraient toute la principauté ; l'électeur leur a payé depuis longtemps des pensions, et ils n'ont pu rien faire esclatter en sa faveur. Il a fait une grande liste des gens déjà gagnés ou ébranlés à Neuchâtel et il a chargé un chirurgien nommé Artault, Français réfugié, et en grande considération à Berne, d'inventer quelque prétexte et d'aller dans quelques jours à Neuchâtel pour entretenir et fortifier le parti de l'électeur. Cependant Neuchâtel se brouille avec Berne. Le canton a voulu empescher la vente des vins appartenant aux gens de Neuchâtel, et Neuchâtel a saisi tous les vins de son territoire appartenant aux Bernois. *Le comte de Metternich fait entendre qu'il est en Suisse pour asseurer le corps Helvétique de la part de l'Empire* que les Suisses seront compris dans la paix générale, et qu'on *obligera la France à rendre la Franche-Comté* et à raser Huningue. Les Bernois se repaissent de ces discours chimériques et s'attachent à celuy qui les tient.

On traine en longueur le procès des brigands du pais de Vaud. Le comte de Metternich mesme se joint à M. Stanion et aux factionnaires et alliés ennemis du Roy, pour tascher de sauver leurs créatures, impliquées dans le brigandage; ils espèrent les sauver en faisant avouer par M. de Savoye, comme dans les expéditions de guerre faites sur ses commissions, tous les vols de grand chemin commis dans le pais de Vaud et aux environs.

LA CHAPELLE.

(Affaires étrangères, *Suisse*, t. CLXXVII.)

Torcy à M. de La Chapelle.

Versailles, 13 octobre 1706.

Je ne doute pas que Berne, par un ancien entestement, ne regarde comme un bien pour luy d'obliger le Roy à rendre la Franche-Comté, lorsqu'il sera question de faire la paix. Des gens moins entêtés penseraient, au contraire, que cette province ne saurait estre rendue qu'à la maison d'Autriche, qu'il faut que le Royaume soit réduit à la dernière extrémité pour obliger le Roy de traiter à cette condition, par conséquent que la puissance de la maison d'Autriche serait parvenue au point d'estre craint de tous ses voisins et que la France serait hors d'estat de les pouvoir secourir contre les entreprises de cette maison. Il me semble, Monsieur, que ces réflexions devraient détruire l'idée flatteuse que Messieurs de Berne se forment sur les vains discours de M. de Metternich.

(Affaires étrangères, *Suisse*, t. CLXXVII.)

La Chapelle à Torcy.

Octobre 1706.

Rien n'est plus véritable, Monseigneur, que ce que j'ay eu l'honneur de vous mander des discours que tient M. de Metternich à Berne. Le banderet d'Erlake, homme sage et au moins bien intentionné pour le repos de sa patrie, s'il n'est pas entièrement dévoué au service de la France, me fist dire hier par un bourgeois de Berne, son bon amy, qui est venu exprès me trouver, que le comte de Metternich lui avait dit à luy-même, banderet d'Erlake, *qu'il n'était point venu en Suisse pour la succession de Neuchâtel, qu'il était venu pour faire entendre aux Suisses que les Alliés avaient résolu de leur procurer un voisinage moins dangereux que celuy qu'ils avaient, et de tirer la Franche-Comté des mains du Roy pour la donner à quelque autre puissance moins redoutable pour eux.* Il n'expliqua quelle puissance, qu'il avait ordre de leur parler secrètement, de les sonder et de sçavoir de quoy ils estaient capables et quel fond on pourrait faire sur eux quand on travaillerait pour eux. Le banderet m'a fait dire que le comte de Metternich allait chez tous les conseillers et même chez les principaux bourgeois de Berne tenir de semblables discours à chacun en particulier, mais jusques icy ils ne faisaient pas une grande impression. Je n'ay pas manqué, Monseigneur, de fournir à l'amy du banderet d'Erlake les vives et solides raisons qui sont contenues dans votre lettre, pour faire voir le danger où se trouverait la Suisse, si la Franche-Comté changeait de maitre. J'ay mesme pris la liberté d'ajouster que ces discours du ministre de Brandebourg estaient un piège qu'il tendait aux Bernois, affin que, délivrés de la crainte qu'ils devraient avoir d'estre souvent inquiétés par les guerres de la France avec l'Allemagne, si un prince allemand était souverain de Neuchâtel, affin, dis-je, que délivrés de cette crainte par l'espérance que la Franche-Comté n'appartiendra plus à la France, ils se portassent plus volontiers à favoriser les prétentions de l'Electeur sur Neuchâtel. Je lui ai répété qu'avant de perdre ou de céder la Franche-Comté, il faudrait que la France fût absolument ruinée : que deviendrait la Suisse sy cela estait ? Il a bien conceu toutes ces raisons, il les a prises par escrit. Il a de l'esprit. Il est accrédité dans la bourgeoisie. Il fera un bon usage des armes que je luy ay données et il m'en rendra compte.

La Chapelle.

(Affaires étrangères, *Suisse*, t. CLXXVII.)

D'Affry à Torcy.

Fribourg, 31 octobre 1706.

Monseigneur,

Après avoir rendu à Votre Grandeur ma très humble grâce de l'honneur qu'elle m'a fait de m'escrire le 5ᵉ de ce mois, je continue de luy rendre compte des advis que je receois des amis de Berne sur les négociations de M. de Metternich. On me mande pour certain qu'il va chez tous les conseillers et les principaux bourgeois de Berne parler à chacun en particulier et leur dire qu'il est à Berne pour faire au nom de l'Empire et des Alliés la plus grande proposition du monde et la plus advantageuse pour la Suisse, qui est d'oster la Franche-Comté à la France et la donner à quelque autre puissance, pour procurer à la Suisse et surtout à Berne un voisinage moins dangereux ; il ajoute qu'il n'a ordre de faire cette proposition que secrètement, pour sonder surtout les Bernois et scavoir quel secours on peut attendre d'eux et quel fond on y peut faire lorsqu'on agira pour leur advantage. Quoyque les bien intentionnés regardent cette proposition comme chimérique, ils ne laissent pas de craindre qu'elle n'aye des suites désavantageuses aux intérêts de Sa Majesté, ce qui me fait prendre la liberté de réitérer à Votre Grandeur les représentations que j'ay eu l'honneur de luy faire dans mes précédentes concernant l'Estat de Berne, comme un moyen asseuré proposé par les amis pour y traverser les demandes des ennemis de Sa Majesté et si le prétexte qu'ils avaient trouvé pour y envoyer une personne n'est pas agréable, on pourra en prendre d'autres qui parviendraient à la même fin.

Je dois encore informer Votre Grandeur que le canton de Lucerne a communiqué au nôtre la réponse de Sa Majesté..., etc.

D'AFFRY.

(Affaires étrangères, *Suisse*, t. CLXXVII.)

La Chapelle à Torcy.

Soleure, 5 janvier 1707.

On vient de former à Berne une espèce de Chambre d'Estat dont l'objet, à ce que je croy, vous estonnera autant qu'il m'a surpris. Berne est, depuis quelque temps, devenu un terrain fertile en nouveautés, mais je n'attendais pas celle qui commence à y paraître.

J'avais avis qu'il s'y traittait quelque chose de conséquence ; je n'en étais informé que confusément et je n'osais vous en rien dire. Enfin, j'apprends que, comme on espère de voir bientôt la paix générale, on est occupé à chercher les moyens de se faire comprendre dans le traitté. Pour y parvenir, on a établi une commission composée de trois hommes du petit conseil et de trois du grand, lesquels doivent conférer et travailler ensemble sur cette matière, ensuitte rendre compte à l'Estat de leurs sentiments et des voyes qu'ils croiront qui pourront conduire au but désiré.

Il ne paraît pas, Monseigneur, que ce soit sur tout le Corps Helvétique que Messieurs de Berne étendent leur prévoyance, les autres cantons ne sçavent rien de cette idée qui occupe les politiques Bernois. Il y a apparence qu'ils ne songent qu'à eux seuls. La vanité, l'envie de fayre une république séparée qui ayt ses traités, ses négociations et ses ambassades à part, sans être confondue avec le reste du Corps Helvétique, a pu les éblouir et leur donner cette idée; la crainte aussy que le Roy, pendant la paix, ne se ressente de tous leurs mauvais procédés, a pu les porter à chercher quelque abry et des moyens pour se mettre à couvert contre la juste vengeance de Sa Majesté; je sçais que cette crainte les agite fort. Les gens sages parmy eux ou attachés à la France, leur ont souvent fait envisager qu'on pourrait leur demander la restitution des vols faits dans le païs de Vaud, et tirer de cette demande le prétexte de renouveler contre eux l'exemple de Gennes : peut-être qu'à toutes ces considérations se joignent les intrigues et les insinuations du comte de Metternich qui leur inspire ce désir ambitieux d'être compris nommément dans le traité général qui se fera entre toutes les grandes puissances de l'Europe, affin que le besoin qu'ils croiront avoir à l'avenir de la protection de son maitre, pour réussir dans leur projet les attache à luy dès à présent.

(En chiffres.) Quoiqu'il en soit, Monseigneur, toutes les factions se réunissent dans cette vue et nos amis l'embrassent aussi bien que nos ennemis. Les trois hommes du petit conseil qui entrent dans la commission d'Etat sur cette affaire, sont M. Frisching, les banderets Willading et Imhof. De ces trois-là, il y en a un, qui est Frisching, lequel dépend absolument de l'avoyer Graffenried nostre amy. Willading est le chef de nos ennemis. Mais je crois qu'Imhoff est assez neutre. Les trois du grand conseil sont Tscharner, Graffenried, l'un fils de l'avoyer, l'autre fort suspect aux ennemis, quoiqu'il ne soit pas de la faction française, Roth, secrétaire d'Etat, et comme Imhof, assés neutre....

La Chapelle.

(Affaires étrangères, *Suisse*, t. CLXXVII.)

D'Affry à Torcy.

Fribourg, 10 janvier 1707.

Monseigneur,

Votre Grandeur m'ayant fait l'honneur de m'ordonner de continuer à l'informer de ce qui viendrait à ma connaissance, je prends la liberté de luy dire qu'ayant été à Soleure pour m'entretenir avec M. de La Chapelle sur les entreprises du comte de Metternich, nous avons trouvé luy et moy qu'il estait à propos que je revienne par Berne pour pouvoir d'autant mieux découvrir la vérité sur les lieux. J'y ai appris que l'on avait projetté chez ce comte de faire proposer aux deux cents de refaire une commission d'Estat, comme il y avait déjà eu cy devant, sous prétexte de chercher les moyens de faire comprendre l'Estat de Berne dans la paix, et de faire en sorte que la commission fut remplie de ses créatures, dont M. Muralt serait le chef. Les bien intentionnés et bons patriotes ayant eu connaissance de ce projet ont jugé à propos de le dissimuler jusques à la veille du jour que le grand Conseil se devait assembler pour cela, affin de pouvoir prendre secrètement de justes mesures pour faire nommer des personnes contraires à ceux qui l'avaient projetté, ce qu'ils ont heureusement exécuté pour le bien de la patrie en faisant nommer président de la commission M. le thrésorier Frisching, dévoué à M. l'avoyer de Graffenriedt, aussi bien que les autres seigneurs qui la composent à la réserve du banderet Willading, que le président saura toujours contenir.

On m'a assuré que M. de Metternich avait été tout à fait interdit quand on luy a rapporté qu'il n'y avait pas une de ses créatures nommées dans cette commission ; les bien intentionnés, par contre, prétendent avoir détruit par là tous les desseins de ce comte et des Alliés sur Neuchâtel et sur la Franche-Comté et pour achever de rompre toutes leurs mesures, ils croiraient qu'on devrait donner un curateur à M⁰ de Nemours, puisque tous ceux du gouvernement de Neuchâtel sont dévoués à M. de Brandebourg.

Les bons patriotes voudraient que M. de La Chapelle fist escrire par Messieurs de Lucerne à Messieurs de Zurich, s'il ne serait pas à propos que tout le Corps Helvétique s'assemblât pour trouver les moyens à se faire comprendre dans la paix générale qu'ils sont persuadés n'être pas éloignée par les nouvelles qu'ils ont que l'empereur sollicite les Anglais et Hollandais de la conclure.

D'Affry.

(Affaires étrangères, Suisse, t. CLXXVIII.)

D'Affry à Torcy.

10 mars 1707.

Monseigneur,

L'honneur que Vostre Grandeur m'a fait de répondre à ma lettre par la sienne du 22 février, me fait prendre la liberté de continuer à l'informer de ce qui vient à ma connaissance.

M. de Metternich, après avoir régalé tout ceux qui composent le petit et grand Conseil de Berne suivant leur rang, commence à les traitter par famille, comme je l'ay appris de la bouche du neveu de M. l'advoyer de Grafferiedt, dont la famille a déia esté conviée.

Les discours ordinaires que ce Ministre tient dans ces repas tendent à faire valoir les prétentions de son maitre sur le comté de Neuchâtel, et, lorsqu'on lui oppose le voisinage de la France, il assure que les Alliés ne fairont point la paix qu'on ne cède à l'élocteur, son maistre, le canton de Neuchâtel et la Franche-Comté. Quand il aura achevé son tour à Berne, il doit aller faire la même manœuvre à Zurich et ensuite aux cantons catholiques alliés de Neuchâtel.

Cette manière de s'insinuer dans les esprits est très propre à réussir dans les Républiques, ce qui fait craindre aux bien intentionnés que les négociations de ce ministre auront le succès qu'il désire, s'il n'y a pas une personne sur les lieux de la part de la France pour pouvoir les traverser, conformément à leur premier sentiment que j'ay eu l'honneur d'escrire à Votre Grandeur pour la première fois le 20 octobre 1705. J'ose espérer que M. l'ambassadeur apportera avec luy des ordres à ce sujet, ne pouvant rien faire de mon costé que de réitérer ce que j'ay pris la liberté de luy dire plusieurs fois, ensuite des ordres que j'en avois receû de Votre Grandeur par sa réponse du vingt-neuvième du mois et de l'année prédite. Cela est encore plus nécessaire présentement qu'il m'est revenu qu'on travaille déia soubs main dans les cantons catholiques à renouveller la capitulation de Milan en faveur de l'archiduc, il sera bien difficile de parer à ce coup, si la pensée des amis n'est pas suivie, ils sont persuadés tant à Berne qu'icy que le bien du service du roy veut absolument qu'il y aye dans ces conjonctures une personne charactérisée en Suisse, qui puisse aller de canton en canton pour traverser les desseins des Ministres des Alliés, ce qu'il ne convient pas à l'ambassadeur ordinaire de faire.

Je supplie très humblement Votre Grandeur de voulloir attribuer à mon zèle tout ce que j'ay l'honneur de luy marquer et permettre que je me dise avec tout le respect dont je suis capable.

Monseigneur,
De Vostre Grandeur,
Le très humble et très obéissant serviteur,

D'AFFRY.

(Affaires étrangères, *Suisse*, t. CLXXVIII.)

La Chapelle à Torcy.

30 mars 1707.

. . . .
Suivant ce qu'on m'escrit de Berne, M. le comte de Metternich a dû en partir hier pour se rendre à Zurich. La raison de ce voyage est, dit-on, pour faire des amis à l'électeur son maistre, dans ce canton-là comme il en a fait à Berne. On ajouste que la résolution de ces amis de Berne est de procéder en faveur de l'électeur de Brandebourg dans l'affaire de Neuchâtel, comme on a procédé dans celle que le canton de Berne a eue avec l'évesque de Bâle, c'est-à-dire par voye de fait en supposant le droit establi, et, comme les deux cantons de Zurich et de Berne s'accoustument à se communicquer leurs desseins, et à se secourir réciproecquement, M. de Metternich va informer les chefs et les principaux bourgeois de Zurich de la justice des prétentions de l'Electeur et disposer le canton à ne pas refuser son secours à celuy de Berne dans l'affaire de Neuchâtel. Il tient plus ouvertement que jamais ses anciens discours sur la Comté de Bourgogne, faisant espérer aux Suisses qu'on obligera le Roy à la céder; et il donne à entendre que l'Electeur sera un des médiateurs de la paix ou du moins aura beaucoup de crédit auprès de ceux qui le seront....

La Chapelle.

(Affaires étrangères, *Suisse*, t. CLXXVIII.)

La Chapelle à Torcy.

8 avril 1707.

. . . .
M. d'Affry qui, à ce qu'il m'a dit, croyait trouver ici M. de Puysieulx, y est venu espérant luy rendre compte à luy-mesme des avis que les Bernois bien intentionnés pour la France et pour leur patrie n'ont pas voulu escrire et l'ont obligé de venir entendre de leur bouche. Il m'a dit que les serviteurs du Roy à Berne estoient véritablement frappés de la réalité des desseins de l'électeur de Brandebourg sur la Franche-Comté, qu'ils craignoient la témérité et le crédit des ennemis de la France dans leurs cantons, qu'ils suppliaient le Roy de tenir des trouppes en Franche-Comté et d'augmenter les garnisons d'Huningue et de Landscroon, que cela arresteroit les esprits remuans de leur canton et les empescheroit de proposer des partys extravagants ou d'estre escoutés s'ils en proposoient.

La Chapelle.

(Affaires étrangères, *Suisse*, t. CLXXVIII.)

Torcy à La Chapelle.

6 avril 1707.

. . . .
Quoy qu'on assure icy qu'il n'y a rien à craindre des mouvements que M. l'Electeur de Brandebourg se donne sur les affaires de Neufchastel, je crois cependant, Monsieur, qu'il est du service du roy que vous continuiez de les observer avec la mesme attention et de rendre un compte exact de tout ce que vous en apprendrez....

TORCY.

(Affaires étrangères, *Suisse*, t. CLXXVIII.

La Chapelle à Torcy.

A Soleurre, le 15e avril 1707.

Monseigneur,

Puisque vous m'ordonnés par vostre lettre du 6 de ce mois de rendre un compte exact de tout ce que j'apprendray des mouvements de M. le comte de Metternich, je commenceray aujourd'huy, Monseigneur, par vous dire que je ne scay pas sur quel fondement on peut vous asseurer qu'il n'y a rien a craindre pour Neufchastel de la part de M. l'Etecteur de Brandebourg.

Quelle apparence y a-t-il, Monseigneur, que le comte de Metternich ayt fait en ce pays-cy beaucoup de despence, aprè cela il aïlle à Zurich et qu'il prenne un caracthère declaré si, comme on le veut faire croire en France, il n'y a nul lieu à M. de Brandebourg d'espérer d'obtenir Neufchastel ?

Il y a longtemps, Monseigneur, que j'ay eu l'honneur de vous informer des avis que donnoient de Berne les créatures de la France. Le banderet Derlake se trouvant pour lors à quelques lieues d'icy m'envoya exprès icy un homme de confiance pour me dire qu'il ne falloit pas s'endormir sur les démarches de M. de Metternich et pour m'apprendre les discours qu'il tenoit sur la Franche-Comté, j'eus l'honneur de vous en rendre compte.

Aujourd'hui, Monseigneur, j'auray celuy de vous dire sans prévention, que MM. les prétendants français à la succession de Neufchastel se flattent trop et, à ce que je croy, sont trompés par leur gens. Il passe pour constant à Berne et à Neufchastel, que touts ceux qui se disent du party de M. de Villeroy, de Mme de Lesdiguieres et de M. de Mattignon sont secrètement et plus seurement du party de M. l'Electeur. Quelques-uns mesme du party de M. le prince de Conty sont soupçonnés d'avoir embrassé celuy de M. de Brandebourg, lequel, si le roy ne se mesle point de cette affaire, emportera la principauté.

Il s'est tenu le 12 de ce mois une conférence à Arberg entre deux députés de Berne et deux de Neufchastel sur le prétexte de quelque difficulté qui est entre ces deux Estats, dans le commerce des vins. Les députés de Berne sont le banderet Willading et un conseiller nommé Wurstemberg; ceux de Neufchastel sont deux hommes de mesme nom, s'appelant touts deux Chambrier, touts deux fort opposés à M. le prince de Conty et fort soupçonnés d'estre attachés à M. l'électeur de Brandebourg. On croit que l'affaire des vins n'est qu'un faux prétexte. L'avocat Julien suit le banderet Willading et vient à Arberg avec luy. J'ay eu l'honneur de vous mander autrefois l'opinion que j'avois de ce personnage. Je suis toujours persuadé, Monseigneur, qu'il trompe ceux qui l'employent et qu'il est gagné secrètement par l'Electeur de Brandebourg. Tous les gens sages en ce pays-ci ont la mesme opinion.

Un autre homme de Neuchatel en qui je puis prendre confiance s'est aussy mis à la suite des députés, mais je ne puis estre informé de ce qu'il aura appris que dimanche prochain 17.

Les lettres que j'eus hier de Zurich m'apprennent seulement les honneurs que M. de Metternich y reçoit et me donnent avis qu'il doit bientost faire ses propositions dans le Conseil. On me promet de me les envoyer quand il les aura faittes; mais, Monseigneur, tant que deux ou trois factions françoises ne feront autre chose à Neufchastel que de tascher de se destruire les unes les autres, au lieu de se réunir toutes contre l'étranger ou de prier le Roy d'intervenir pour elles, M. de Metternich fera très aisément les affaires de l'Electeur son maistre. Je souhaite que cette prophétie se trouve fausse, mais toutes les apparences sont qu'elle est bien fondée.

Cette lettre est desja si longue que je n'ose vous parler d'aucune autre affaire. L'ordinaire prochain, j'auray l'honneur de vous rendre compte des autres choses moins pressées.

Je suis avec un profond respect,
Monseigneur,
Votre très humble et très obéissant serviteur.

LA CHAPELLE.

(Affaires étrangères, *Suisse*, t. CLXXVIII.)

Puyzieulx à Torcy.

6 mai 1707.

Je m'appercoy fortement, Monsieur, depuis que je suis en ce pays-cy, que M. de Metternich profite très avantageusement de la division qui est entre les sujets du Roy qui prétendent à la succession de Neufchastel. Les discours et les escrits que le ministre de Brandebourg respand font impression sur les esprits et attirent beaucoup de créatures à son maistre. Il est de mon devoir, Monsieur, de vous représenter qu'il est temps de s'opposer aux brigues de M. de Metternich et de respondre à ses discours et à ses mémoires. Je ne croy pas qu'il soit possible d'engager les prétendants françois a s'unir entre eux pour tascher de renverser le party de Brandbourg, mais si le roy m'ordonnoit de prendre en son nom le fait et cause de tous les susdits prétendants françois, je croy que je détromperois beaucoup de gens qui ne se laissent séduire que parce qu'on ne respond rien à tout ce qu'avance le Ministre de Brandbourg ; si je n'estois pas asseuré que le service de Sa Majesté demande une pareille démarche, je me garderois bien d'en faire la proposition, puisqu'elle ne peut m'attirer qu'un surcroy de travail. Daignés, Monsieur, me faire scavoir sur cela les intentions de Sa Majesté et les vostres.

Je suis avec un respect infini et | avec un attachement inviolable,
Monsieur,
Votre très humble et très obéissant serviteur,
PUYZIEULX.

(Affaires étrangères, *Suisse*, t. CLXXIX.)

De Puyzieulx à Torcy.

A Soleurre, le 25 juin 1707.

Monsieur,

Je viens d'apprendre que M. le comte de Trauttmansdorff a receu un courier de Vienne qui luy a apporté des ordres pour appuyer de tout son pouvoir les prétentions de M. l'Electeur de Brandebourg sur la succession de Neufchastel. Je scay aussy que ces ordres luy sont venus à la sollicitation de l'Angleterre et de la Hollande. Je suis persuadé, Monsieur, qu'il faudra que j'oppose mon crédit à celuy du Ministre impérial et que je conforme mes démarches à celles qu'il fera : s'il se contente d'agir par escrit, je ne me serviray que de ma plume ; et s'il se présente sur les lieux, je m'y présenteray aussy. Mais quoyque je sois obligé en quelque sorte de régler ma conduitte sur celle qu'il tiendra, je puis vous assurer, Monsieur, qu'il ne me donnera point la loy. A présent que je suis informé des ordres que lui a apporté le courier de Vienne, je ne suis plus en peine de scavoir ce qui s'est passé dans la conférence qu'il a eue avec M. de Metternich. J'ai cru devoir avoir l'honneur de vous rendre compte de tout cecy.

Je suis toujours avec un respect infini et un attachement inviolable,
  Monsieur,
   Votre très humble et très obéissant serviteur.
         Puyzieulx.

(Affaires étrangères, *Suisse*, t. CLXXIX.)

François-Louis de Bourbon à Mme la princesse de Conti.

23 juin. Pontarlier.

Le comte de Sillery vient d'ariver. Il a passé à Neuchâtel et a visité tous le principaux de la ville, à commencer par le gouverneur. Nul d'eux ne s'est ouvert à luy et l'on ne devait pas s'y attendre, n'ayant aucune mission de ma part pour leur parler. Mais tous lui ont parlé fort honestement sur mon chapittre, l'ont assuré que je trouverais les choses bien changées de ce que je les avais veues en 1699, qu'ils étaient bien fâchés de la manière dont ils avaient esté obligés d'en user avec moy dans ce temps-là et que je trouverais à présent des gens fort disposés à écouter mes raisons et à me rendre justice. Tout cela ne sont que des discours généraux, mais qui marquent pourtant un adoucissement dans les esprits, qui ne laisse pas d'estre bon, par ce qui luy est revenu. Il lui parait toujours que Bouret peut m'estre utile auprès des amis qu'il a à Neufchatel. Tous les plus sensés ne parlent des prétentions de l'électeur de Brandebourg que come d'une vision, ne font pas de cas non plus du parti de M. de Lesdiguières, qui paraît faible; celui de M. de Matignon est un peu plus sérieux. Je nen scay pas encore assez pour démesler ce qui le compose. Il parait que lon désire que j'aille à Neufchastel. Mais j'attendray sur cela ce qui se résoudra à Neufchastel entre ceux que j'ay envoyés et le gouverneur (Mollondin), je croy mesme que personne ne serait davis que jy parusse avant larivée de mon équipage. On ne scait pas encore de Neufchastel mesme quelle forme prendra le tribunal qui en doit décider ni quels doivent estre les juges.

(Archives de France K, 602, VII.)

APPENDICE IV

Lettre de l'ambassadeur de France aux Cantons

(Copie.)

14 juillet 1707.

Magnifiques seigneurs,

Le Roy mon maitre ayant jugé à propos de laisser à chacun *de messieurs les prétendants français le choix et la liberté de soutenir son droit sur la succession de Neuchâtel, par les voyes prescrites, et l'intention de Sa Majesté étant de ne favoriser aucun de ses sujets prétendants, au préjudice l'un de l'autre mais d'empêcher seulement que M. l'Electeur de Brandebourg*, et les autres prétendants étrangers *ne leur soyent préférés ;* je ne vous ay fait aucunes représentations sur cela, tant que j'ay pû croire que le droit chimérique de M. l'Electeur de Brandebourg ne pourrait point prévaloir sur le droit incontestable de messieurs les Prétendants français ; mais comme j'apprens que le parti que ce prince a à Neuchâtel se fortifie, et que quelques particuliers de cet Etat, mal instruits de leurs véritables intérêts, écoutent trop favorablement les raisons que M. de Metternich avance, pour prouver le droit de son maitre, sans réfléchir *sur les maux que ceux de Neuchâtel s'attireront à eux-mêmes, s'ils reconnoissent pour maitre un étranger, actuellement allié des ennemis du Roy, et dont les Etats seroient par conséquent exposés à toutes les contributions que Sa Majesté aurait raison d'en exiger*, je m'adresse à vous, Magnifiques Seigneurs, pour vous déclarer les intentions de Sa Majesté, qui sont de ne pas souffrir que la succession de Neuchâtel tombe à un autre qu'à un de ses sujets prétendants, puisque ce sont les seuls qui y ont un droit légitime ; qu'*elle sera fâchée si on l'oblige de se servir des voyes, qui ne pourroient estre que très désagréables à ceux de Neuchâtel : Que ces considérations doivent estre assés fortes*, pour les empêcher de defferer aux prétentions imaginaires de M. l'Electeur de Brandebourg : Que Les L. cantons alliés de Neuchâtel, doivent faire réflexions, qu'un prince qui s'est toujours déclaré son ennemy sans aucun sujet particulier, et *seulement parce qu'il est entraîné à suivre nécessairement le sort de l'Empire*, les engageroit souvent *dans de fâcheux démeslés, s'il devenoit leur allié*, qu'aussitôt que la guerre commenceroit *entre sa couronne et l'Empire*, Sa Majesté seroit obligée de regarder l'Etat de Neuchâtel comme ennemy, et par conséquent de prendre de justes précautions pour prévenir les desseins d'un prince étranger qui en seroit possesseur, qu'elle ne sait pas qu'elles en seroyent les suites, qu'elle n'en peut répondre, quelque ménagement qu'elle veuille toujours avoir pour Les L. Cantons, que c'est à eux d'y songer, qu'il est de leur sagesse d'éviter ces malheurs, comme il est de la justice de ceux de Neuchâtel d'avoir égard au droit de ses sujets, qui véritablement doivent être les héritiers légitimes du comté de Neuchâtel. Je vous prie donc, Magnifiques Seigneurs, de faire vos réflexions sur ce que je vous fais entendre de la part du Roy mon maitre, et de vouloir bien sans perdre de temps en donner part au Gouvernement et à la ville de Neuchâtel, et de les exhorter à y faire attention.

Je prie Dieu qu'il vous maintienne dans la prospérité de tout ce qui vous peut estre le plus avantageux.

Magnifiques Seigneurs,
Votre affectionné à vous servir,
Signé : PUIZIEUL.

Bade, le 14 juillet 1807.

A messieurs les Avoyer et Conseil de la ville et canton de Soleure.

(Archives de Neuchâtel, *Registre des missives*, t. XIII, p. 132-134.)

S. A. S. *le prince de Bourbon à M. de Torcy.*

A Pontarlier, le 2 juillet 1707.

J'ai receu, monsieur, par la voie de M. de Puysieux la lettre que vous m'avez escrite au sujet de la proposition qui a été faite à Sa Majesté de reconnaitre le sieur de Mollondin pour gouverneur de Neuchatel et par cette démarche l'autoriser davantage dans le poste qu'il occupe et le mettre plus en état de s'opposer aux menées de l'envoyé de M. l'électeur de Brandebourg. Je commenceray par vous dire que je suis fort sensible à la bonté de n'avoir point voulu se déterminer sur cette proposition sans scavoir si je n'y trouverais rien de préjudiciable à mes intérêts. Je n'y trouve aucune difficulté et loin de my opposer jy consens de bon cœur. Mais permettez moy de vous dire que quand mesme je serais dans d'autres sentiments il ne faudrait point y avoir égard dès qu'il est question de prévenir une chose dangereuse au bien de l'Etat. La grande affaire est d'empêcher l'Electeur de Brandebourg d'envahir la principauté de Neufchatel; de quelque manière qu'on puisse l'empescher, cela sera toujours bon et il faut toujours que l'intérest des particuliers cède quand il s'agit du service du Roy. Ce sont là mes sentiments et si les autres parties intéressées ne pensent pas de mesme, je ne puis que les plaindre et les condamner. Je vous prie d'asseurer le Roy que j'agiray toujours suivant ce principe. Les affaires de Neufchatel sont encore dans un état si incertain que je ne puis vous en mander de nouvelles. Trouvez bon qu'en attendant je vous demande la continuation de l'honneur de votre amitié.

(Archives de France, K, 603, VII.)

Puyzieulx à Torcy

A Baden, ce 27e juillet 1707.

Vous aviez bien raison, Monsieur, de douter que M. le prince de Conty, et les autres prétendants françois au comté de Neufchastel, consentissent tous également au voyage de M. de la Closure à Neufchastel. Les reponses qu'ils m'ont faittes iustifient ce que vous aviez presveu. Ce n'estoit pas non plus sans raison que je souhaittois si ardemment que la succession de Neufchastel ne se décidast qu'aprez qu'il aurait plu à Sa Majesté de me retirer de ce pais cy. Cette affaire me cause tous les dégouts possibles. M. de Villeroy et M. de Matignon me croyent fort partial pour M. le prince de Conty, et Son Altesse Sérénissime se plaind que ie mets trop de parité entr'elle et les autres prétendants françois. Elle a trouvé mauvais que i'aye escrit à MM. de Villeroy et de Matignon en mesme temps qu'à elle, sur l'envoy de M. de la Closure. Je ne saurois croire qu'elle puisse penser que i'ignore le respect que ie luy doy, mais elle devroit considérer que i'ay des ordres dont ie ne saurois m'écarter. Je vous supplie très humblement, Monsieur, que tout cecy soit pour vous seul. Ce m'est une consolation infinie de pouvoir parler aussy librement et aussy confidemment que ie prends la liberté de le faire avec une personne comme vous. Je vous dirai donc franchement, Monsieur, que M. le prince de Conty, et MM. les autres prétendants françois ont gasté leur affaire, ceux-cy par ialousie contre ce prince, et Son Altessé Sérénissime en faisant trop connoistre qu'elle est asseuré du gouverneur de Neufchastel. Il se tient sur cela des discours publics, qui fortifient le parti de M. l'Electeur de Brandebourg. Je prevoy que toutes les parties se plaindront de moy. Je prendray patience si Sa Majesté et vous daignez estre contents de ma conduitte.

Je suis tousiours, Monsieur, avec l'attachement le plus respectueux, votre très humble et très obéissant serviteur.

PUYZIEULX.

(Affaires étrangères, *Suisse*, t. CLXXIX.)

Le Roy à Puysieulx

3 août 1707.

. . . .
J'apprends aussi que l'envoyé de Brandebourg profitte du voisinage de Neufchastel pour faire passer dans le comté de Bourgogne des émissaires dont les commissions font peu d'honneur à ceux dont ils reçoivent les ordres. Si l'Electeur de Bran-

debourg en use ainsi dans le temps qu'il sollicite l'investiture de Neufchastel et qu'il asseure que cet Estat ne se ressentiroit pas des engagemens ou ce prince est entré contre moy, on peut prévoir ce qu'il feroit s'il en devenoit le maistre, et juger de la fidellité des promesses immenses qu'il fait presentement pour y parvenir.

Au reste, si le canton de Berne envoye ses deputez à Neufchastel, vous devez faire en sorte que les trois autres cantons Alliez y envoyent aussy de leur part. Sur ce, etc.

(Affaires étrangères, *Suisse*, t. CLXXIX.)

Puysieulx à Torcy.

Soleure, 6 août 1707.

. . . .
La plusparts des esprits de Neufchastel sont tellement portés pour les veües du ministre de Brandebourg qu'il ne faut presque pas douter que ce ministre ne vienne a son but, à moins que le Roy, comme j'ay desja eu l'honneur de le mander, ne prenne plus d'interest dans cette affaire, que Sa Majesté n'a semblé le vouloir faire jusqu'à présent.

J'avoüe, Monsieur, qu'on ne sçauroit trop admirer la juste impartialité que Sa Majesté a voulu observer tant que cette affaire n'a roulé qu'entre Mgr le prince de Conty et MM. les autres pretendants françois, et tant qu'ils n'ont pas eu de pretendants estrangers a craindre ; mais il s'agist maintenant d'empescher que M. l'Electeur de Brandebourg ne devienne souverain de Neufchastel ; vous sçavés bien, Monsieur, qu'il seroit difficile d'en respondre, si cette affaire est décidée par ceux qui traitteront de la paix generalle ; et Neufchastel entre les mains d'un autre que d'un François, seroit la source de beaucoup d'inconvenients à la moindre guerre qui surviendroit, quelque precaution qu'on pust prendre ; les Suisses ne pourroient pas responder de ce qui se trameroit dans le comté de Neufchastel, pour susciter des troubles dans la Franche-Comté ou les esprits ne sont que trop portés à la mutinerie. Ces mesmes Suisses ne pourroient pas non plus souffrir que pour éviter de pareils inconvéniens, et pour mettre en seureté, les provinces du royaume voisines de Neufchastel, Sa Majesté s'emparast de ce comté. J'avoue qu'il seroit facile de le faire par force, mais l'on se brouilleroit avec la pluspart des cantons, qui sont fort à menager (s'ils ne sont pas beaucoup a craindre) par les secours d'infanterie que le Roy en retire pendant toutes les guerres.

Ces raisons, Monsieur, quoyque foibles en elles mesmes, me paroissent considerables et me font croire qu'il est de l'avantage du service du Roy d'empescher que le comté de Neufchastel ne tombe entre les mains de M. l'Electeur de Brandebourg. Je répete qu'il ne sera pas facile d'y parvenir si l'on intimide les Neufchastelois. Je vais prendre la liberté de vous dire mon sentiment, dont vous ferés l'usage que vous jugerés à propos. Je desireray qu'on pust obliger Mgr le prince de Conty et les autres pretendants à réunir leurs creatures ensemble pour donner l'exclusion à M. l'Electeur de Brandebourg, et si malgré cette réunion ils ne se trouvaient pas assez forts pour obliger les Estats de Neufchastel a décider de cette affaire par eux mesmes, qu'ils acceptassent un délay jusqu'a la Saint-Martin prochaine, et qu'alors le Roy fist dire à ces mesmes Estats, que s'ils sont dans le sentiment de différer encore leur jugement, Sa Majesté rappellera ses sujets Pretendants, fera connoistre de leurs droits par son Conseil et soustiendra celuy à qui la succession sera ajugée. Je suis du sentiment qu'il n'y a qu'un pareil expedient qui puisse obliger les Estats de Neufchastel à conclurre. Je croy bien, Monsieur, que Sa Majesté fera difficulté de se porter à une pareille extrémité, mais l'employ que je remplis m'oblige a m'expliquer comme je fais affin de n'avoir point à me reprocher d'avoir manqué a faire touttes les représentations que j'ay crû les plus convenables aux intérests de Sa Majesté.

Comme il est important que je sois informé de tout ce qui se pense à Berne sur les affaires de Neufchastel, il m'en vient presque tous les jours des lettres par des exprés. J'ay l'honneur de vous envoyer la traduction des deux dernieres que j'ay receües.

Je suis tousjours tres respectueusement
 Monsieur,
   Vostre tres humble et tres obeïssant serviteur,
       Puyzieulx.

(Affaires étrangères, *Suisse*, t. CLXXXI)

L'Ambassadeur de France aux Cantons.

14 août 1707 (minute).

. . . .
Lisez, Messieurs, sans la prevention que le ministre d'Angleterre tache de vous inspirer la lettre que M. le marquis de Puizieux a escrite aux L. Cantons, vous decouvrirez au lieu des menaces la suitte des egards et de l'affection que Sa Majesté a toujours eu pour vous. Si elle vouloit envahir vostre Estat, quel pretexte plus specieux pourroit s'offrir pour l'execution de cette idée chimerique, que celuy de le voir passer entre les mains d'un prince son ennemy, dont vous ne pouvez admettre la pre-

tention sans declarer que le comté de Neufchastel est un arriere fief de la Franche-Comté, par consequent vostre nouveau Souverain tombé dans le crime de felonie envers Sa Majesté, et vous mesmes deschus de tous les priviléges que les comtes de Neufchastel vous ont accordés depuis plus de deux siècles.

Est-ce vous menacer que de vous montrer le peril ou l'on veut vous conduire sous une feinte apparence d'amitié. M. le marquis de Puisieux vous exhorte à perseverer constamment dans les voyes de la justice. Si vous trouvez ses expressions menaçantes, que direz-vous, messieurs, du stile imperieux du sieur Stanion. Il vous presente le souverain que vous devez reconnoistre, sans examiner le droit du Prince qu'il vous propose, car il ne vous est plus libre, selon luy, d'en juger depuis que les alliés sont engagés solennellement à vostre insçu, de vous contraindre a le recevoir pour maistre. Il vous menace desja d'une guerre éternelle si vous osez trouver que quelqu'un de MM. les pretendants françois ayt une ombre de justice. De juges que vous estiez vous n'estes plus, suivant le sieur Stanion, que les simples executeurs des decisions faites par les Alliez pour le bien de leurs affaires.

On craint la presence des princes injustes et malfaisants. On evite ceux qu'on ne peut voir sans se reprocher d'avoir commis une injustice. Le sieur Stanion n'a pas apparament eu le dessein de vous donner ces idées de M. l'Electeur de Brandebourg. Il vous represente cependent l'éloignement de ce prince comme un des principaux avantages que vous trouverez sous sa domination. En mesme temps qu'il eleve la puissance de cet Electeur, la vérité le force de vous laisser envisager, malgré luy, les guerres et les malheurs dont vostre Estat seroit menacé si vous preferiez les injustes pretentions de l'étranger, a celuy que vos loix et vos coustumes doivent vous donner pour souverain.

Vous n'avez jamais eu besoin, messieurs, ny de troupes protestantes, ny d'argent des princes d'Allemagne pendant que la maison de Longueville vous a gouvernés. Vous pouvez sçavoir si les soldats allemands portent avec eux l'abondance dans les pays où ils penetrent. Vostre experience vous apprend qu'un commerce libre avec les Estats voisins enrichit sans peine et sans danger ceux qui veulent l'exercer. Jamais il n'avoit esté proposé aux L. Cantons d'appeller chez eux les trouppes de l'Empire comme un moyen d'augmenter la richesse, et d'assurer la liberté du corps helvétique. Les nouveaux conseils qu'on vous donne ne lui persuaderont pas apparament de changer cette ancienne maxime.

Ils ne vous persuaderont pas aussy que la difference de Religion soit un obstacle qu'on puisse raisonnablement alleguer contre MM. les pretendants françois. L'exemple des temps passez vous assure de jouir de la mesme liberté et des mesmes usages pour l'avenir.

Comparez donc, Messieurs, la conduite du Roy a vostre egard avec celle de ses ennemis. Sa Majesté vous demande l'observation de vos loix, ses ennemis en sollicitent le renversement. Elle vous exhorte à maintenir le plus ancien et le plus glorieux de vos privileges, a conserver le droit de nommer vostre souverain, ses ennemis veulent vous en priver. Ils pretendent vous forcer a recevoir le prince qu'il convient a leurs interets de vous donner pour maistre.

Sa Majesté continue de vous regarder comme un Estat veritablement souverain, ses ennemis employent leurs veilles a prouver que Neufchastel est un arrière fief de la comté de Bourgogne. Ce sont, messieurs, les premieres preuves que vous recevez de l'amitié recente dont la princesse de Dannemarck vous fait assurer par un ministre [*que ceux de sa nation croyent aussy indifferend au moins sur le choix des Religions et sur les droits des souverains qu'il est*] mal instruit du respect deub aux plus grands Roys.

C'est a vous d'examiner si la protection qu'il vous promet, si les assistances eloignées et peut estre incertaines de la part d'un royaume sujet a de grandes revolutions vous seront plus utiles que les fruits que vous avez retirés jusqu'a present de l'affection constante du Roy mon maistre et de vostre commerce avec ses sujets.

Si ces considerations et le desir de conserver vos loix, ceddent aux ressorts que l'Electeur de Brandebourg fait agir, songez, messieurs, qu'en vous donnant à ce prince, vous vous preparez de nouveaux embarras pour l'avenir, de la part de ceux mesme qui vous sollicitent aujourd'huy le plus vivement en sa faveur. Il y a encore en Hollande des pretendants a la succession du feu roy d'Angleterre Guillaume troys. Cette mesme Republique qui vous presse de commettre une injustice qui decidera de vostre Estat n'oze la faire a l'egard des biens situez sous sa domination, quelque interest qu'elle ayt de menager le prince qu'elle vous prescrit de concert avec ses alliés de reconnoistre pour vostre souverain.

(Affaires étrangères, *Suisse*, t. CLXXXI.)

LISTE DES PRINCIPAUX ÉCRITS PUBLIÉS PAR LES PRÉTENDANTS A LA SUCCESSION DE NEUFCHATEL

La Prusse

1. Mémoire abrégé des droits du feu roi de la Grande-Bretagne sur le comté de Neuchâtel et ses dépendances, imprimé l'an 1703. 12 p. in-f°.
Archives nationales de Paris, K, 663.

2. Information sommaire des droits de S. M. le roi de Prusse, addition à l'information sommaire du droit de S. M. contenant la réfutation des réponses, 16 p. in-folio.

<small>Archives nationales de Paris, K, 603, Boyve, *Ann. Hist.*, *IV*. p. 480.</small>

3. Traité sommaire des droits de S. M. le roi de Prusse, 112 p. in-folio.

<small>Archives nationales de Paris, K, 603, Boyve, *ibid.*</small>

4. Manifeste de S. M. le roi de Prusse pour faire voir son droit soutenu de l'intérêt public.

<small>Archives nationales, *ibid.*, Boyve, IV, p. 493.</small>

5. Réponse particulière pour S. M. le roi de Prusse à l'objection des droits à la pleine souveraineté, prise de la prétendue prescription.

<small>Réponse à un Mémoire de Mme de Lesdiguières. — Archives nationale, *ibid.*, Boyve, V, p. 30.</small>

6. Réflexions sur la réponse de Mme de Lesdiguières et sur le Mémoire de Mgr le prince de Conti et sa prétendue aliénabilité. 58 p. in-f°.

<small>Réponse à un Mémoire de Conti. — Archives nationales, *ibid.*, Boyve, V, p. 192.</small>

7. Déclaration de S. E. M. le comte de Metternich du 21 octobre 1707.

<small>Boyve, V, p. 347.</small>

Le prince de Conti

1. Mémoire pour justifier le droit de S. A. S. Mgr le prince de Conti sur les comtés souverains, 144 p. in-4°. Pistorius, Neuchâtel.

<small>Arch. nation., *ibid.*, — Boyve, V, p. 142-191.</small>

2. Réponse de S. A. S. le prince de Conti à l'écrit intitulé : Manifeste de S. M. le roi de Prusse.

<small>Boyve, V. p. 136.</small>

3. Réflexions sur la sentence de 1694.

La duchesse de Lesdiguières

1. Mémoire pour établir le droit de Mme la duchesse de Lesdiguières sur les souverainetés, etc... Lyon, 1707, 50 p. in-f°.

<small>L'analyse dans Boyve, V. 971.</small>

2. Réponse de Mme la duchesse de Lesdiguières au Mémoire intitulé : Traité sommaire du droit de S. M. le roi de Prusse, 23 p., Lyon, 1707.

<small>Arch. nationales, K, 603. — Boyve, V, p. 5.</small>

Le comte de Matignon

1. Mémoire pour justifier que le comte de Matignon a le droit de demander l'investiture, 40 p. in-f°.
   Boyve, V, p. 108.

2. Consultation de feu M. Obrecht pour justifier M. le comte de Matignon.
   Archives nationales, *ibid.*, — Boyve, V, p. 108.

3. Réponse de M. le comte de Matignon aux écrits de S. A. E. de Brandebourg.
   Boyve, V, p. 108.

Le prince de Savoie

1. Mémoire pour établir le droit de S. A. S. le prince de Carignan sur la souveraineté, etc., 19 p. in-f°.
   Archives nationales, *ibid.*, — Boyve, V, p. 71.

2. Ecriture pour S. A. S. le prince de Carignan.
   Archives nationales, *ibid.*, — Boyve, V, d. 74.

Le duc de Montbéliard

Mémoire du droit de S. A. S. le duc Léopold Eberhard de Wurtemberg-Montbéliard, 25 p. in-f°.
   Archives nationales. *ibid.*, — Boyve, V, p. 72.

Le marquis d'Allègre

Mémoire des droits de M. le marquis d'Allègre, prince d'Orange, à la souveraineté, etc...
   Archives nationales, *ibid.*

Mailly et Nesles

Mémoire de madame la marquise de Noailles, 14 p. in-f°.
   Boyve, V, p. 74.

Ces écrits se trouvent un peu partout : aux Archives royales de Berlin, à la Chancellerie de Neuchâtel, aux Archives des affaires étrangères à Paris, dans les papiers de Conti, aux Archives nationales, et dans la collection Duvernoy, de la Bibliothèque de Besançon, relative à l'histoire de Montbéliard. — Le recueil le plus complet, après celui de Berlin, est celui des Archives nationales, de la collection Conti. C'est aussi le plus accessible à des lecteurs français. Pour les lecteurs suisses, j'ai renvoyé aux Annales de Boyve.

APPENDICE IV   205

Faverger à madame la princesse de Conty

Du 26 septembre 1707.

On n'a pas avancé beaucoup depuis ma dernière. La maison de Longueville a fait des productions et elle doit achever demain; après quoy on jugera si les deux maisons seront jugées conjointement ou séparement. Ce jugement, quoyqu'accessoire, va emporter le principal, parce que si on juge les deux maisons séparement il y aura une grosse espérance pour les prétendans français, mais si les prétendans sont tous pris conjointement, il n'y a pas à balancer, le parti prussien l'emporte sans difficulté. C'est sur cela que roule l'intrigue présentement et sur quoy on fait de grands efforts. J'ay eu aujourd'huy une longue conversation avec monsieur Mars et une autre avec monsieur de Béarnès. Je leur ay dit ce que j'avais déjà dit à monsieur de la Closure, que, si on n'a pas un prince français c'est la faute de la France et nullement celle des gens d'icy, car si au lieu de venir trois prétendans, il n'en était venu qu'un, il est sûr qu'il aurait réussi. Mais ces prétendans se sont divisés entre eux et ont fait le jeu de l'électeur de Brandebourg. A la vérité, si les Français s'étaient réunis icy, ils l'auraient infailliblement emporté sur l'Allemand. Mais les uns ont voulu avoir monsieur le prince de Conty et les autres monsieur de Matignon. Ceux-ci ont fait ce qu'ils ont pu pour éloigner le prince. Ils en sont venus à bout, mais après cela il leur est arrivé ce que je leur avais prédit et dont ils avaient été avertis, c'est que les partisans du prince, au moins la plus grosse partie, se sont jettés de dépit dans le parti opposé à monsieur de Matignon. Ils sentent bien le coup aujourd'huy. Je l'ay fait remarquer à monsieur de Béarnès et ay ajouté que je ne voyais aucune ouverture pour avoir un prince français, à moins que les partisans de monsieur de Matignon voulussent se réunir aux contistes et faire remettre le prince sur les rangs; pour en ce cas, j'engage ma vie si nous échouons; mais si on ne prend pas ce parti, je tiens dès à présent les Français pour avoir perdu la partie.

(Archives nationales de France, K, 603, VII.)

Mars au prince de Conti.

24 octobre 1707, Neufchâtel.

Les Etats se sont tenus et ont été consommés en menus incidents peu remarquables, si ce n'est le remplacement par M. le conseiller Tribolet de la place de M. Sandoz indisposé, mais qui, se portant mieux, retournera demain reprendre sa place ainsi qu'on l'a résolu aujourd'hui aux trois Etats même contre ses drois et l'usage pratiqué partout, *semel exclusus, semper exclusus*, cela ne laissera pas que d'ajouter encore quelque irrégularité à cette procédure.

M. de Verfel, ingénieur général de Franche-Comté, est arrivé ici aujourd'hui pour prendre les ordres de M. de Puisieux sur les fortifications qu'on pourrait faire dans cette occurrence sur la frontière. V. A. S. peut mieux qu'un autre estre informée du motif de cet envoy. Il repart demain pour retourner à Pontarlier.

Nous sommes à resoudre si on fera demain signifier l'arrest de Besançon. La conjoncture paraist délicate. Je crois que l'avis ira à différer jusqu'au retour du courier qu'on a envoié à Berne. Il paraitrait extraordinaire, tandis que nous envoions à Berne requérir les bons offices de ce canton, que nous agissions dans un autre esprit, et lorsqu'il s'agira tout de bon de faire cette signification, il y aura encore bien des raisons à surmonter, la crainte de la religion, le droit royal sur un pays libre, le mauvais endroit que les Prussiens ne manqueront pas de donner à une pareille démarche. Je vois que le courier va partir. Ce qui m'empêche de vous mander positivement la résolution de M. l'ambassadeur sur cette signification.

Mars.

Toujours le même esprit dans les Prussiens. Ils veulent voir la fin incessamment. A demain les trois Etats pour commencer la lecture et la procédure depuis huit heures jusqu'à midi.

(Archives nationales de France, K, 603, VII.)

Lettre du Conseil d'État de Neuchâtel au canton de Lucerne

6 octobre 1707.

« Aux magnifiques et puissants seigneurs messieurs les avoyers et conseil de la ville et canton de Lucerne, nos bons voisins, anciens amis, alliés et perpétuels combourgeois.

. . . .

« Nous continuons à les *informer que le péril augmente tous les jours, comme ils pourront le remarquer par le mémoire que nous joignons ici* et par plusieurs autres choses qui se publient et dont Vos Excellences ont sans doute une parfaite connaissance. Son Excellence monsieur le marquis de Puisieux, ambassadeur de Sa Majesté très chrétienne, est arrivé icy ce matin. Et,

comme sans doute *il a ordre de confirmer icy de vive voix ce que contient ce mémoire* à l'égard des sentiments où est le Roy son maître sur les événements dont nous avons eu l'honneur de leur parler dans notre précédente lettre et sur l'intérêt que prend ce monarque dans la succession à cette souveraineté.......
En cet état, M. et P. S., et considéré d'ailleurs que plusieurs puissances de l'Europe donnent leur attention à cette affaire, nous continuons à prier très affectueusement Vos Excellences... *de nous aider à sortir de l'étrange embarras où nous nous trouvons, pendant que de notre côté nous nous appliquerons avec tout le soin et toute l'ardeur dont nous sommes capables, pour prévenir les suites dangereuses* d'un conflit qui devient tous les jours plus sérieux et plus influant sur la patrie.

Le gouverneur et les gens du conseil d'Etat établi en la souveraineté de Neuchâtel et Vallangin.

Signé : D'Estavay-Mollondin.

(Archives de Neufchâtel, *Missives*, t. XIII, p. 219.)

Lettre du Conseil d'Etat de Neuchâtel

A monsieur de Bernage, maître des requêtes et intendant de Bourgongne, à *Besançon*,

12 novembre 1707.

« Nous avons appris avec autant d'étonnement que de déplaisir *l'interdiction du commerce ordonné par Sa Majesté très chrétienne entre ses sujets et ceux de ce pays*. La domination sous laquelle nous vivons maintenant *ne changeant ni notre situation, ni les alliances et liaisons que nous avons avec le Louable Corps helvétique*, nous n'estimons pas devoir estre regardez autrement que le reste de la Suisse et dans cette persuasion nous ne songions point à prendre aucune précaution du coté de la Franche-Comté. Mais comme cette *deffense du commerce* donne de l'ombrage au peuple de cet Etat, nous n'avons pû nous dispenser d'employer quelques moyens pour les rasseurer. C'est uniquement dans cette veue, monsieur, et pour le seul désir d'obvier au trouble que pourrait causer cette innovation que l'on a ordonné de faire *quelques gardes sur nos frontières*. Nos intentions, quant au reste, s'accordent parfaitement avec celles de la Suisse, *dont nous faisons partie*, et nous sommes *entièrement resolus de pratiquer la même neutralité et bonne correspondance qui s'observent réciproquement entre les Etats du royaume de France et ceux de la Suisse*, et comme nous *l'avons exactement gardée jusqu'icy*. C'est de quoy, monsieur, nous avons cru devoir vous informer dans l'espérance que, vu nos bonnes et sincères intentions, vous voudrez bien continuer à nous donner sujet de nous louer de votre doux et sage ministère. Cela nous confirmera aussy dans les sentiments de l'estime que nous avons pour vous et dans la résolution de vous marquer dans toutes les occasions que nous sommes très véritablement, monsieur,

Vos très humbles et très obéissants serviteurs.

Les gens du Conseil d'Etat et par leur ordre,

Signé : CHAMBRIER.

(Archives de Neuchâtel, *Missives*, p. 23.)

Réponse de M. de Bernage à messieurs les membres du Conseil d'Etat à Neuchâtel

Messieurs,

Vous n'avez pas deu être surpris que le commerce ait été interdit entre les sujets du Roy et ceux des comtés de Neufchatel et Vallangin, *puisque M. l'ambassadeur de France vous avait déclaré, par son mémoire du 10 octobre dernier et depuis verballement, que Sa Majesté avait donné ses ordres pour cette interdiction, si vous préfériez les prétentions d'un prince étranger et même ennemi* de la France aux légitimes droits de MM. les prétendants français. C'est avec une sensible douleur que je me suis veu dans le cas d'estre obligé d'exécuter cet ordre, car j'aurais désiré passionnément que la continuation de vos égards et de votre déférence pour les justes intentions de Sa Majesté m'eut mis en état de vous donner de nouvelles preuves de l'envye que j'ay toujours eue d'entretenir la bonne correspondance entre les sujets du comté de Bourgogne et ceux de votre pays. Enfin, j'ay un véritable déplaisir de voir cesser par cet evenement les occasions dont j'ay toujours profitté avec joye de vous marquer que je suis, très parfaits messieurs, votre très humble et très obéissant serviteur.

DE BERNAGE.

14 novembre 1707, à Besançon.

(Archives de Neufchâtel, *Missives*, t. XIII, p. 243-244.)

APPENDICE V

APPENDICE V

Le Roy à Puysieulx (minute).

A Versailles, le 24 novembre 1707.

Monsieur le marquis de Puysieulx,

Je vous informay par ma lettre du 24ᵉ octobre de la resolution que j'avois prise de faire entrer mes troupes dans le pays et la ville de Neufchatel, aussy tost que celles que je destinois a faire cette expedition seroient arrivées en Franche-Comté. Toutes les dispositions estant faites presentement pour les faire avancer vers Neufchatel, j'ay crû que l'execution de ce projet ne pouvoit se remettre en de meilleures mains qu'en la confiant au mareschal de Villars. Il part pour cette entreprise ou je compte qu'il trouvera peu d'opposition, mes ennemis n'ayant pas eu le temps de prendre de precautions pour leur deffense, et les ayant encore negligées dans l'opinion ou ils sont et qu'ils ont repandües avec tant de soin que je laisserois joüir l'Electeur de Brandebourg de la possession d'un Estat qu'il vient d'acquerir contre toute sorte de justice.

Les lettres que vous m'avez escrites depuis que l'investiture de Neufchatel luy a esté donnée, m'ont fait voir que les cantons catholiques craignoient avec raison le prejudice que ce jugement pouvoit leur causer un jour et qu'ils attendoient avec impatience le party que je prendrois pour en empescher l'effet. Je pouvois croire qu'estant dans ces dispositions, ils ne seroient point allarmez de voir demeurer mes troupes dans la ville et dans le comté de Neufchatel, mais comme je songe a la tranquillité du Corps Helvetique en mesme temps que je veux prevenir l'effet des desseins de mes ennemis et que les cantons protestans penseroient differemment des Catholiques, mon intention est qu'aussytost que mes troupes entreront dans cette ville, vous declariez que je ne pretends point la garder pour moy, ny conserver la moindre partie de cet Estat, que je veux au contraire le remettre entierement a tous les cantons pour le garder en sequestre jusqu'a la paix generale.

Cette declaration doit dissiper les craintes que mes ennemis voudroient inspirer de mes desseins. Après avoir fait connoistre combien ils sont conformes a la paix et a l'union du Corps Helvetique, vous attendrez les propositions que me feront les cantons pour m'asseurer que le sequestre que je veux bien remettre entre leurs mains sera fidelement gardé de leur part.

L'offre que je veux bien leur faire est si conforme a leurs intérets que je ne doute pas qu'ils ne s'empressent de proposer et de promettre touttes les conditions qui pourront m'asseurer le plus de leur bonne foy.

J'ay prefere ce party a celuy que j'aurois pû prendre de faire valoir mes droits sur le comté de Neufchatel. Je ne pretends pas troubler le repos de la Suisse ny donner aucune inquietude aux Cantons, il me suffit que mes ennemis soient hors d'estat d'executer les projets qu'ils formoient contre les Provinces de mon Royaume et dont l'execution leur paroissoit asseurée par les commoditez que leur fourniroit la situation de l'Estat de Neufchatel.

Je fais remettre cette depesche au mareschal de Villars pour l'envoyer lorsqu'il arrivera a Pontarlier. Je luy ordonne d'agir de concert avec vous, et vous lui donnerez aussy toutes les lumieres et touttes les connoissances que vous aurez pour le mettre en estat de bien executer mes ordres. Sur ce, etc.

(Affaires étrangères, *Suisse*, t. CLXXXII.)

Le Roy à M. le marquis de Puyzieulx.

(Cette depesche n'a pas esté envoyée.)

A Marly, le 15 décembre 1707.

Monsieur le marquis de Puyzieulx, la lettre que vous m'avez escritte le 5ᵉ de ce mois et les nouvelles que vous y avez jointes m'informent de ce qui s'est passé dans le Conseil de Berne lorsqu'il a esté question de deliberer sur les demandes du sieur de Meternick. J'attends d'apprendre par vos premieres lettres celles que les deputez de ce canton vous auront faites ; je ne doute pas qu'elles ne soient telles que vous le jugez, et, comme vous estes instruit par mes dépesches precedentes de mes intentions, je suis persuadé que bien loin de rejetter la proposition d'une exacte neutralité pour le comté de Neufchatel pendant cette guerre, vous avez fortifié les deputez de Berne dans cette pensée et que vous avez examiné avec eux les moyens d'en asseurer le succez, aussy bien que l'exacte observation de cette neutralité s'il est possible d'en convenir.

L'Electeur de Brandebourg me la demande comme vous le verrez par la lettre dont je vous envoye la copie, j'y fais joindre aussy celle de la response que j'ay ordonné de faire a l'agent de Geneve qui avoit esté chargé de cette Commission. Comme je n'ay jamais pensé a me rendre maistre de Neufchastel, et que la resolution que j'ay prise de faire marcher mes troupes, est seulement dans la veüe d'empescher que mes ennemis ne se servent de la commodité de ce poste pour entrer dans mon

Royaume, ou pour m'obliger a tenir des forces considerables sur la frontière de Franche Comté, il me suffra d'estre asseuré contre leurs desseins par une neutralité que tous les Cantons Suisses me garantiront.

J'attends cependant le retour du courrier que je vous ay depesché pour donner ensuite mes derniers ordres suivant les eclaircissements que vous m'envoyeriez. Sur ce, etc.

(Affaires étrangères, *Suisse*, t. CLXXXII.)

Lettre de Martine à Wartemberg.

(Copie.)

Le 16 décembre 1707.

Monsieur,

J'eus l'honneur de voir hier M. le marquis de Torcy, qui me dit qu'il avoit communiqué au Roy la lettre que Vostre Excellence m'a fait l'honneur de m'escrire le 22 du mois dernier, mais que Sa Majesté n'avoit pas encore fait de reponce positive sur la proposition de neutralité avec la principauté de Neufchatel, que cette proposition n'avoit pas laissé de paroitre nouvelle puisque ceux qui ont favorisé M. l'Electeur de Brandebourg, c'est ainsi qu'on parle ici, pour cette principauté, ont dit tout haut que c'etoit pour avoir une porte ouverte pour entrer en Franche Comté, ainsi que le Roy, apres de tels discours, n'avoit pas pu se determiner sur une simple lettre de Vostre Excellence, pour laquelle Sa Majesté a pourtant beaucoup d'estime, que si on avoit proposé quelque garantie de cette neutralité ou que les cantons ussent parlé la dessus, on auroit pû faire une reponce plus positive, ce ministre ajouta qu'elle sureté esse (*sic*) que le Roy auroit si sur cette premiere proposition il faisoit retirer ses troupes de cette frontiere, qu'on y entreroit pas dans la Suisse puis qu'on a dit qu'on ne vouloit avoir Neufchatel que pour avoir une entrée, il me dit ensuitte que dans quelques jours il pourroit me donner une reponce plus positive, mais que je devois toujours mandé a Vostre Excellence ce qu'il venoit de me dire, et luy faire bien des compliments de sa part. Voilà mot à mot, autant que la mémoire me peut fournir, ce que M. le marquis de Torcy m'a dit, sur quoy j'attend la reponce de Vostre Excellence et la prie de me croire, avec un parfait respect, etc.

(Affaires étrangères, *Suisse*, t. CLXXXII.)

Wartemberg à M. Martine, à Paris.

8 décembre 1707.

Vous nous donnez beaucoup de plaisir en nous asseurant que les menaces de la France dans l'affaire de Neufchatel ne produiront rien de fâcheux. Cela étant, notre proposition touchant la neutralité de ce païs là sera sans doute bien receue et je vous prie de ne rien oublier pour la faire goûter à la cour.

Ne vaudrait-il pas mieux de vivre en bonne intelligence que d'étendre plus loin les effets de cette funeste guerre ?

(Archives de Prusse, *Acta betr. die Neuch. succession*, t. XXIV.)

Le comte de Saint-Saphorin à Wartemberg.

29 novembre 1707, de Neufchatel.

« Il se peut que toutes les demarches de la France... que tout cela ne tende qu'a nous épouvanter, afin que nous engagions le canton de Berne à faire promptement des démarches qui donnent lieu à la France d'ajuster la neutralité de Neufchatel d'une manière honorable pour elle, et que, *comme elle craint que nous n'ayons en vue d'engager une affaire* par le comté de Neufchastel qui luy serait très dangereuse veu le mécontentement des Bourguignons, elle a uniquement pour objet de régler la neutralité avant la campagne prochaine, et avant que ses troupes soyent obligées de sortir du comté de Bourgogne....

« Il se peut aussi que la France s'abandonnera à sâ passion, et qu'elle attaquera ce païs. »

. . . .

« De toutes les portes propres à entrer en France, celles du comté de Bourgongne et du Lionnais sont sans doute les plus aisées. Que les peuples de la première de ces provinces cherchent constamment à secouer le joug dont ils sont accablés.... que nos armées qui sont en Allemagne et en Italie pourraient facilement se prêter la main par le moyen de la Suisse réformée pour pénétrer par une porte ouverte dans le cœur de la France.

. . . .

« Mais il faudrait que le canton de Berne prit d'abord un engagement sérieux.

« Sa Majesté aurait dans cela une belle occasion d'agrandir sa souveraineté de Neuchatel par quelques parties du comté de Bourgogne et, supposant même que toutes les menaces de la

France n'ayent point de suite, il me parait toujours qu'il ne sera pas impossible à Sa Majesté de se ménager par la paix quelques parties du comté de Bourgongne en souveraineté, en dédommagement de la principauté d'Orange et des biens qui lui appartiennent en Bourgongne.

« Je me donneray l'honneur de communiquer très humblement à Votre Excellence mes faibles réflexions à cet égard. Son Excellence M. le comte de Metternich aura sans doute informé Sa Majesté des vues qu'ont les Cantons Réformés de ménager pour la paix générale la restitution du comté de Bourgongne et la démolition d'Huninguen ; mais, jusqu'à présent, ils voudraient volontiers obtenir des choses si indispensables à leur sûreté, sans faire les démarches convenables pour y parvenir et plutôt par l'interposition des Puissances alliées, que par des résolutions, telles qu'il les faut dans un sujet si important. Mais je ne désespère pas tout à fait qu'on ne les mène plus loin dans cette affaire qu'ils n'ont eu jusqu'à présent dessein d'entrer. Ils m'ont depuis quelques jours fait proposer que je me chargeasse vers les Puissances Alliées des représentations nécessaires pour mener les choses à leur but. Cela me pourra fournir l'occasion de les mettre dans le chemin naturel qu'ils doivent prendre pour obtenir dans une paix des avantages si réels pour eux et si on les peut engager aux démarches convenables, elles pourront ainsi être d'un grand usage aux intérêts de Sa Majesté. »

(Archives de Prusse, *Acta betr. die Neuch. succession*, t. XXIV.)

Le roi Frédéric au comte de Metternich [1].

A propos du projet formé en Hollande de faire par Neuchatel une invasion en Franche-Comté.

22 novembre 1707 (minute).

Dans les délibérations qui se font en Hollande actuellement au sujet de la prochaine campagne, on a mis sur le tapis la question de savoir, s'il ne faudrait pas, maintenant que l'affaire

1. *Frederich Kœnig an H. Graffen v Metternich.*
Wegen des in Hollands gemachten projects durch Neufchatel in die Franche Comté einzubrechen.

22 novembre 1707 (minute).

Bey dehnen wegen der künftigen campagne anjetzo in Hollands angestellen deliberationen, ist unter andern dieses mit aufs tapis gekommen ob nicht anjetzo, da die Neufchatellische Sache glücklich vor uns ausgeschlagen darauf zu gedenken und ein gewisser Plan zu machen seij wie man nebst Zustimmung des cantons von Bern durch die unter des Hertzogen von Savoyen commando stehende trouppen in die Franche Comté einen Einfall thuen kœnne ?

Nun begreiffen wir ganz woll was vor grosse difficultæten hiebeij seijn, und

de Neuchâtel s'est terminée pour nous d'une manière heureuse, se préoccuper de faire comme un plan des moyens à employer pour tenter, d'accord avec le canton de Berne, avec les troupes que commande le prince de Savoie, une invasion en Franche-Comté.

Nous comprenons bien ce qu'une telle entreprise présente de difficultés, et combien elle est malaisée, vu qu'une partie du canton de Berne ne s'y prêtera guère; on y veut, comme partout d'ailleurs, éviter, autant que possible, d'avoir la guerre dans ces parages-ci. D'autre part, l'exécution de ce dessein pourrait être très préjudiciable à notre intérêt, et avoir toute sorte de conséquences fâcheuses, tout d'abord parce que nous avons promis à nos sujets de Neuchâtel de leur garantir comme par le passé leur neutralité. Cependant nous avons voulu vous en informer, et vous aurez à nous faire connaître vos réflexions sur ce projet, mais vous aurez surtout à tenir la chose très secrète.

Contre-signé : ILGEN.

P. S. — Nous sommes aussi décidé à rappeler d'Italie nos troupes qui y ont servi jusqu'ici sous le commandement du duc de Savoie, et à les diriger l'année prochaine sur le Haut-Rhin et nous espérons que cette mesure ne sera pas préjudiciable à notre intérêt dans ces régions.

Comme ci-dessus : ILGEN.

A Cologne-s.-la-Sprée, 22 novembre 1707.

(Archives de Prusse, *Acta betr. die Neuch. succession*, t. XXIII.)

dass sich solches schwerlich practisiren lassen werde, massen eines theils *des canton von Bern dazu woll nicht wird disponiret werden* konnen, in dehm dieser so woll *als alle Leuthe in aehaen dortigen quartieren den krieg* so viel als in der Weldt mœglich *evitiren.* Anderntheils dœrffte es unserm Interesse sehr schrædlich seyn und allerhandt bœse effecte nach sich ziehen, wenn dieses Dessein bewerkstelligt werden solte, bevorab da wir Unsern neufchatells'chen Unterthanen versprochen sie bei ihrer bisherigen Neutralitæt zu mainteniren. Inzwischen haben wir Euch davon hiedurch Nachricht ertheilen wollen, und habt Ihr Uns Euere wegen *dieses projects* führende Gedanken zu erœfnen, sonsten aber die sache aufs hœchste zu secretiren.

ILGEN.

Zu Colln, den 22 nov. 1707.

P. S. — Auch seind wir entschlossen Unsern unter des Hertzog von Savoyen commando bishehr in Italien gestandenen trouppen von dar zurück zu ziehen und selb'.s künstiges Jahr am Ober-Rhein agiren zu lassen, und, hoffen wir nicht das solches Unserm Interesse in den Dortigen quartieren nachtheilig seijn werden.

Datum ut supra,

ILGEN.

Spanheim au Roi.

12/23 novembre 1707.

« Pour ce dernier effet et ensuite de toutes les assurances, déclarations aussi expresses données déjà là dessus à ceux de Neufchatel et aux cantons, leurs alliés, de la part de Sa Majesté britannique et de leurs Hautes Puissances, les Etats Généraux, Veuillez concerter incessamment avec lesdits Etats les mesures les plus convenables à atteindre ce but et dont le plus efficacieux serait, ce semble, d'un costé d'entrer à cette occasion en de plus étroites liaisons avec les Cantons, surtout les protestants... et surtout de mettre a exécution dès l'ouverture de la campagne prochaine ceux mis déjà sur le tapis depuis le cours de la présente guerre et que le soussigné ambassadeur en a déjà communiqué cy devant par deça, par ordre de Sa Majesté Prussienne, pour entreprendre la conquête du comté de Bourgogne ou Franche-Comté.

Il faudrait appeler l'armée du prince Eugène de Savoie, et la faire appuyer par l'armée d'Allemagne : « elle sera en état de remporter des avantages considérables sur ladite couronne et les pays possédés encore du ressort du même empire, et à son voisinage, et les 8,000 Prussiens qui servent en Italie *pourraient ce semble y être employés* bien à propos et utilement. »

(Archives de Prusse, *Acta betr. die Neuch. succession*, t. XXIV.)

Le roi Frédéric à Metternich [1].

Cologne, 13 décembre 1707.

Nous chercherons tous les moyens de procurer audit Canton (Berne) ce qu'il désire par rapport à Huningue et à la Franche Comté ; *nous sommes même prêts à entrer avec lui dans un engagement formel à ce sujet*. Cet engagement pourrait même fournir l'occasion d'une alliance avec ce canton relativement à la sûreté de Neuchatel.

(Archives de Prusse, *Acta betr. die Neuch. succession*, t. XXIV.)

1. *Kœnig F. R. an Metternich.*

Cœln, 13 dec. 1707.

War besagter Canton (Bern) von Huningen und der Franche-Comte suchet, darin werden wir ihn auf alle Weise secundiren, seind auch bereit mit Ihm darüber in ein formelles engagement zu treten. Dieses engagement kœnnte auch Anlass geben, wegen der Sicherheit von Neuchatel, mit erwæhnten Cantou uns zu verbinden und an Frankreich derengleichen zwischen uns und dem Canton von Bern aufrichtende Tractatus um so viel improbiren, weil wir respectu Neuchatel ohne dem Schweitzerischen Bunde nun mehr begriffen seind.

Wartemberg à Martine.

24 décembre 1707.

« Il n'y a rien de plus sincère que l'intention que nous avons de garder avec la France une neutralité parfaite par rapport à la principauté de Neufchatel. Vous pouvez donner parole positive à M. le marquis de Torcy que nous renverrons les milices que le canton de Berne loge dans le pais de Neufchatel aussitôt que la neutralité en question sera réglée. »

(Archives de Prusse, *Acta betr. die Neuch. succession*, t. XXIV.)

Mémoire concernant le patronage de la cure de Vercel pour porter à Besançon et le joindre aux autres titres qui concernent le patronage de la cure.

(*Familiarité de Vercel, archives du Doubs, nouvelles acquisitions.*)

Au mois de juillet 1707, le sieur Panier, dernier paisible titulaire de la cure de Vercel, décéda. Les familliers de l'Eglise de Vercel qui se soutiennent Patrons de cette cure, y présentèrent le sieur Nicolas Poimbœuf, l'un d'eux, qui obtint son visa de M. le vicaire général de Besançon avec la clause gratificatoire pour être préféré, le cas où il s'y trouve deux patrons de ladite cure après avoir été examiné suivant les règles et les statuts sinodaux du diocèse.

Le sieur avocat Petitcuenot, se prétendant seul patron de cette cure, y nomma le sieur Pierre-Francois Petitcuenot, alors sous-diacre, auquel M. le vicaire général donna aussy des lettres d'institution et, comme il n'en put obtenir la clause gratificatoire déjà accordée, il l'obtint de Mgr l'archevêque qui, n'étant point présent à l'examen, pour lors absent de la ville et à qui il ne remontra pas que M. son vicaire général, qui présidait à l'un et à l'autre, l'avait déjà accordée au sieur Paimbœuf.

Les parties conviennent entre elles que le droit de patronage appartenant originairement à la maison de Domprel est passé dans celle de Cléron par le mariage de Jeanne de Domprel, héritiere de cette maison.

Une fille, seule héritière de cette branche de Cléron et mariée à M. d'Haraucourt, institua heritières deux dames de Cléron, ses nièces, et ordonna par son testament qu'elles ne pourraient nommer à la cure de Vercel que l'un des prêtres de l'Eglise de ladite ville et comme il y eut un procès entre lesdites dames et le sieur d'Haraucourt, mary de la testatrice, au sujet de l'usufruit de ses biens qu'elle luy avait laissé, les parties firent une transaction par laquelle ledit sieur d'Haraucourt renonça à son usufruit, sous la condition qu'il partagerait avec les héritiers la succession en trois parts égales.

Ils se dépouillèrent de ce droit de patronage, en faveur des familiers de ladite église, suivant l'intention de la testatrice, en sorte que, par cette concession, cette cure devint un bénéfice affecté à un prêtre de cette ville là, parce que pour être admis dans la familiarité il faut être né d'un bourgeois et d'une bourgeoise de Vercel et baptisé dans l'Eglise paroissiale du lieu.

L'ordinaire a approuvé ce traité, c'est le titre du sieur Paimbœuf.

L'on justifie par extrait régulier de la Chambre archiépiscopale que, depuis plus de deux siecles, les autheurs de ces dames et elles mêmes ont toujours presenté à la Cure à l'exclusion de tous autres.

Le sieur Petitcuenot tire son droit de A. Bernard de Cleron qui, en mil six cens trente neuf, donna tous ses biens presens à Pierre Petitcuenot, son aieul, dans la généralité desquels il prétent que ce droit de patronage est compris.

On lui répond que cette donation faite par un Religieux profès est nulle, etc.

Les sieurs Poimbœuf et Petitcuenot plaident sur le possessoire de ce Bénéfice et la cause est appointée au baillage d'Ornans. Ce procès civil a été la source d'un procès criminel.

La plus grande partie des habitants de Vercel s'est intéressée pour le sieur Paimbœuf, qui était déja administrateur de la Cure par commission de l'ordinaire, avant son institution, et d'ailleurs ils se croient engagés à soutenir son droit parce que s'il gagne son procès la cure sera toujours remplie par un Prêtre fils d'un bourgeois de Vercel.

Le sieur Petitcuenot est originaire du village de Domprel, proche de Vercel, et a beaucoup de parens dans ladite ville ; il y avait d'ailleurs de vieilles querelles mal assoupies, d'anciennes divisions qui se réveillèrent. Deux oncles de Petitcuenot, dont l'un était curé d'Eysson, village éloigné de Vercel environ une demie lieue, eurent la témérité de se mettre à la tête de quelques paysans au commencement de la conquête de cette province contre les intérêts du Roy et l'un d'eux enleva à Ornans des chevaux d'artillerie qui y étaient et pour le paiement desquels la communauté de Vercel est encore chargée d'un gros capital de rente, parce qu'il se trouva parmi ces Rebelles quelques particuliers de Vercel que ledit Petitcuenot avait déja entrainés dans son parti et qui sont les parens de ceux qui soutiennent aujourd'hui le sieur Petitcuenot, son neveu.

Lorsque le sieur Petitcuenot alla prendre possession de sa cure, il trouva les portes de l'église fermées ; il prétent qu'on lui en refusa les clefs, la populace s'attroupa, il dit qu'il fut insulté. Ceux qui le soutenaient se nommèrent le *Party alle-*

mand, le sieur Petitcuenot, prêtre, et qui plaide pour la cure, s'appelait le prince Eugène, le sieur Pauthier, prêtre, son cousin germain, milord Malbourouch. Ils se vantèrent qu'ils battraient les Français et les chasseraient. En effet, le 22ᵉ d'octobre de l'année dernière (1706), Pierre Pauthier, frère de celuy-ci, l'un deux et quelques autres tirèrent des coups de fusil aux fenêtres de ceux qu'ils appelaient *les Français* et sur plusieurs particuliers. Les officiers de la justice de Vercel informèrent, mais on n'a pas donné suite à cette procédure, parce que le sieur Petitcuenot et ceux de son parti qui en craignaient l'événement firent diversion en recourant au Parlement et comme le sieur Petitcuenot y a de grandes protections, il y donna sa requête de plainte, exposa qu'il avait eu une allarme et un tumulte à Vercel, qu'il y avait été insulté, obtint permission de s'en faire informer.

M. le conseiller de Memay-Genevreuille, commissaire à cette information, dressa un procès verbal portant que plusieurs particuliers avaient voulu lui faire violence et empêcher l'exécution de l'arrêt, qu'ils lui avaient manqué de respect et que son valet avait été frappé.

L'information se fit néanmoins et tous les témoins gens reprochables et reprochés en effet par les réponces données à la confrontation faitte au Parlement furent administrés par le sieur Petitcuenot, partie civile. C'étaient ceux qui se disaient allemands et la pluspart ses parens, et ne fit aussi entendre que ceux qui étaient dans ses intérêts.

L'information rapportée au Parlement, il se trouva au moins vingt-quatre particuliers décrétés personnellement qui ont été ouis et six autres ont été décrétés réellement, la pluspart sont en fuitte et hors d'état de fournir aux frais de la procédure qui grossit extrêmement.

L'on doit regarder cette affaire comme une espèce d'émotion populaire dans laquelle tous les particuliers sont entrés suivant leur inclination et leurs intérêts ; mais tout est en division et en trouble ; la vraie source et l'origine de tout le mal vient de la différence des sentiments sur la domination. Ce qui a paru en ce que le sieur Ollivier, vicaire du sieur Petitcuenot, eut l'insolence, il y a deux mois ou environ, après avoir lu le mandement de Mgr l'archevêque qui ordonnait des prières suivant les intentions de Sa Majesté, d'exhorter de prier Dieu pour la prospérité des armes de Sa Majesté Impériale.

Cependant la division augmente de jour en jour ; le party des Allemands fut le plus fin et le plus rusé, quoyque seul en faute, en prévenant le Parlement par la requette de plainte. Les autres fuyent et eux se publient les victorieux, ont bu insolemment dans leurs assemblées, le sieur Petitcuenot présent et qui y but comme les autres, une halebarde à la main, à la santé de l'Empereur et à la prospérité de ses armes en maltraitant ceux qui refusaient d'y boire ou veulent boyre à la santé du Roy.

Ce serait donc dans la conjoncture rendre un grand service au public que d'assoupir ces divisions particulières qui peuvent avoir des suites fâcheuses, il en faut moins, pour *causer beaucoup de désordres* dans un *pays si voisin des Suisses protestans et de Neufchatel*. Les mal intentionnés prevalent (*sic*) et voyent avec plaisir que le procès, s'il se continue, ruine leurs ennemis dont tout le crime est d'avoir marqué beaucoup de zèle et beaucoup d'attachement pour leur Roy et leur souverain légitime, ils sont dignes de protection et d'ailleurs le grand nombre devrait les excuser d'être un motif d'indulgence pour ne pas abimer absolument une ville et n'y laisser que des mauvais sujets.

D'autant plus qu'il ne parait pas qu'on leur puisse rien imputer en ce qui concerne les insultes faittes à M. le commissaire : il etait vêtu d'un habit de couleur avec des boutons d'or, en manteau rouge, la canne à la main ; on ne le connaissait pas. Son valet était sans livrée, et l'on faisait courir le bruit que c'était le frère de Petitcuenot, actuellement au service de l'Empereur, qui était de retour, dont il menaçait ceux qui étaient français. Ce que l'on crut avec d'autant plus de facilité que l'avocat Petitcuenot a épousé la nièce du sieur Courchetet[1], qui est aussy dans le service de l'Empereur, et qui depuis quelques mois avait fait bruit dans la province dans le voisinage de Vercel où il était caché pour exécuter ses mauvaises intentions et manqua d'y être surpris par les ordres de la cour et de Mgr de Bernage.

Ces faits sont prouvés par les informations faites sur la plainte dudit Petitcuenot et par les réponses aux interrogats formés aux accusés ; ils implorent la protection de Sa Majesté et de Mgr l'Intendant contre le crédit du sieur Petitcuenot au Parlement d'où ils espèrent que Sa Majesté ordonnera que le procès sera tiré et imposera silence au sieur Petitcuenot et à tous ceux de son parti avec deffense d'insulter ses bons sujets.

Mgr l'Intendant est aussy très humblement supplié de faire attention qu'ils ont eu le crédit de mettre cette année trois échevins qui se sont dits le plus impunément allemans, tous trois proches parens du sieur Petitcuenot, un entre autres son germain et que c'est Petitcuenot le prêtre qui a receu lui même les voix dans la communauté, après les avoir briguées.

Cela est de fait.

(Archives départementales du Doubs, *Nouvelles acquisitions*.)

1. Le sieur Courchetet paraît être un certain d'Egremont qui fut tué à la bataille de 1709.

Instruction générale pour monsieur le conseiller d'Etat Hory, monsieur le conseiller d'Etat Marval et Monsieur le conseiller d'Etat et procureur général Chambrier.

Leur députation à Berne a pour but, premièrement de remercier de la manière la plus obligeante et la plus forte qu'il sera possible le Louable canton de Berne des témoignages authentiques d'affection qu'il a donné à l'Etat de Neufchâtel, et pendant l'interrègne, et depuis que l'investiture a été donnée à S. M., et comme messieurs les conseillers Hory, Marval et Chambrier en sçavent toutes les époques, il sera nécessaire qu'ils fassent des remerciements sur chacune et qu'ils en témoignent une parfaite reconnaissance.

Ils doivent en second lieu ne rien obmettre de ce qui peut bien faire connoître au Louable canton de Berne les avantages qui lui pourront revenir de mesme qu'à la Suisse protestante de la Justice qui a esté faite à S. M. et cela tant par l'ardeur que l'Etat de Neufchâtel s'empressera toujours à exécuter tout le devoir de ses alliances à l'égard du canton de Berne, que principalement parce que S. M. étant devenue par cecy partie du Louable corps Protestant, aura toujours les mesmes intérêts que luy, et employera en toutes occasions et sa propre puissance et celle de ses alliés pour le soutenir, et messieurs les députés ne devront rien obmettre le dessus de ce qui sera propre à faire une forte impression sur les esprits.

Le troisième but de leur députation consiste à tâcher d'affermir de plus en plus Messieurs de Berne dans les bonnes résolutions qu'ils ont prises pour la deffence de Neufchâtel, et à faire donner de telles instructions aux *députés qui vont à Langenthal et qui doivent de là aller à Solleure*, que l'on y parle fortement à l'ambassadeur de France et d'une telle manière, qu'il connoisse que son Roy ne pourra rien attenter contre Neufchâtel *sans s'impliquer dans une guerre ouverte avec le Canton de Berne et par conséquent avec toute la Suisse*, mais surtout ils doivent s'appliquer à bien faire connoître à Berne que l'on est prêt, de la *part de ce païs, à observer à l'égard de la France la mesme conduite qui a été observée cy devant*, pourveu qu'elle, de son côté, n'attente rien contre cet Etat qui y soit contraire, et que les Louables cantons réformés pourront toujours s'asseurer positivement qu'en ce cas on n'y contreviendra absolument en rien de la part de cet Etat et qu'ils peuvent, par conséquent, en toute seureté, entrer dans la garantie de cela vers la France. Mais en mesme temps il est nécessaire de faire voir combien il est essentiel au corps Protestant que ce Traité de neutralité ne se fasse point par l'intervention des Cantons Catholiques en général, et qu'ils n'y entrent en aucune manière, puis que s'ils y envoyent ils en prendroyent occasion à chaque chicane que la France pourroit faire à Neufchâtel d'y intervenir en vertu de leur garantie, et d'embrouiller par conséquent les affaires. Et comme ils ont des intérêts de Religion à l'égard de Neufchâtel diamétralement opposés à ceux des Louables Cantons Réformés et que cette mesme investiture qui a été donnée au Roy, laquelle est si avantageuse au Corps Protestant, ne sera jamais du goût du corps Suisse Catholique, il est nécessaire de tâcher d'écarter, autant qu'il sera possible ceux-cy des affaires de Neufchâtel.

Il sera de plus nécessaire que Messieurs les Conseillers Hory, Marval et Procureur général Chambrier, fassent goûter à Berne l'ordre qu'ils ont d'aller à la conférence de Langenthal, comme leur ayant été donné uniquement en vüe de faciliter à Messieurs de Berne leurs bonnes intentions vers les cantons Réformés et d'y fournir tous les éclaircissements nécessaires, tant pour faire voir les fondemens solides qu'a eus la Sentence de Messieurs des Trois Etats, que pour vérifier que l'on a *toujours regardé Neufchâtel comme faisant partie de la Suisse, et comme devant jouir en tout de la mesme tranquillité dont jouït le corps Helvétique*, et il sera nécessaire qu'ils se peinent à Langenthal, non seulement à pourvoir ces deux choses ; mais encore à faire connoître aux deputés des Cantons Protestants qui y seront, l'intérêt que toute la Suisse Réformée a dans la conservation de Neufchâtel ; mais encore les avantages qui lui reviendront de l'Investiture qui en a été donnée en faveur du Roy et, pour prouver ces deux vérités, ils employeront les mesmes raisons dont ils se sont servis à Berne, et ils ne devront rien ommettre pour animer les cantons Protestants à entrer dans un parfait concert avec celuy de Berne pour la deffence de Neufchâtel et à joindre de leur part un Député à ceux de Berne pour parler fortement à l'ambassadeur de France, et en cas que ledit ambassadeur rendit une reponse équivoque ou désagréable, ils devront tacher de faire prendre à la conference de Langenthal, toutes les résolutions les plus fortes contre tout ce que la France pourroit attenter. Mais en *cas que la réponce de l'ambassadeur de France allât à stipuler une neutralité, on leur donne les pleins pouvoirs de le faire*, pourvu qu'il ne s'y stipule *rien qui ne soit entièrement sur l'ancien pied*. Mais ils doivent, comme il a déjà été dit, employer toutes sortes de moyens pour empescher que la garantie de ce Traitté ne tombe entre les mains de tout le Louable Corps Helvétique en général, pas mesme des Cantons Catholiques alliés de Neufchâtel, et pour la faire uniquement tomber entre celles des Louables Cantons Réformés.

Lors qu'ils partiront pour Langenthal, ils renvoyeront ici tous les officiers de la Seigneurerie qui les auront accompagnés, hormis M. le secrétaire Huguenin, qui ira avec eux.

Comme l'on connoit l'expérience et la capacité de Messieurs

les Députés, on remet de reste à leur dextérité et à leur prudence accoutumée toutes les démarches qui se doivent faire pour parvenir au but que l'on se propose.

Fait à Neuchâtel, le 7 décembre 1707.

METTERNICH.

(Archives de Neuchâtel, carton II, pièce 196.)

Les Bourgeois de Neuchâtel, au roi de Prusse.

Nous, les quatre ministraux, conseil et communauté de Neuchâtel et les maîtres bourgeois et Conseil de la bourgeoisie de Vallangin étant informés que l'on fait courir le bruit comme si S. M. le roi de Prusse, présentement notre légitime souverain, prince et seigneur, était dans le dessein de se servir de l'Etat de Neufchâtel pour porter la guerre dans le comté de Bourgogne tant de sa part que de celle de ses Hauts Alliés, en sorte qu'il y a lieu de craindre que ce ne soit là la raison ou plutôt le prétexte qu'on voudrait employer pour mettre en exécution les menaces qui nous ont été faites, avons été obligés de faire sur cela, conjointement et par une suite de nos précédentes Associations, nos très humbles remontrances à S. E. monsieur le comte de Metternich, ambassadeur extraordinaire et plénipotentiaire de S. M. en Suisse et son représentant en ce pays. Car quoique nous soyons entièrement persuadés, et suivant que Sadite Excellence l'a déjà déclaré plusieurs fois, verbalement et par écrit, que S. M. par un effet de sa bonté et de son affection paternelle pour cet Etat ne voudrait pas l'exposer aux malheurs qui sont les suites inévitables de la guerre, et que la justice et l'équité qui lui sont si naturelles ne lui permettraient pas de rien faire à cet égard qui pût en aucune manière altérer les franchises et libertés des peuples de cet Etat, en général, non plus que les nôtres en particulier, cependant, afin qu'aucune Puissance ou Etat du voisinage ne le puisse ignorer ni en prendre occasion ou prétexte de nous inquiéter ou molester directement ou indirectement et en quelque manière que ce puisse être, nous supplions Son Excellence de vouloir bien faire connaître et manifester au public les intentions de S. M. par rapport à la neutralité de cet Etat, laquelle n'est point une chose nouvelle, mais dont il a joui de toute ancienneté sur le pied du louable Corps Helvétique.

En effet, outre que ledit Etat est incontestablement enclos dans les limites de la Suisse, c'est que, de tout temps, il a été censé un véritable membre du Corps Helvétique tant par les Louables Cantons eux mêmes que par les Puissances étrangères, ce qui peut se voir, entre autres, par divers Traités de paix et d'alliances faits avec ledit Louable Corps Helvétique, ou dans lesquels il a été compris et notamment dans ceux que ledit Corps a faits avec la Couronne de France aux années 1516 et 1663, comme aussi dans le fameux traité de Riswick. Et, ce qui est encore plus récent, c'est que cet Etat a été formellement compris dans le Traité de neutralité stipulé à Baden, l'an 1702, pour tout ledit Louable Corps Helvétique, entre l'Empereur, l'Empire et le roi T. C.....

Enfin et si cette neutralité de l'Etat de Neufchâtel est conforme à la situation et aux engagements dudit Etat au dehors, elle ne l'est pas moins aux droits, franchises et libertés tant de la ville de Neufchâtel que de la bourgeoisie de Vallangin par lesquelles l'un et l'autre de ces deux Corps ne peuvent être engagés dans aucune guerre, que ce ne soit la propre guerre du prince de Neufchâtel, c'est-à-dire la défense de l'Etat, ainsi que cela a été confirmé en tant que de besoin et même étendu en faveur de toute la Souveraineté par le troisième des Articles Généraux accordés par S. M. pour tout l'Etat et ratifiés par les serments prêtés par S. E. au nom de S. M. tant à la ville de Neufchâtel qu'à tous les peuples dependans de Neufchâtel et Vallangin.

Au reste, si nous faisons ici mention de toutes ces choses, c'est uniquement afin que toute la terre puisse savoir, ainsi qu'on l'a déjà observé plus haut, que cette neutralité n'est point une chose nouvelle pour cet Etat et qu'au contraire il en a joui de toute ancienneté sur le pied du Louable Corps Helvétique : car nous ne doutons pas que cela ne soit déjà connu à S. E. et qu'elle ne veuille bien donner au nom de S. M., ainsi que nous la supplions et que nous l'en requérons même très humblement, une déclaration publique et authentique des bonnes intentions de S. M. pour la conservation de ladite neutralité de cet Etat, afin que par ce moyen on puisse entièrement dissiper les bruits mal fondés que l'on fait courir à cet égard, et que non seulement ceux qui auraient dessein de nous inquiéter et molester sous ce prétexte, mais aussi et principalement LL. EE. de Berne aussi bien que les autres Etats voisins qui peuvent avoir de la bonne volonté pour nous, soient pleinement assurés que S. M., en tant que Prince de Neufchâtel est dans la ferme résolution d'entretenir avec tous les Princes et Etats voisins sans aucune exception, tant et si longtemps qu'ils en useront de même avec cet Etat, liberté du commerce et neutralité qu'il y a eu jusqu'à présent.

A Neufchâtel, le 13 janvier 1708.

Signé : J.-J. FAVERGIER,
D. L'EPÉE.

(Boyve, *Annales historiques de Neuchâtel*, t. V, p. 384-385.)

Déclaration de M. de Metternich au sujet de la neutralité.

Nous, Ernest, comte de Metternich, etc., déclarons :

Qu'encore que nous ayons déjà manifesté, même avant la sentence, les bonnes intentions de S. M. pour la conservation de la neutralité de l'Etat de Neufchâtel, puisqu'elle n'a rien plus à cœur que de la maintenir dans le repos et la tranquillité dont elle a joui jusques à présent, Nous sommes bien aises néanmoins, par égard pour les remontrances qui nous ont été faites par la ville de Neufchâtel et par la bourgeoisie de Vallangin, de déclarer encore ici expressément que, Nous engageons solennellement, avec promesse d'avoir la ratification de S. M. en cas de besoin, que si le roi de France donne des raisons suffisantes de ne pas attaquer l'Etat de Neuchâtel et de laisser les choses par rapport audit Etat sur le même pied de neutralité, de commerce libre et de bon voisinage qu'elles étaient avant l'investiture qui en a été donnée par le Souverain Tribunal des Trois Etats à S. M., que de la part de ladite Majesté on n'entreprendra rien par le comté de Neufchâtel contre le comté de Bourgogne ni les autres Etats de la domination du roi de France, et que non seulement on continuera d'exercer une exacte neutralité dans le même sens et de la même manière que le Louable Canton de Berne l'observe, mais aussi un bon voisinage tel qu'il a été pratiqué ci-devant, avec promesse solennelle de ne rien faire qui y soit contraire. Et nous remettons ladite Déclaration entre les mains du Louable Canton de Berne, afin qu'il puisse s'y fonder pour être garant de cette neutralité si besoin est. Toutefois, comme les troupes que la France a fait avancer dans le voisinage de cet Etat, et les grands préparatifs qu'elle y a faits donnent lieu de croire qu'elle a dessein de faire une irruption dans ce Pays, ce qui nous oblige de pourvoir avant toute chose à la juste et légitime défense de cet Etat, tant par ses propres forces que par celles de ses alliés et combourgeois et qu'aussi il est non seulement important, mais même indispensable à S. M. de savoir les intentions de la cour de France à cet égard, et même d'en être pleinement assuré, Nous entendons que cette Déclaration que nous venons de faire au nom de S. M. pour la neutralité de l'Etat de Neufchâtel aura lieu dans tout son entier, moyennant que la France veuille aussi donner de sa part les mêmes assurances, comme il est dit ci-dessus.

Fait à Neuchâtel, le 13 janvier 1708.

Signé : METTERNICH.

(Boyve, *Annales historiques de Neuchâtel*, t. V, p. 386.)

Le Roy à Puysieulx (Minute).

18 mars 1708.

. . . .
Aprez que la sentence sur la succession de Neufchastel a esté rendue, j'ay crû que la situation présente des affaires ne me permettant pas d'obliger ceux de Neufchastel a reparer l'injustice qu'ils avoient faite à mes sujets, le bien de mon service demandoit au moins que je prisse les precautions convenables pour empescher mes Ennemis de profiter du voisinage des frontières de mon Royaume et d'y faire entrer des Trouppes a la faveur du Pays de Neufchastel, dont ils devenoient les Maistres. J'ay fait avancer les miennes, mais comme je ne voulois pas troubler la tranquillité du Corps Helvétique, j'ay suspendu tout acte d'hostilité envers ceux de Neufchastel aussitost que les Cantons ont proposé une neutralité dont je pouvois croire qu'ils seroient garants.

Quoyque le terme de garantie les ayt effrayez, je me suis contenté des assurances qu'ils me donnoient d'empescher que mes Ennemis ne prissent aucun passage par la Suisse pour penetrer dans mon Royaume, j'ay accepté le projet de Neutralité que leurs deputez ont dressé de concert a la diette de Bade, et je ne me suis pas arresté a plusieurs expressions dont j'aurois demandé le changement si je n'avois eu pour principale veüe de dissiper l'inquietude que cette affaire de Neuchastel causoit aux Cantons en general.

Celuy de Berne, excité par des Conseils passionnez a mal interpreté ma condescendance, et, croyant pouvoir profiter de cette facilité pour obtenir en faveur de mes Ennemis de nouveaux avantages, il a proposé ces additions aussy odieuses aux Cantons Catholiques qu'elles seroient contraires, un jour, au véritable interest du Corps Helvétique.

Il m'a paru que je ne devois pas abandonner les Catholiques dans une conjoncture ou je vois qu'ils soutiennent la raison, la justice et le bien commun de leur Patrie. J'ay mesme jugé que le Canton de Berne reviendroit a leurs sentiments si je me rendois plus difficile a ses nouvelles demandes que je l'ay esté lorsqu'il a esté question d'accepter le projet dressé à Bade. Je vous ay donné mes ordres en cette conformité. Je considere encore apres avoir lû votre derniere lettre, que le Canton de Berne et les trois autres Cantons Protestants me donnant une declaration ou les additions faites au projet seroient exprimées, ces Cantons pouroient dire dans la suitte qu'ils ne sont obligez a maintenir la Neutralité qu'aux mesmes conditions specifiées par leur declaration.

La mienne au contraire seroit pure et simple : ainsy je demeurerois engagé et les protestants ne le seroient pas. Les Catholiques se plaindroient que je les aurois abandonnez et je me verrois peut estre obligé apres cette demarche de faire marcher mes trouppes sur la frontiere de la Franche Comté pour assurer cette province contre les desseins de mes Ennemis.

. . . .

(Affaires étrangères, *Suisse*, t. CLXXXVIII.)

Sainte-Colombe à Torcy.

5 décembre. Soleure.

. . . .

Il (Braconier) me parut surpris quand je luy dis qu'il devoit me communiquer les traittés originaux fait avec quelques particuliers du Royaume ; qu'il falloit m'en laisser prendre des copies, et que s'il y avait quelques noms ou cachés ou deguisés, il devoit me le decouvrir fidellement. Il m'interrompit pour me dire qu'il falloit que j'eusse mal entendu ou qu'il se fust mal expliqué sur cet article ; qu'il devoit m'avoir declaré que les projets dont il vouloit me faire part, estoient fondés sur des traittés originaux dont il avoit connoissance.

Je ne crus pas luy devoir faire connoistre que ce debut augmentoit mes soupçons. Je consentis d'avoir mal entendu et le priay d'entrer en matière.

Il le fit en me disant qu'il se livroit entierement sous la protection de Vostre Grandeur, qu'après le combat d'Oudenarde il avoit esté depesché en ce pays cy par M. le prince Eugène pour l'execution d'un projet contre la Franche Comté, que le dessein estoit alors de faire passer un Corps de huit mille Imperiaux par les terres de Basle et de Porentruy ; que ce Corps devoit estre commandé par le Comte de Mercy et le Général Arnam Fran-Comtois, et que ce dernier, assisté des nommés Courchetet de Bouclans, autrement dit le baron d'Aigremont, et de Renauld, touts Fran-Comtois au service de l'Empereur, devoit se mettre a la teste des mutins des montagnes de Franche-Comté parmi lesquels ils pretendent avoir des intelligences.

Le Corps de Trouppes qui estoit sous les ordres du Comte de Mercy ne devoit se mettre en marche qu'après que le sieur Braconier se seroit rendu maistre de Morteau, petite ville sur le Doux, et sur les frontieres du Comté de Neufchastel. Il devoit s'emparer de ce poste par le moyen de cinq cens Allemands deguisés qui devoient passer par la Suisse, et qui furent arrestés a Alaw, Baillage de Schaffouse ; les armes destinées pour ces soldats déguisés estoient desja dans le Porentruy enfermés dans des tonneaux, il y en avoit mesme une grande quantité de rechange pour armer les pretendus mutins des montagnes de Franche-Comté.

Il m'adjousta que personne ne savoit mieux que moy, ce qui avoit empesché l'execution du dessein formé sur Morteau ; que mes soins cependant n'auroient point arresté le cours du projet formé si M. le Duc de Savoye, dont les mouvements se faisoient de concert avec ceux du Comte de Mercy, n'avoit trouvé de l'impossibilité a s'engager de l'autre costé du Rhosne, pour pénétrer en Franche Comté par le pays de Gex et par celuy de Bugey ; que ces projets avoient esté formés, l'hyver dernier, et que c'estoit pour leur execution que M. le Duc de Savoye avoit fait acheter trente mille (*sic*) de grains dans le Pays de Vaud.

Vostre Grandeur se souviendra, s'il luy plaist, que ces achats avoient esté faits par quelques Fran-Comtois favorisés de quelques Baïllifs du pays de Vaud. Ces observations sont nécessaires, Monseigneur, pour refléchir sur ce que j'auray l'honneur de dire a Vostre Grandeur dans la suitte de cette lettre.

Le sieur Braconier continüa en me disant que le projet manqué n'avoit pas rebuté ceux qui le devoient executer, mais qu'ils avoient seulement changé leurs desseins, et que la difficulté de faire passer des Trouppes par la Suisse les avoit obligés de penser a les faire pénétrer par ailleurs dans la Franche-Comté.

Le dernier projet qu'ils ont formé et que M. Stanyan est allé communiquer a M. le prince Eugene et a M. de Malboroug est de surprendre le Chasteau d'Auxonne, celuy de Joux et les deux forts de Salins. Le sieur Braconier me dit que de pareils desseins me paroistroient sans doute fort chimeriques. Je lui respondis que souvent ce qui sembloit tel a des François parroissoit fort faisable aux généraux de l'Empereur et surtout a M. le prince Eugene.

Je luy demandois comment on pretendoit en venir a de pareils buts et voicy, Monseigneur, ce qu'il me repondit :

Des personnes du pays de Vaud devoient offrir aux officiers du mesme pays, a ceux de Genesve et a ceux de Neufchastel qui ont l'honneur d'avoir des compagnies au service du Roy de leur fournir cent cinquante ou deux cens hommes pour recrutter leurs compagnies, mais comme il ne leur estoit pas permis de rassembler un pareil nombre de soldats dans les terres du Canton de Berne, ils desireroient qu'on leur permist de les assembler dans quelqu'endroits de la Franche-Comté, comme pourroit estre Nozeray, ou quelqu'autre lieu a portée qu'on leur marqueroit ; que leur monde estant assemblé on leur fourniroit des routtes pour les conduire a Dijon, où ils trouveroient des officiers pour les conduire aux regiments pour lesquels ils seroient destinés.

Que cependant ces pretendus hommes de recrüe seroient des soldats choisis, deguisés et armés de pistolets de poche, d'espées et de bayonnettes, les recrues suisses estant ordinairement pourveües de ces deux dernières sortes d'armes.

Qu'il y devoit avoir parmy ces soldats deguisés trois officiers Suisses au service de la Hollande, nommés Menet, Davenne et de Croz, outre quelques autres officiers qui seroient fournis par le général Arnam.

Qu'on auroit pris la precaution de faire arriver a Auxonne cette pretendue recrüe, et que les officiers qui la conduiroient, sous pretexte d'aller saluer le commandant du chasteau et de luy faire voir leur monde, se seroient emparés de la porte dudit chasteau, d'ordinaire assez mal gardée, où après avoir fermé le pont levis sur eux, ils auroient obligé la Bourgeoisie de la ville a leur fournir des vivres, en menaçant de la brusler, si elle ne satisfaisoit a leur demande ; que par ce moyen ils auroient donné le temps aux Rebelles souslevés de s'armer et de venir a Auxonne, en chasser les Bourgeois et s'y retrancher.

C'est le sieur Braconnier qui devoit se charger de cette expedition.

Qu'une pareille Chymère et les suivantes ne vous rebutent pas, Monseigneur, s'il vous plaist, et daignés avoir la bonté de lire jusqu'au bout.

Le Chasteau de Joux devoit estre surpris de la manière suivante :

Le Gouverneur de Joux et la pluspart des officiers qui en composent la garnison couchent, touttes les nuits, dans Pontarlier, et remontent tous les jours au Chasteau. Douze ou quinze hommes apostés devoient arrester le Gouverneur et les officiers qui seroient avec luy, sous pretexte de le voler, et pendant qu'un des traistres iroit au Chasteau avertir les officiers Majors du malheur arrivé à leur gouverneur, affin de les obliger d'affoiblir la garnison en faisant courir après les voleurs, cinq ou six cents rebelles armés et cachés derrière le roc qui va aux Verrières, couperoient la communication du chasteau avec la ville et obligeroient le reste de la garnison a se rendre en peu de jours, faute de vivres, puisque c'est de la ville de Pontarlier qu'elle tire sa subsistance ordinaire et journalière.

Vous remarquerés, s'il vous plaist, Monseigneur, que la surprise d'Auxonne, celle de Joux et celle des Forts Salins devoient s'executer le mesme jour. On devoit choisir un jour de marché pour l'execution de la dernière ; et en voicy la raison :

Dans de pareils jours, une partie des garnisons des Forts descend des chasteaux et vient occuper les portes de la ville pour empescher l'embarras des voitures qui entrent chargées de bois et de celles qui sortent chargées de sel.

Quelques paysans rebelles apostés et armés de pistolets et de bayonnettes devoient causer une emotion aux portes, auxquels vraysemblablement les gardes accourroient. Le tumulte devoit augmenter a mesure que les revoltés arriveroient, le tout dans la vue d'obliger les commandants des Forts a r'envoyer un second détachement de leurs garnisons, ce qui ne se sçauroit faire sans s'affaiblir très considerablement et sans donner le temps a une troupe de mutins de s'emparer du devant des portes desdits chasteaux en obligeant les commandants de se rendre faute de vivres, puisqu'ils ne tirent leurs subsistances ordinaires que de la ville.

Touttes ces expeditions, Monseigneur, devoient estre soutenues par un corps de dix mille hommes, qui quoyque joint a l'armée de l'Empereur sur le Rhyn, etoit destiné uniquement pour cela et prest a marcher au premier ordre.

Ce corps de trouppes devoit prendre sa route par la Petite Pierre, passer audessus de Phalzbourg et descendre par Donawert et Baccara jusqu'a Remiremont et tomber de Remiremont du costé de Ruppe et de Lé pour entrer a Grey.

Les ennemis du Roy pretendent que le susdit detachement se mettant en marche a jour marqué, peut arriver en Franche-Comté deux jours plustost que celuy qu'on pourroit faire de l'armée de Sa Majesté sur le Rhyn, parce que celuy cy seroit obligé de prendre sa routte par Sainte Marie aux Mines, et qu'il faudroit du temps pour que les généraux du Roy fussent avertis du veritable dessein des ennemis et des mouvements de Franche Comté.

Ils pretendent de plus que quand mesme le détachement de l'armée du Roy pourroit arriver assez tost pour entrer en Franche Comté en mesme temps que celuy des ennemis, on ne pourroit point empescher l'exécution des entreprises des Rebelles, puisque les Impériaux pouvant mettre la Saone entre eux et les trouppes du Roy, couper les ponts qui sont sur cette rivière, et s'emparer des batteaux, ils les occuperoient assez pour donner le temps aux Rebelles de finir leurs expeditions.

Voyla, Monseigneur, quel est le projet formé contre la Franche Comté. J'ay desja eu l'honneur de dire a Vostre Grandeur que les Rebelles doivent estre conduits par le général Arnam et d'autres officiers qu'on mettra a leur teste et qui passeront en Franche Comté par la Suisse.

Il est question maintenant d'avoir l'honneur de vous rendre compte du traitté fait a cette occasion. Il porte que c'est M. l'Electeur de Brandebourg qui doit faire les frais de l'entreprise, a moins que la princesse Anne de Dannemark ne veüille bien fournir l'argent nécessaire pour acheter les armes et les provisions dont on pretendoit faire des magazins en Franche-Comté.

Et pour ne point affoiblir l'armée de l'Empereur sur le Rhyn par le détachement qu'il faudroit envoyer dans le Comté de Bourgogne, M. l'Electeur de Brandebourg doit fournir six mille chevaux et quatre mille hommes de pied au delà de son contingent ordinaire.

Le fruit que cet Electeur en doit retirer sont les Baïllages de

Montmoré, d'Orgeley, la Grande Judicature de Saint-Claude, Arbois, Pouligny, Salins, Pontarlier, Ornans, et ce qui est en deçà du Doux de la despendance du Baïlliage de Beaulme. Le prétendu droit de M. l'Electeur de Brandebourg sur le Marquisat de Noseray, doit engager le Canton de Berne à proteger les conquestes préméditeés; il y a même un article du Traitté qui portent que les Alliés fourniront une somme suffisante pour gagner assez de gens dans le Canton de Berne pour le porter a une pareille démarche; outre qu'on luy doit remettre la garde des principaux postes dont on s'emparera, et qu'on luy fournira gratis et a perpetuité des salines de Salins la quantité de sel dont il aura besoin pour sa subsistance, c'est cette dernière particularité, Monseigneur, que je supplie, très humblement Vostre Grandeur de concilier avec la facilité que Messieurs de Berne apporterent, au commencement de cette année, pour laisser faire des magazins de vivres dans leur Pays au nom de M. le duc de Savoye.

M. Stanyan est allé porter le susd. projet et le susd. Traitté a M. Smettaw, qui le fera ratifier par son Maistre, ou M. Stanyan ira luy mesme a Berlin si le cas le requiert. Les magazins que les Ennemis prétendent faire dans la Franche-Comté doivent estre composés de plusieurs barres de fer de longueur suffisante, touttes prestes pour pouvoir estre vicées dans les Ponts levis, a la faveur desquelles on avancera des petards dont on sera muni et par l'effet desquels on prétend enfoncer les portes des Chasteaux.

Outre ces Barres et ces Petards, les Rebelles doivent estre munis de quatre cent haches, quatre cent pelles, quatre cent pioches, deux mille cinq cent fusils, cinq cent paires de pistolets de poche, trois mille gypcieres, trois mille boettes a poudre, trois mille tirrelours, douze mille pierres à fusil, de la poudre et des balles a proportion de la necessité.

Touttes ces armes et munitions doivent estre envoyéés d'Allemagne pour estre portéés dans les lieux qu'on jugera les plus propres a les tenir eu seureté.

J'escoutay sans dire un seul mot, Monseigneur, tout ce qu'il plust au sieur Braconier de me faire entendre, apres quoy je luy dis qu'il ne m'appartenoit pas de decider si les secrets qu'il venoit de me confier estoient chymeriques ou non, que j'aurais l'honneur de les destailler exactement a Vostre Grandeur, pour recevoir ses ordres; que cependant je ne pouvois me dispenser de luy faire quelques objections, de luy demander quelques esclaircissements.

Je luy dis que j'avoüais que les officiers Suisses qui ont l'honneur de servir le Roy avaient assez besoin de recrües pour escouter les propositions qu'on pourroit faire de leur en fournir dans Dijon, mais que comme ces mesmes officiers devoient rendre leurs Compagnies complettes pour la recrüe du mois d'Avril, les hommes qu'on leur pourroit fournir plus tard ne leur paroistroient pas d'une grande utilité.

Il me respondit a cela, que les Recrües Suisses estoient désirées en tout temps et que quand il ne s'agiroit que d'avoir quatre ou cinq officiers dans Dijon pour les recevoir, les Régiments de la Nation feroient volontiers cette despence.

Je fis connoistre au sieur Braconier que je doutois que les Paysans révoltés fussent capables d'executer ce qu'on se proposoit de leur faire faire, puisque le moindre mouvement que l'on feroit contre eux les dissiperoit aussytost.

Il repliqua que les mouvements des Paysans devoient estre conduit par de si bons officiers, qu'on n'auroit pas eu lieu de les mespriser ; qu'au surplus la Province menacée estant alors dénuée de troupes, on seroit longtemps a trouver une digue a opposer a un torrent qui se respandroit bientost fort loin, puisque tous les Paysans des Montagnes de la Franche-Comté ne cherchoient que l'occasion de se revolter, et qu'ils y estoient animés par presque tous les Curés et autres Ecclesiastiques des mesmes montagnes.

Je luy domanday les noms des principaux autheurs de la révolte préméditée. Il m'avoüa que MM. Stanyan, Saint Saphorin et Lucinge ne s'estoient pas encore ouverts à luy la dessus, qu'a son esgard il ne connoissoit encore que des dispositions génerailes, mais que dès qu'on le sçauroit en relations avec quelques personnes considerables dans la Province qu'il supposeroit avoir gagnées, on luy confieroit le nombre et les noms des veritables Conjurés, et que de son costé il les feroit connoistre aux Personnes que Vostre Grandeur, me marquera de luy indiquer.

Il me fit voir une lettre originalle de M. le Duc de Hannower, qui marque que le sieur Jacquin, Commissaire de l'Empereur du costé des Villes Forestières, a ordre de luy envoyer les armes et autres munitions qu'il demandera, ainsy, me dit-il, « quand « Monseigneur le Marquis de Torcy le désirera, j'en feray mar« cher dans les lieux qu'il me fera marquer, et je les feray « remettre sur la frontière, et passer par les chemins que sa « Grandeur m'indiquera ; ces armes passeront sous le nom de « Tonnes de fromages, comme devoient faire celles qu'on avoit « projetté de faire passer aux Rebelles, mais qu'on devoit « cependant laisser sur la frontière du Comté de Neufchastel et « de Porentruy plustost que de les risquer. »

Il m'adjousta que l'on devoit examiner plus exactement que jamais touts les tonneaux de marchandises qui entreront de Suisse en France par d'autres chemins que ceux qui seront marqués par Vostre Grandeur.

Je luy demanday quel usage on pouvoit faire de ce qu'il venoit de me confier, et comment on s'en pourroit servir pour déconcerter les desseins que les Ennemis pourroient former sur le Rhyn.

Il m'asseura que M. le Prince Eugene, M. de Malboroug et M. le Duc de Hannower avoient une telle envie de porter la guerre sur la Saone, qu'il n'y avoit rien qu'ils ne fussent prets à tenter pour en venir à bout, et que comme le projet formé sur la Franche-Comté leur parroissoit un moyen seur pour cela, ils le suivroient preferablement a tout autre tant qu'ils le croiroient praticable ; qu'il conviendrait avec eux d'en commencer l'execution dans les premiers jours du mois de Juillet, mais que quelques jours auparavant il faudroit paroistre descouvrir le magazin d'armes et de munitions qui sera le plus proche du Chasteau de Joux ; que quinze jours après il faudra faire la mesme chose pour celuy qui sera près de Sali , et cela pour avoir un pretexte de ne plus songer a la surpri de ces deux Forts ; que cependant il ne paroistra pas déco certé par de pareils contretemps ; qu'il persuadera de faire avancer d'autres armes dans la Suisse ou on pourra les faire arrester ; que malgré tout cela il proposera d'effectuer l'entreprise sur Auxonne ; qu'en effet il marchera avec le monde destiné a cette expédition ; mais que le Roy pourra faire marcher un Bataillon de l'armée de Dauphiné pour celle du Rhyn, lequel arrivera a Auxonne le mesme jour ou la veille que luy et sa trouppe y arriveront ; que led. Bataillon y ayant double sejour, il sera obligé de faire passer ses hommes jusqu'a Dijon, et cela dans la vûe de ne donner aucun soupçon de son dessein. Que le Roy pourra faire des 150 ou 200 prétendus hommes de recrüe tout ce qu'il jugera a propos, soit en les faisant arrester a Dijon, ou en les envoyant par petites trouppes dans les Regiments Suisses ou Allemands qui servent en France. Que cependant il sera convenu qu'en mesme temps qu'il s'avancera du costé d'Auxonne pour en surprendre le Chasteau, le Duc de Hannower fera marcher les dix mille Brandebourgeois destinés pour la Conqueste de la Franche-Comté. Que ce sera à M. le Maréchal de Barwik, ou a l'officier qui commandera l'armée du Roy sur le Rhyn a prendre ses mesures pour couper chemin aux Trouppes de Brandebourg, ou pour les laisser avancer de maniere que leur retraite leur soit impossible, ou du moïns bien difficile ; qu'il ne veut donner aucun conseil sur cela, laissant a la prudence des généraux du Roy a profiter de cette fausse démarche; que tout ce qu'il pourra faire sera d'avertir bien a point nommé, du temps et de la maniere dont les Ennemis devront faire leurs mouvements ; que cependant la Campagne s'avancera et ne fournira plus assez de temps a M. le Duc de Hannower pour former de nouveaux projets.

Comme M. le Maréchal de Barwik doit venir de Huningue dans quinze jours, il me sera facile, Monseigneur, de luy communiquer de tout cecy ce que V. G. jugera à propos. J'attendray vos ordres, Monseigneur, après quoy je me rendray a Huningue dans le temps que M. le Mareschal de Barwik y sera.

Le sieur Braconier croit que les personnes entre les mains de qui Vostre Grandeur désirera qu'on remette les armes qu'il fera passer en France, doivent me venir trouver incessamment et secrettement, qu'elles soient chargéés d'une lettre de créance de la part de V. G. après quoy je les enverray au sieur Braconier qui conviendra avec elles de la maniere dont elles devront se comporter. Il pretend encore de les faire revenir à Berne après le retour de M. Stanyan, qui les fera accompagner jusqu'en Franche-Comté par une personne de confiance, pour qu'elle puisse voir la réalité des magazins.

Le sieur Braconier pretend que de pareilles precautions obligeront l'Envoyé d'Angleterre et les autres Chefs du Complot à se fier entierement aux personnes apostées par Vostre Grandeur, et à leur donner tout le secret.

. . . .

(Affaires étrangères, *Suisse*, t. CXC.)

Sainte-Colombe à Torcy.

7 décembre 1708.

. . . .

Il est constant Monseigneur, que depuis plusieurs années la Cour de Vienne n'a pas perdu de veüe le dessein de faire revolter les Montagnes et le plat Pays du Comté de Bourgogne. Il est constant aussy qu'il y a beaucoup de particuliers dans cette Province là disposés à y favoriser l'entrée des Ennemis, mais on connoit en mesme temps que l'esprit de révolte ne règne que parmy le bas particulier peu accrédité.

On ne sçauroit douter que les Ennemis n'ayent espéré de pouvoir profiter du Gouvernement present de Neufchatel, qu'ils n'eussent un dessein formé de porter la guerre, la Campagne dernière, sur la Saone, et que cela ne se deust executer de concert avec M. le Duc de Savoye.

On peut encor croire facilement Monseigneur, que les Ennemis trouvant de l'impossibilité a faire passer un Corps de Trouppes par la Suisse, pour pénétrer jusqu'en Franche-Comté, ayent formé le dessein d'y en envoyer un par les sources de la Meuse et de la Saone, surtout si les Revoltés pouvoient s'asseurer de quelque poste qui leur donnast le temps d'attendre du secours.

M. l'Electeur de Brandebourg est d'un caracthère à donner les mains aux propositions qui luy seront faites, et à fournir le monde nécessaire pour l'exécution de ce qui luy sera proposé, dès qu'il croira pouvoir augmenter considérablement sa nouvelle acquisition de Neufchastel, et former par là une barrière entre la France et le Canton de Berne.

Quelques Bernois accrédités, Monseigneur, peuvent avoir approuvé le dessein formé contre le Comté de Bourgogne, et avoir fait esperer de porter leur Canton a prendre sous sa protection les conquestes projettées, lorsqu'elles seront faittes, principalement s'il peut se persuader d'avoir, a l'avenir, des sels *gratis*, et d'estre chargé de la garde des Places fortes dont on pourra s'emparer; voyla, Monseigneur, ce qui me paroist vraysemblable dans les veûes que peuvent avoir les Ennemis.

Mais la surprise du Chasteau d'Auxonne et celle du Chasteau de Joux et des Forts de Salins sont plus que chimeriques.

Je trouve aussy une impossibilité reelle dans le dessein de former des magazins d'armes et d'autres munitions de guerre, a moins que cela ne se fasse de concert avec les gens apostés par Vostre Grandeur, comme j'en suis convenu avec le sieur Braconier. Je croy, Monseigneur, avoir pénétré que cet homme a esté veritablement envoyé par M. le Prince Eugene, pour executer l'entreprise qu'on avoit formé sur Morteau ; que le coup ayant manqué, ce mesme homme a fait d'autres projets dont il aura representé que l'execution est facile, et qu'il y a ordre de luy fournir touttes choses qu'il demandera pour y parvenir.

Mais je suis persuadé en mesme temps que le sieur Braconier trouvant luy mesme de l'impossibilité dans l'execution de ses projets, et voulant profiter de la confiance que les Generaux des Ennemis ont en luy, a cherché à joüer au plus seur en descouvrant leurs veûes, et en profitant des dispositions ou ils sont.

Il prétend sans doute augmenter la confiance que M. le Prince Eugene et M. le duc de Hannower ont en luy, et leur faisant voir les intelligences qu'il aura pratiquées avec quelques particuliers de consideration du Comté de Bourgogne, et la facilité qu'il trouvera a former des magazins pour armer les Rebelles, ce qu'il ne pouvoit faire qu'en s'addressant à Vostre Grandeur comme il a fait.

Il espère qu'en augmentant la consideration que les Ennemis ont pour luy, il se rendra plus necessaire pour le service de Sa Majesté, et qu'il en tirera des récompenses réelles, au lieu que l'inexecution de ce qu'il leur avoit promis a eux mesmes ne pourrait avoir que des suites désagréables pour lui.

(Affaires étrangères, *Suisse*, t. CXC.)

APPENDICE VI

Le roi Fréderic Ier au comte de Metternich[1].

(Extrait.)

Cologne-sur-la-Sprée 13 janvier 1709.

Ce que nous pourrons acquérir dans les prochains traités de paix et nous procurer de la Franche-Comté, dépend principalement des succès que le Très Haut voudra bien accorder aux armes des Alliés. Mais il serait bon, pour appuyer d'autant mieux notre prétention à ce sujet, de déterminer nos Alliés à prendre de bonne heure certaines mesures avec nous, si l'on pouvait fournir des preuves suffisantes, que, en plus des Seigneuries appartenant incontestablement à la maison de Nassau-Orange en Franche-Comté, d'autres morceaux encore des domaines possédés jusqu'ici par la couronne de France appartiennent à la maison de Châlons. Dans votre relation du 30 juillet

---

1. *Erlass Kœnig Friedrich's I an Graf Metternich.*

(Auszug.)

Cœlln an der Spree, 13 janvier 1709.

Was wir bey den Künftigen Friedens-Tractaten von der Franche-Comté werden acquiriren und an Uns bringen Kœnnen, das stehet dahin und dependiret vornemlich von den Successen, die Gott der hœchste der (sic) Alliirten Waffen etwa ferner geben wird. Es würde aber umb die prœteusion, so wir desfals machen werden, desto besser zu fundiren, auch Unsere Alliirte, dass sie deshalb mit Uns in zeiten gewisse mesures nehmen zubewegen, gutseyn: wann man darthun und genugsame beweisgründe beybringen Kœnnte, dass ausser denen unstreitig dem Hause Nassau-Orange zustehenden in der Franche-Comté belegenen Herrschaften, hievor auch noch andere Stücke selbiger Herrschaften, die bisher von der Krohn Frankreich besessen worden, dem Hause Châlons angehœren. In Euerem Bericht vom 31^{en} Juli habt ihr etwas wegen des Schlosses Joux und wegen der Theils de St-Innier erwehnet, welches billig genau untersuchet, und was sich davon findet, Uns umbstændlich und in zeiten berichtet werden müsste.

. . . .

Die aldort gemachte projecte, was wir durch den Künftigen Frieden zur Erweiterung des Fürstenthumbs Orange und Fortrückung des Neufchatell's Græntzen in die Franche-Comté gethan worden, und was von Ihr Uns verschiedene raisonnements bisher eingesand, seind gar gut, wann dieselbe sich nur so leicht in das werk richten liessen, wie sie auf die Papier gebracht worden, das schlimmste aber ist, dass uns das Recht an Orange und die Güter von Burgund annoch von dem Printzen von Nassau gestritten wird, und dass, wofern wir Uns mit demselben nicht vor erfolgendem Frieden setzen, der Staat ohne Zweifel zutreten, und als Executor der bei den Testamenten von Printz Frederich Henrich von Oranien und dem Hochsel. Kœnige in Engelland, so wol des Furstenthums Orange, als die Güter in Franche-Comté und die Herrschaften in den Spanischen Niederlanden, so weit wir dieselbe nicht bereits durch das Recht erstritten und an Uns gebracht haben, durch den Frieden in seine possession zu bringen suchen wird, auf eben die Weise, wie Er die, unter seiner Bottmæssigkeit belegene zu der Orange successiou gehœrige Güter im besitz hat, und weder Uns noch dem

vous nous avez indiqué le château de Joux et une partie du Val Saint Imier. Veuillez approfondir cela, et nous faire connaître en détail, et de bonne heure le résultat de vos recherches.....

Les projets faits là bas pour nous permettre au prochain Traité d'étendre la principauté d'Orange et de reculer vers la Franche-Comté les frontières de Neufchatel, les raisonnements divers que vous nous avez envoyés à ce sujet, sont fort bons. Si seulement ils étaient aussi faciles à réaliser qu'à mettre sur le papier! Mais le pire, c'est que nos droits sur Orange et les biens de Bourgogne nous sont encore contestée par le prince de Nassau. Dans le cas où nous ne nous mettrions pas d'accord avec lui avant la paix, l'Etat (les Provinces-Unies) interviendra certainement, et comme exécuteur testamentaire du Prince Frédéric Henri d'Orange et du feu Roi d'Angleterre il essaiera de se mettre en possession de la principauté d'Orange, des biens de Franche-Comté et des domaines des Pays-Bas espagnols, autant que nous n'aurons pas réussi à nous les procurer juridiquement. Il en sera comme des biens de la succession d'Orange situés dans sa domination, qu'il détient et dont il ne laisse la disposition ni à nous, ni au Prince de Nassau. Et l'on peut s'imaginer aisément que, s'il accapare de la même manière la principauté d'Orange et les biens de Bourgogne, toutes les spéculations que l'on a faites sur un échange possible de ces pays et domaines resteront sans effet.....

Printzen von Nassau nicht die geringste disposition darüber zugestehet, da man dass leicht erachten kann, dass, wann solchergestalt der Staat das Fürstenthumb Orange und die Güter in Burgund durch den Frieden an sich zogen, von allen denen wegen Verbesserung und Austauschung dieser Lande und Güter, aldort gemachten speculationen, nichts zum effect wird zu bringen sein. Indessen haben wir doch wegen derjenigen stücke, die der Pabst von dem Furstenthumb Orange abgerissen haben soll..., zu Wien und bey unseren übrigen Alliirten der Erinnerung thun lassen...

Wie weit wir es deshalb bringen werden, das lehret die Zeit und were gut, wan Wir indessen eine genaue Information wegen aller dieser von dem Furstenthumb Orange abgekommenen Orte, wie dieselben heissen, und wie es damit zugangen, fordersonst erlangen Kœnnten.

Die Besoldungen der dortigen bedienten wollen Wir nicht erhoehen, sondern in einem Lande das Uns so viel kostet und so wenig einbringet, der Menage sich aufs œusserste befleissen muss.

Den advocaten Normandie sind wir willens unter das Fr. v. Schmettau Direction in der Orange Successions-Sache im Haag zugebrauchen, haben Ihm auch schon befohlen sich zu solchem ende fordersonst dorthin zu begeben wann Ihr von des General St Saphorins consilio keine vollenkommene Abschrift habt, und dieselbe euch gleichwoll nœthig est, so habt ihr es nur zu berichten, und soll euch alsdann dergleichen copey sofort von hieraus zugesand werden. Die Nachrichtungen von den Gütern in Franche Comté, so bey dem Médico Manget zu Geneve vorhanden, sind zwar von keiner sondern importanz. Wir sehen aber doch gerne, dass dieselbe von gedachtem Manget extradiret und sobald mœglich zu dem hiesigen Orang-Archiv anhero geschaffet werden. Und weil ged. Manget diese Papiere vermuthlich ohne entgeld nicht von sich geben wird, so Kœmmt ihr deshalb aufs genaueste mit ihm handeln, und soll euch dasjenige was ihr deshalb auslegen werdet, sofort erstattet werden.

Le temps nous apprendra ce que nous tirerons de tout cela ; il serait bon, cependant, d'avoir des informations précises sur tous les lieux détachés de la succession d'Orange, sur leur nom, sur la manière dont cela s'est fait.

Nous ne voulons pas élever les salaires de ceux qui nous servent à Neuchâtel, mais bien au contraire, dans un pays qui nous coûte tant et nous rapporte si peu, il faut viser le plus possible à l'économie.

Nous sommes décidés à employer l'avocat Denormandie sous la direction du Baron de Schmettau à la Haye, pour l'affaire de la succession d'Orange. Nous lui avons même déjà ordonné de s'y rendre pour cet objet au plus tôt. Si vous n'avez pas une copie complète du projet du général Saint Saphorin et s'il vous est nécessaire de l'avoir, vous n'avez qu'à nous en avertir, et l'on vous en enverra une d'ici aussitôt. Les renseignements trouvés par le médecin Manget à Genève relativement aux biens de Franche Comté, ne sont pas d'une importance particulière. Nous verrions pourtant avec plaisir que ledit Manget les livrât, pour qu'ils fussent aussitôt fournis à nos archives d'Orange qui sont à Berlin. Comme sans doute, il ne les donnera pas pour rien, vous pouvez traiter avec lui au plus juste prix, et nous approuverons la dépense que vous aurez à faire de ce chef.

(Archives de Prusse, *Papiers de Metternich* (Rescrits du roi).

Relation de Schmettau, de la Haye[1].

23 avril 1709.

Pour obéir aux très gracieux ordres de V. M. Royale du 9 avril, j'ai donné avis au Pensionnaire, que, suivant ce que les cantons Évangéliques demandent à V. M. Royale, on pourrait bien à la prochaine paix, soigner aussi ses intérêts, et que votre

---

1.   *Bericht Schmettau's aus dem Haag.*

23 avril 1709.

Habe Euer. Kœnigl. Mjt. allergnædigsten P. Sto vom 9 april zu gehorsamster Folge ich dem Rath Pensionario nachricht gegeben, welchergestalt die Evangelische Cantons in der Schweitz bei Euer. Kœnigl. Maejt. anhalten, dass auch vor Ihr Interesse bey dem Künftigen Frieden gesorget werden mœchte, und dass Ihre intention in einer ausssführ. Schriftlichen Information hauptsæchlich gehe auf die demolition von Hüningen und dass die Franche-Comté nicht in Hænden von Frankreich bleiben mœchte.

Gleich wie nun solches auch von der Hohen Alliirten convenientz sey, und man sorchergestalt von dehnen frontieren des Cantons Bern die Barrière durch das Elsass længst an den Grenzen von Lotheringen bis an die Saar, ferner an die Mosell und Maass Würden ziehen, und dieselbe durch beytretung des Cantons, wenigstens der Evangelischen, desto besser conjunctim

intention exprimée dans un mémoire explicite et écrit, était de ne pas laisser Huningue debout, et la Franche Comté entre les mains de la France.

Comme une pareil projet est aussi de l'intérêt des Hauts Alliés, que de cette manière, on tirerait la Barrière depuis les garentiren undt maintenirem Kœnnen, so zweiffelten Eu. Kœ. Mt. nicht, es würde der Rath Pensionarius da sonsten dieses desiderium nur nicht practicabel und zu erhalten moeglich, solches, seinen guten intentionen, vor einen gueten und sicheren General-Frieden gemaas, gern secondiren und appuiyren.

Der Rath Pensionarius, sagte, ich moechte Ihm dieses memoire geben, davon ich abschrifft machen lasse, und wollte Er durchlesen, auch so dann weiter mit mir darüber sprechen; Was die demolition von Huningen anlanget, bezog ich mich darauf, dass diese Vestung wieder den Wesphælischen Frieden gebauet, und ohne dem laut des Rißwiggischen Articulo 23: monimenta in dextra ripa et Insula Rheni erstructa, sambt der Brücke zu destruiren; würde man also mit so viel mehreren recht auf der gænzlichen demolition dieser vestung zur sicherheit des Reichs barrière zu insistiren haben, auch dadurch die Evangel. Schweitzer Cantons, sehr in das interesse der Hohen Alliirten ziehen Kœnnten. In solchem Ab'sehen hette ich die demolition von Huningen meinem Memorial anlangendt des Reichsinteresse und desiderien bey dem Frieden inseriret. Ich habe ferner mit anderen Regenten und mit dem Kœnigl. Englischen Secretario Dardonnel confidemment über diese sache gesprochen, dieser letzte sagte mir dass an seithen der Evangelischer Cantons gemeldte proposition wegen vindicirung der Franche-Comté bei dem Frieden auch an die Kœnigin geschehen, und wie ich vermuthen Kønnte durch den Envoyé Stanian; Er fand aber das Mémoire nebst mier und anderen etwas allzuweitläufflig in dehme der autor sich allzulange aufhalte in der apologie von der Schweitzer Cantons conduite, dass sie sich anno 1675 der occupation von der Franche-Comté, folgends auch dem Bau der Vestung Huninguen nicht opponiret, und meinet man alhier dass solches aus unzeitigen Jalousie gegen das Erz-Haus Œsterreich und allzu grossen attachement an Frankreich geschehen, wozu dieser Kruhn heimliche Largessen viel contribuiret, und die damahlige Regenten der Cantons apaisirt hætten.

Wiewohl ich dagegen repræsentire, dass sich die Sachen in der Schweitz seithero sehr verändert und die Evangelische Cantons so ehemals an Spanien attachirt gewehsen, jetzo in frantzœsischem Interesse stehen, hingegen die Evangel. und ungleich mœchtigere so damals au Frankreich gefangen setze der hohen Alliiyrten Interesse zugethan sind, auch davon noch jüngst absonderlich der Canton Bern in der Neufchatellischen sache eine eclatante probe seiner fermeté und dass es die menaceen von Frankreich nicht scheue, wenn es nur soutien habe, gegeben hatte.

Dass beste mittel uns in obigem project wegen der Franche-Comté zu reuniren würde wohl nach meinem geringen erachten sein, wann man pro fundamento Pacis ansethen Kœnigs. Mayt. und der Reichs des Kœnigs von Spanien und der Kœnigin von Gross Britannien Mayt. ratione Spanien auf dem Pyrenæischen Frieden, und in Regard der Reichs auf dem rectificirten Westphæl-Frieden bestehen wollte, auch den Staat zum beytreit persuadiren Kœnte, Ihme hinwieder umb in dem punct seiner barrière alles soutien wersprechendt.

Es dürffte aber an seithen der Staats schwer zugehen umb denselben zu dergleichen resolution zu bringen; zumahle verschiedene Provintzien und Regenten albin nicht der meynung seyn dass man die postulata wieder Frankreich allzuweit pousstren solle, wodurch risquirt würde, dass die jetzige occasion einen guten und sicheren Frieden zu machen vorbeigehen Kœnnte, und dass durch hazards und durch wankelbares Glück in kriege davon soviel exempel in der jüngsten Campagne gewehsen, Frankreich seine offres retractiren und man obligiret werden dürffte den krieg noch længer als diese Campagne zu continuiren, wozu der Staat a potiori nicht au stande

frontières du Canton de Berne, à travers l'Alsace, le long des frontières de Lorraine jusqu'à la Saar, plus loin jusqu'à la Moselle et à la Meuse, et qu'on pourrait la garantir d'autant mieux en commun et la maintenir avec l'aide des Cantons, des Cantons Evangéliques du moins, V. M. Royale ne doutait pas, ai je dit, que le grand pensionnaire ne fut prêt à appuyer et à seconder de la meilleure intention ce désir nécessaire à la conclusion d'une bonne paix et durable ; autrement ce désir ne serait ni *praticable*, ni possible à réaliser.

Le Pensionnaire me répondit que je pourrais lui donner ce memoire, que j'en fisse faire une copie, et qu'il le lirait tout au long et qu'il m'en parlerait plus tard. En ce qui concerne la démolition d'Huningue, je fis valoir que cette forteresse avait été construite malgré la paix de Westphalie et que l'article 23 du traité de Ryswick stipulait la démolition des « munimenta in dextra ripa et insula Rheni constructa », ainsi que des ponts ; qu'on devait donc, fort de tous ces droits, insister pour la sécurité de la barrière de l'empire sur la démolition totale de cette forteresse, et que c'était enfin un moyen de mettre les Cantons Ev. de Suisse dans les intérêts des Hauts Alliés. C'est dans cette vue que j'avais inséré dans mon Mémoire la démolition d'Huningue à la paix, comme conforme aux intérêts et aux désirs de l'Empire.

Je me suis entretenu en outre de cette affaire avec d'autres *députés* et avec le secrétaire royal anglais Bardonnel, confidentiellement ; ce dernier me dit que la proposition faite par les cantons évangéliques de délivrer la Franche Comté à la paix avait été aussi adressée à la Reine, et, comme je pouvais le supposer, par l'envoyé Stanyan. Avec moi et d'autres, il trouva que le Mémoire allait beaucoup trop loin : l'auteur y faisait une constante apologie de la conduite des Cantons Suisses. En 1675 pourtant, ils ne s'étaient pas opposés à l'occupation de la Franche Comté, à la construction des fortifications d'Huningue. Tout le monde était d'accord qu'ils avaient fait cela par une jalousie intempestive contre la maison d'Autriche et par un

wehre, auch dergleichen hazards wann Sie unglücklich ablieffen, bey hiesigen durch die grosse krieges Kosten sehr erschœpften absonderlich gemeinen Volke nicht verandtworden kœndte.

Ich habe an meinem geringen Orthe in vorigem und jetzigem Kriege wahrgenommen, dass propositionen so anfangs dehnen Regenten schwer und impossibel scheinen, gradatim besseren ingres finden, wann Sie begriffen dass die difficultaten nicht so gross seindt, als sie dieselbige ihnen anfangs vorgestellet ; vielleicht giebt Gott Glück dass man nur im Friedenswerk nichts prœcipitiret wirdt, und die Alliirte Armeen in dehnen Niederlanden in das Feld kommen, auch ein Avantage über die Frantzœsische erhalten als dem der Articul umb die restitution der vœlligen spanischen Monarchie auf den Fuss der Pirenæischen Friedens mithin auch die restitution der Franche-Comté zu begehren und darauf zu persistiren, als dann auch bey dem Staat besseren ingres finden.

Ut in humilli. Relat. Haag den 23 avril 1709.

SCHMETTAU.

attachement excessif pour la France, que cette couronne d'ailleurs avait contribué à fortifier par des largesses secrètes, faites aux députés des Cantons.

Je représentai à mon tour que les choses en Suisse avaient bien changé depuis, et que les Cantons Evangéliques, les plus puissants sans comparaison, étaient maintenant aussi attachés aux intérêts des Alliés qu'ils l'étaient alors à ceux de la France, que récemment encore, en particulier, le Canton de Berne dans l'affaire de Neuchâtel avait donné une preuve éclatante de fermeté, et qu'il ne craindrait pas les menaces de la France, s'il était appuyé maintenant.

Le meilleur moyen de réaliser ce projet sur la Franche Comté serait, à mon humble avis, de prendre pour base « *pro fundamento Pacis* », en ce qui concerne S. M. Impériale, le roi d'Espagne et S. M. la reine d'Angleterre, le traité des Pyrénées ; en ce qui concerne l'Empire, le traité de Westphalie rectifié, et de gagner le concours des Etats, en leur promettant d'appuyer leur réclamation relative à la Barrière.

Mais il pourrait bien être difficile de porter les Etats à une telle résolution, d'autant plus que différentes provinces et certains députés ne sont pas d'avis de pousser trop loin les exigences contre la France : on risquerait, selon eux, par là de laisser échapper l'occasion présente d'une bonne et solide paix ; la France pourrait, par suite des hasards et de la fortune changeante de la guerre dont on a eu tant d'exemples dans la dernière campagne, revenir sur ses offres. On serait alors obligé de continuer la guerre au delà de cette campagne; l'Etat apauvri ne serait pas en situation de courir de tels hasards; s'il arrivait un évenement malheureux, étant donnés les frais que *coute* une telle guerre, les députés ne pourraient pas se justifier, particulièrement auprès du commun peuple qui en est épuisé.

J'ai observé pour ma faible part dans la guerre précédente et dans celle-ci que des propositions qui au début paraissent aux députés difficiles à admettre et impossibles, gagnent peu à peu du terrain, quand ils s'aperçoivent que les difficultés ne sont pas aussi grandes qu'on les leur avait d'abord représentées ; peut-être Dieu permettra-t-il que l'œuvre de la paix ne soit point précipitée, que les armées des Alliés entrent en campagne et aient l'avantage sur celle des Francais, alors on pourra désirer la restauration de la monarchie Espagnole, dans son intégrité, sur le pied de la paix des Pyrénées, et par suite la restitution de la Franche Comté. On insistera encore sur ce point, et alors on trouvera de meilleures dispositions dans les Provinces Unies.

Comme dans ma très humble relation.

SCHMETTAU.

La Haye, 23 avril 1709.

(Archives de Prusse, *Papiers de Metternich* (Rescrits du roi).

Mémoires pour la Franche-Comté, à ce qu'il plaise à Sa Majesté Impériale, au corps de l'empire et à leurs hauts alliés, de délivrer cette province de la domination française[1].

Aut nunc, aut nunquam.

Jamais l'Empereur, l'Empire et leurs hauts alliés n'eurent et n'auront un temps si propre et si favorable à remplir les desseins, les vœux et la fin de l'union de leurs armes et de leurs forces qu'à présent. Fasse le Ciel qu'ils en profitent avantageusement.

Ils se sont proposés, ils ont juré d'humilier la France, de modérer sa puissance, de borner son Royaume, et de mettre en sûreté et en repos non seulement tous ses voisins et tout l'Empire, mais encore toute l'Europe, sur laquelle le Roi de France n'a pas seulement formé un plan et fait des préparatifs pour dominer comme avait déjà fait Henri IV, son aïeul, mais il a été sur le point d'accomplir et consommer ce vaste et injuste dessein, dont nous devons dire, que l'échec est un coup de la divine Providence, à laquelle les Francs-Comtois ont déjà fait et font encore tant de vœux pour la fin de leurs misères, qu'ils osent se flatter d'avoir eu part, par leurs prières, aux victoires complettes que les Hauts Alliés ont remporté à Hochstet, à Turin, à Ramelies et à Oudenarde.

Mais, pour ne pas démentir le nom de Francs-Comtois, ils veulent bien avouer, que leurs prières ont été animées de leur amour-propre, et qu'ils ont cherché dans ces victoires la fin de leur captivité, qu'ils souffrent sous la France ; n'importe : *charitas bene ordinata incipit à seipso.*

Ainsi ils viennent avec autant de confiance que de respect et de sincérité, supplier très humblement les Hauts Alliés de leur faire part du droit qui leur est acquis par tant de prodiges de donner la loi à la France et de l'obliger d'évacuer la Franche-Comté, la rendre à l'Auguste Maison d'Autriche, à qui elle appartient, et la réunir au corps de l'Empire dont elle a l'honneur de faire une principale Partie de l'un de ses principaux Cercles suivant les Recez des Etats tenus à Trèves, l'an 1511.

Sous les auspices de ces deux nobles et anciennes qualités de portion du patrimoine de l'Auguste Maison d'Autriche, et de partie du Cercle de Bourgogne, ils pourraient bien d'abord espérer le soin, la protection et l'empressement des Hauts Alliés pour les délivrer d'un joug qui leur est insupportable, et auquel ils n'ont survécu jusqu'à présent que parce que cette nouvelle guerre leur a donné l'espérance d'être rachetés d'un esclavage qu'ils souffrent malgré eux depuis l'an 1674. Après

1. Comparer les termes de ce Mémoire aux Mémoires de Seigneux (Appendice IV, p. 181).

une résistance si grande aux armes de Louis XIV présent et suiv de 40,000 hommes de troupes choisies, que ceux qui commandaient pour le Roi d'Espagne à Besançon, le jugèrent téméraire et ne l'eussent pourtant fait cesser, s'ils n'eussent persuadé ces braves Citoyens de mettre bas les armes pour conserver à l'Empire et à l'Auguste Maison d'Autriche de bons soldats, des sujets fidels, des Maisons et des Villes entières dignes de leurs attentions et de leurs recherches, lorsque le Ciel ferait naître un beau jour pour les recouvrer, comme ils avaient été par le Traité de Paix d'Aix-la-Chapelle, le 2 May 1668.

C'était un temps de pupillarité pour Charles II, Roi d'Espagne, ainsi l'on ne peut attribuer à son affection singulière ni à son ambition le salut de la Franche-Comté, ce Prince était encore alors incapable de passions.

Il faut donc attribuer la délivrance de la Franche-Comté aux bons conseils de ses Ministres et de ses Alliés, qui ont prévu et connu l'importance de cette Province, si bien que pour la délivrer de la domination française ils lui abandonnèrent les fameuses villes de l'Ile, de Doüay, d'Ypre, et autres places considérables, que Louis XIV avait déjà usurpé en Flandres sur l'Auguste Maison d'Autriche, laquelle aussi bien que ses Alliés étaient bien informés de l'avantageuse situation de la Franche-Comté, de la bonté de son terroir, du bon cœur et de l'affection de ses peuples pour la Nation Germanique et pour l'Auguste Maison d'Autriche.

L'Italie, le Portugal, la Catalogne, la Flandre et l'Allemagne sont encore teintes du sang que les Francs-Comtois y ont répandu tant de fois pour leurs services contre la France.

Et je ne puis m'empêcher de copier ici une partie de l'un des Diplômes de l'incomparable Empereur Charles V adressé à la Cité impériale de Besançon et daté à Eslingen du 5 février 1526.

« Repetentibus nobiscum, quæ fidei sinceritas Nobis et Sacro Imperio semper addicta fuerit, ejusque officia non vulgaria, quibus pro Imperii honore et incremento prædecessores quondam nostros Nosque et Sacrum Imperium in omni pacis bellique fortuna summo studio, diligenti cura et sollicitudine, contemptis hostium viribus, armis et conspirationibus hactenus constanter prosecuta est merito ejus fidei constantiam dignis laudibus extollendam et merita officiaque maximis beneficiis ornanda censuimus. »

En effet, la cité impériale de Besançon qui avait toujours résisté à Louis XI (lequel avait conquis la Franche-Comté en l'an 1479) ouvrit ses portes à Maximilien, premier Empereur de ce nom, digne époux de la Sérénissime Marie de Bourgogne, lui fournit quantité de soldats, d'artillerie, et de munitions de guerre, à l'aide desquels cet Empereur combatit et défit les troupes françaises et les chassa du Comté de Bourgogne, un jour de vendredi, Fête de Saint-Thomas de l'an 1492.

Mais l'Empereur Charles V parle dans un autre diplome, si avantageusement, de la cité de Besançon, que je dois nécessairement en faire ici l'extrait, à la vue duquel je ne doute que l'Empereur Joseph, glorieusement régnant, l'Empire et leurs Hauts Alliés ne délibèrent de délivrer cette ville et toute la Franche-Comté du pouvoir despotique de Louis XIV, roi de France.

« Cum Bisuntina civitas in limitibus Imperii constituta Nobis et Sacro Imperio Romano singulari fide et devotione se semper præstiterit obedientissimam, nec unquam periculis aut adversitatibus aut perturbationibus ab observantiâ nostrâ et Sacri Imperii potuerit abduci, sed tanquam arx munitissima et clypeus fortissimus adversus hostes Imperii se semper objecerit. »

L'on invite à ces paroles la générosité, l'attention et la reconnaissance de l'Empereur et de l'Empire à se déclarer, et se déterminer, pour reprendre non seulement la cité impériale de Besançon, mais encore toute la Franche-Comté.

Parce qu'on peut dire, sans flatterie, qu'elle est d'une situation si avantageuse, que c'est un bouclier, un Boulevard, une digue et une forteresse pour l'Empire contre le torrent de la puissance Française.

Il n'y a, pour en être convaincu, qu'à voir la carte géographique, l'on trouvera cette province en longueur de 40 du septentrion au midi, sur 30 lieues de largeur de l'Orient à l'Occident, bornée à l'Orient par la Suisse, et à l'Occident par le Duché de Bourgogne, au Septentrion par la Lorraine et l'Alsace, et au Midi par la Savoie et la Bresse. Les Hauts Alliés sont très humblement suppliés d'observer sur cette Carte, que le Montjurat semble avoir été formé par la nature pour servir de boulevard à la Franche-Comté contre l'invasion des Suisses, qui voulaient y entrer du tems de Jules César sous la conduite d'Orgentorix, qu'ils avaient choisi pour leur Chef, comme il se peut voir dans les commentaires de Jules César au livre premier de la guerre des Gaules.

Mais on a sçû joindre l'art à la nature, non seulement pour leur ôter le désir et l'appétit de la Franche-Comté, mais encore pour leur faire craindre le Roi de France, s'il demeure possesseur de ce païs.

Car le Montjurat dépend de la Franche-Comté dans toute sa longueur, il embrasse les Cantons de Bâle et de Berne, le Roi de France y a fait bâtir, fortifier et étendre la forteresse de l'Antskron contre le canton de Bâle, il s'est saisi des Forteresses de Blammont et de Clemont qui sont sur cette montagne et commandent Porentruy et ses dépendances.

L'on voit à la suite presque sur la même ligne, toujours sur le Montjurat, tirant du Septentrion au Midi les Châteaux de Maiche, de Tréviliers et de Chatillon, de Belvoir, de Réaumont, de Chatelneuf, de Mortau, de Joux, de Jougne, de Noseroy et les villes de Pontarlier et de Saint-Claude, par où les cantons de Berne et leurs Alliés, les comtez de Neufchatel et de Valangin sont découverts, ouverts et commandez et toujours en proie au Souverain de la Franche-Comté, s'il est Français.

Il peut, sous prétexte d'un quartier d'hiver, garnir tout le sommet du Montjurat de plus de vingt mille hommes de troupes réglées, après avoir fait monter à loisir dans tous ces Châteaux quantité de Canons et autres pièces d'artillerie et de munitions de guerre, sans qu'on s'en aperçoive en Suisse.

Les villes de Clerval et Beaume, d'Ornans, de Quingey, de Salins, d'Arbois, de Poligny, de Lons-le-Saunier, d'Orgelet et de Polligny, qui sont bâties sur cette montagne ou dans ses penchants à l'Occident, logeront pendant le même quartier d'hiver, avec les villages de leurs ressorts, plus de trente mille hommes.

Et les villes de Besançon, Dôle, Gray, Champlitte, Vesoul, Jonvelle, Jussey, Luxeul, Faucogney, Héricourt, qui sont toutes dans le plat païs du Comté de Bourgogne, tel que le Roi de France le possède, en logeront autant, quand le Roi voudra.

L'on ne manquera pas, dans un dessein prémédité, de fournir les Villes de Seurre, de Saint-Jean-de-Laune, d'Auxonne, de Pontarlier, et de Bourbonne, qui sont toutes contiguës à la Franche-Comté, bâties presque sur une même ligne le long de la Saône.

En sorte qu'il est facile à juger, qu'en moins de deux heures de tems le Roi de France fera descendre vingt mille hommes avec toute l'Artillerie et les munitions de guerre dans le Canton de Berne, sans qu'on s'en apperçoive, parce qu'on peut descendre de nuit et que rien n'empêche cette descente ouverte en mille endroits.

Ces premiers soldats seront immédiatement suivis et soutenus des autres qui seront logés sur la même montagne, et ceux-ci seront joints en vingt-quatre heures par les troupes du plat païs.

N'est-il pas à craindre que les Cantons de Bâle et de Berne se trouvant surpris, les Cantons de Soleure et de Fribourg se déclarent pour la France, du moins pour lui permettre et faciliter le passage d'une grosse armée capable d'occuper la Savoie, l'Italie et toute l'Allemagne, personne n'ignore que la faction Française prévaut dans les Cantons catholiques.

N'a-t-on pas vu comme la France a trouvé le secret de faire glisser tant de troupes et tant de munitions de guerre et d'argent en Bavière il y a quelques années.

Ne sçait-on pas qu'en l'an 1707, lorsqu'il s'agissait de décider du droit des illustres Prétendans sur les Comtés de Neufchatel et de Valangin, le Roi de France a menacé non seulement de vive voix et par écrit la Suisse de ses forces et de son courroux, dans le tems même qu'il avait presque toute l'Europe sur les bras, mais qu'il leur a fait voir ses troupes et ses canons déjà montés sur le Montjural, prêts à décendre et foudroyer sur ces Comtéz Alliéz du Canton de Berne, et qui sont heureusement dans le patrimoine de Sa Majesté le Roi de Prusse, auquel ils deviendront bientôt inutils, si leurs plus proches voisins à l'Occident demeurent à la France.

On ne peut ignorer, que c'est à la faveur et par la possession de la Franche-Comté que le Roi de France a tous ces avantages, et qu'il a bati Huningen et Lantskron sans aucune opposition de la part des Suisses.

En effet, il n'y a point de Païs plus propre ou à subjuguer la Suisse, ou tout au moins à l'obliger de favoriser les armes de France. Car la Franche-Comté abonde en sel, en fer, en bléds et en vins autant que la Suisse en est stérile : c'est sous le spécieux prétexte d'un honnête et libre commerce de toutes ces denrées, que le Roi de France s'est fait dans toute la Suisse, et particulièrement dans les Cantons de Berne et de Bâle des Tributaires au lieu de Pensionnaires qu'il y avait à grands frais, à grande peine et à grand risque, avant qu'il eut conquis la Franche-Comté.

Mais à présent, cela se fait facilement sans danger et même sans aucun soupçon, sous la belle apparence de la juste nécessité du négoce, par laquelle il a mis les menottes aux mains et les entraves aux pieds des Cantons de Berne et de Bâle, pour les rendre immobiles à toutes entreprises que la Franche-Comté lui facilite, beaucoup plus sûrement que l'Alsace, qui ne touche que d'un coing à la Suisse, que la Franche-Comté embrasse dans toute sa longueur du septentrion au midi, depuis Montbéliard jusques à Polligny en Bresse.

L'Alsace aussi n'est pas à comparer à la Franche-Comté pour lui être préférée par les Hauts Alliés dans un traité de Paix, s'il fallait nécessairement achetter la paix de la France aux dépens de l'Empire et de l'Auguste Maison d'Autriche, en perdant et cédant l'une ou l'autre de ces deux Provinces, afin de continuer le mauvais exemple du traité de paix de Westphalie et de tous ceux qui l'ont suivi, au lieu de les réformer comme l'on doit, puisque les Hauts Alliéz le peuvent.

Car outre qu'il est notoire que les habitants de l'Alsace sont plus François que les Parisiens, et que le Roi de France est si sûr de leur affection à son service et à sa gloire, qu'il leur ordonne de se fournir de fusils, de pistolets, de halebarbes, d'épée, de poudre et de plomb, toutes les fois que le bruit court que les Allemands ont dessein de passer le Rhin, et qu'ils courent en foule sur les bords de ce fleuve pour en empêcher, ou du moins disputer le passage à la Nation Germanique, au péril évident de leurs propres vies comme s'ils allaient au triomphe.

En sorte que l'Empereur et l'Empire doivent être persuadéz qu'en reprenant l'Alsace seule, sans recouvrer la Franche-

Comtée, ils ne trouveront pour ainsi dire, qu'un amas de terre morte pour l'Auguste Maison d'Autriche, et qui couvera un brasier d'amour pour la France, et de fervents désirs pour le retour de son règne en ce Païs, auquel ils donneront toûjours conseil, faveur, aide et secours dans l'occasion.

Au lieu que les Francs-Comtois voudraient faire des Ponts de leurs corps aux armées de l'Empire, pour leur faciliter le passage de ce fleuve et de tous les autres endroits les plus difficiles et les plus dangereux, dont le Roi de France bien informé a pris tant de fois la précaution de les désarmer, et il vient tout nouvellement d'en faire exécuter à Besançon un assez bon nombre sur des simples soupçons de relations avec le Ministre du Roi de Prusse en Suisse.

Il est évident que l'Alsace sera toûjours inutile à la France pour pénétrer en Allemagne, si la Lorraine est rétablie comme elle doit être à son Prince, déchargée de toutes servitudes envers la France, et la Franche-Comté restituée à l'Auguste Maison d'Autriche, aussi entière qu'elle lui appartient légitimement.

Ces deux Provinces, cimentées du glorieux sang de l'Auguste Maison d'Autriche, s'uniront encore d'avantage par la nécessité de leur propre intérêt, de leur salut et de celui du Corps de l'Empire, duquelle elles sont de si nobles parties ; elles se tendront toûjours les mains pour s'opposer à la France, pour se défendre mutuellement de ses hostilités, et pour l'empêcher de faire passer aucune armée en Alsace, elles seront par ce moien deux Boulevards au corps de l'Empire, et deux forts Caveçons aux Alsatiens, soit qu'on les laisse au pouvoir du Roi de France qu'ils adorent, soit qu'on lui en ôte les biens et les revenus, (car on ne lui pourra pas ôter les cœurs d'autre manière que par une chaîne de deux cents ans).

Mais si par un surcroît de malheur pour la Franche-Comté, elle restait sous la puissance de Louis XIV, cette Province sera toûjours une forte bride à la Lorraine pour l'empêcher de se tourner du coté de l'empire, ce sera une porte ouverte à tous moments pour marcher sur le ventre à la Comté de Montbéliard et remplir de soldats françois originaires de l'Alsace, dont les peuples leur tendront les bras, et feront gloire d'en augmenter le nombre, pour le conduire avec plus de sureté, de facilité et de rapidité dans le cœur de l'Empire du côté du septentrion, pendant que d'autres troupes Françoises se jetteront de la Franche-Comté en Suisse, et de là en Allemagne à l'Orient, et dans la Savoie le Piémont et l'Italie au midi. Car la Franche-Comté fournit abondamment tous les nerfs de la guerre au Roi de France, il en tire tous les ans plus de quatre Millions de livres tournoises, sous les pompeux titres d'imposition royale ordinaire et courante, de subsides de quartiers d'hyvers réduits en argent et d'une capitation générale, de laquelle il n'exempte personne pas même la moindre servante, sur les gages de laquelle il prend tous les ans deux livres tournois, ni le plus petit laquais, qui lui paye une livre tournois de ses gages par chacun an.

Le revenu ordinaire et annuel du domaine privé ou particulier du Souverain de ce pays est tout au moins d'un Million de Livres tournois en sel, en bleds, en vins, en argeut.

Il a levé dans cette province jusqu'à Vingt Mille hommes de troupes réglées, il a logé pendant plusieurs quartiers d'hyver plus de Vingt Mille hommes de Cavalerie nourris et entretenus aux dépens du païs, outre près de Dix Mille hommes d'infanterie, qui étaient de garnison dans les villes murées.

Il y a remonté sa Cavalerie toutes les fois que les ennemis l'ont ruinée, parce que l'on nourrit dans ce païs quantité de chevaux également forts, légers à la main, fermes et hardis, et tous propres à la meilleure cavalerie.

L'on y élève quantité de Bœufs d'une grosseur capable de traîner les plus gros canons, et des moutons dont la laine peut suffire à habiller tous les habitants du Païs.

Enfin, le Roi de France a fourni jusqu'à présent ses magasins et entretenu ses armées sur le Rhin des denrées qu'il a tiré de la Franche-Comté.

Et ce qui est de plus étonnant, c'est que malgré la stérilité universelle de froments, de seigles et de vins de laquelle Dieu a affligé cette province dès l'an 1708 à 1709, le Roi de France y a pris de quoi nourrir sa grande ville de Lion et son armée du Dauphiné.

Les Hauts Alliés de l'Auguste Maison d'Autriche seront-ils à présent moins éclairez ou moins affectionnez (quoique plus forts qu'en 1668) pour reprendre la Franche-Comté, de laquelle ils ne connaissaient pas encore alors si bien la force, l'utilité et l'importance qu'ils ont reconnu ensuite par l'usage, que Louis XIV, Roi de France, en a fait à leurs dépens. Fasse le Ciel, que ce soit à leur grand regret, et un regret si vif, si pressant et si véritable, qu'il leur fasse délibérer de ne jamais quitter les armes et de ne point donner la Paix à la France, si par un préalable elle ne rend la Franche-Comté à l'Auguste Maison d'Autriche et au corps de l'Empire en l'état qu'elle est à présent, toute munie d'Artillerie, fournie de Munitions de guerre et fortifiée.

Je dis par un préalable, afin que d'abord et sans donner le temps aux intrigues et à la Cabale, cette Province soit vuide de mille vipereaux qui la déchirent pour servir aveuglément la France, à laquelle il ne faut point laisser d'élèves, de nourrissons ni de créatures en ce Païs, *ubi perire debet eorum memoria ad primum strepitum Armorum Austriacorum.*

Le corps de l'Empire, de la tranquillité et union duquel dépend le salut de la Hollande et de l'Angleterre, sera toujours exposé et ouvert aux irruptions de la France, tandis qu'elle sera maîtresse de la Franche-Comté. Ainsi les Hollandais et les Anglais se feront des Boulevards et des Barrières contre les irruptions de la France du côté du Septentrion à leur propre et immédiat avantage, si la France a des chemins faciles à conquérir la Savoie, l'Italie et l'Allemagne, comme elle les aura infailliblement, si on lui laisse la Franche-Comté. J'en prends à témoin le Roi de Portugal, qui dans son livre intitulé. « la Justice des armes Portugaises pour assûrer la Monarchie d'Espagne au Sérénissime et tres puissant Prince Charles III, Roi catholique, page 18, » parle en ces termes :

« On rendit aux Provinces-Unies des Pays-Bas tout ce qui
« leur avait été pris pendant la guerre, mais toute la Franche-
« Comté de Bourgogne fut cédée aux François par la noncha-
« lance des Suisses et des Allemands, quoi que cela les mena-
« çait de leur ruine. Par cette acquisition, les François, quoi-
« qu'ils n'eussent pas subjugué les Hollandais, firent pourtant
« un grand chemin dans leur dessein, car les Suisses étaient
« par là environnez, et les Allemands repoussez loin, et les
« Hollandois étant intimidez par le péril qu'ils avaient couru
« par les armes victorieuses de France, et les Espagnols abbatus,
« qui peut douter que le chemin fut facile aux François pour
« arriver à leur but. »

Si l'on connait dès le Portugal l'importance de la Franche-Comté et le danger que courent les Suisses et les Allemands, si cette Province est au pouvoir du Roi de France, l'Empire, la Hollande et l'Angleterre en pourront-ils encore douter, je ne puis le croire.

Mais pour les en convaincre de la manière la plus naturelle et la plus sensible, je vais rapporter deux circonstances également fortes et véritables, dont la première est de l'ancienne et continuelle avidité des Rois de France à conquérir cette Province.

La seconde est des soins, des empressements et des efforts des Empereurs, des Rois d'Espagne, et de leurs Alliez à défendre ou reprendre ce même Païs.

Louis XI, Roi de France, la prit en l'an 1479, et Maximilien premier Empereur de ce nom la reprit en 1492 à l'aide des citoïens de Besançon et de leur artillerie après une sanglante bataille et une victoire complette, qu'il remporta sur les troupes Françoises, le jour de vendredi, fête de saint Thomas.

Henri IV fit marcher ses troupes jusqu'à la ville de Gray l'an 1596, et Louis XIII son fils fit mettre le siège devant la ville de Dole par ses troupes commandées par le fameux Prince de Condé, l'an 1636. Mais l'Empereur Ferdinand III envoia le comte Gallas avec des troupes Allemandes au secours, il fit le siège, après s'être rafraichi dans la Ville et le territoire de Besançon d'où il tira plusieurs pièces de gros canons, des Munitions de guerre et quantité de soldats, volontaires et citoïens, avec lesquels il contraignit le prince de Condé de se retirer avec les débris de ses troupes dans les Villes de Saint-Jean de l'Aune et d'Auxonne.

Louis XIV occupa plusieurs places dans la Franche-Comté, sitôt après qu'il eut affermi son throne en France, mais Philippe IV, Roi d'Espagne les lui fit rendre par le traité de Paix des Pyrénées, l'an 1659. Et Malgré tous les serments que Louis XIV avait fait par ce traité de ne jamais rien prétendre ou entreprendre sur la Franche-Comté, les charmes et les avantages de cette Province lui firent forcer la nature, violer les droits du sang, rompre la loi des contracts et fausser la religion des serments les plus justes, les mieux causés et les plus solennels pour y entrer à main armée au cœur de l'hyver, et s'en rendre maitre au mois de Février 1668.

Mais Charles II Roi d'Espagne, ou pour mieux dire, ses Alliez, la firent rendre presque aussitôt qu'elle avait été prise par le traité de Paix d'Aix-la-Chapelle du 2 Mai 1668.

La Franche-Comté a-t-elle perdu dès lors quelque degré de son mérite? non sans doute, Louis XIV qui n'en avait goûté que pendant deux mois en fut si charmé qu'il y retourna six ans après; il l'a si fort reconnu à la bienséance et à l'avantage de la France, et si commode à faire réussir son injuste dessein de la Monarchie universelle, qu'il vint en personne l'attaquer avec quarante Mille homme de troupes choisies et toute l'artillerie des Villes de Langres, de Dijon et d'Auxonne, et s'en rendit maitre malgré la résistance opiniatrée des Francs-Comtois destituez de tous secours, en l'an 1674.

Peut-on douter après cela de l'importance de la Franche-Comté, pour la conquête de laquelle Louis XIV, qui n'a point de petites vues ni de médiocres objets de ses désirs, a exposé sa propre personne et toute sa Maison, fait tant de dépenses et tant de sièges en trois différents tems de son règne.

Peut-on douter de la nécessité qui presse les Hauts Alliez de retirer pour la troisième fois cette Province du pouvoir de la France, s'ils veulent désormais vivre en repos et mettre la France hors d'état de faire des entreprises sur ses voisins.

Non, et j'ose dire que, si l'on fait la paix avec la France dans le tems présent sans lui faire rendre la Franche-Comté, l'on forge pour l'avenir des chaines à l'Empire en faveur de la France.

Car faisant, par impossible, abstraction du désir insatiable de Louis XIV, et de ses descendants à se rendre maitre de toute l'Europe, ne prendront-ils des prétextes de troubler l'Empire et de vouloir entrer dans ces dictes sous la qualité de Comte de Bourgogne, sous le titre de seigneur immédiat de Besançon, ville libre impériale, et comme souverain temporel de l'Archevêque de cette même, qui est aujourd'hui le second Prince ecclésiastique de l'Empire après les Electeurs, et qu'il n'aura jamais d'autres mouvements que ceux que le Roi de France lui donnera, s'il est son souverain temporel.

Il faut nécessairement lever au Roi de France toutes les occasions, les moindres prétextes de trouble et de querelle, puisque celui de sa convenance justifie dans son esprit les entreprises et les usurpations les plus violentes.

Qu'on ne dise pas que les Rois d'Espagne tirent si peu de la Franché-Comté, qu'elle ne mérite pas qu'on en fasse le Capital dans un traité de Paix; car outre le don gratuit, qu'on leur faisait de trois Cent Mille de trois en trois ans, j'ai fait voir cidevant, que le revenu annuel du domaine privé du Roi était d'un Million de livres tournois.

Et si l'Auguste Maison d'Autriche aime mieux régner dans les cœurs de ses sujets que dans leurs bourses, ils n'en sont pas plus méprisables ; chacun sçait que les Provinces du Hainaut et du Brabant étaient plus à charge qu'à profit à la Monarchie d'Espagne ; néanmoins l'on a toujours eu grand soin de conserver ces provinces; parce que c'étaient ou des épines dans le dos de la France, ou de gros os à ronger par sa gueule béante, capables d'entretenir et d'occuper sa rage et sa fureur, et donner cependant le tems au corps de la Monarchie de se mettre en mouvement, ou pour secourir ces provinces, ou pour y fixer l'avidité de la France du côté du Septentrion; il en faut dire de même de la Franche-Comté qui est à l'orient de ce roïaume.

Si l'on me dit que cette province est trop éloignée de l'Espagne pour en recevoir du secours, je répondrai que le Hainaut et le Brabant en sont plus éloignés, et que si la Hollande et l'Angleterre sont assez voisines et intéressées pour leur donner du secours, l'Allemagne l'est encore plus pour défendre la Franche-Comté à l'avenir, comme elle le fit en l'an 1636.

Mais il s'agit à présent de mortifier la France, et de lui ôter tous les grands avantages qu'elle tire de la Franche-Comté, et d'autres Païs qu'elle a usurpés et conservés par des traités de Paix qui sont comme autant de degrés, que ses propres ennemis lui ont fait pour monter au faît de la gloire qu'elle ambitionne.

Je rougis de honte, quand j'y pense, et je ne puis lire les traités de Paix de Westphalie, des Pyrennées, d'Aix-la-Chapelle, de Nimègue et de Ryswick sans m'écrier : Oh! France trop heureuse, tu n'as qu'à faire la guerre à tes voisins pour être sûre d'agrandir ton Roïaume, de diminuer leurs forces et leurs états, et de les réduire un jour à force de traités de Paix, au point de la servitude que tu leur prépares par tes armes !

Voici le temps de corriger un si grand abus, il faut arrêter la rapidité du torrent de cette puissance, et remplir les ravines et les ruines qu'elle a causées dans les terres de ses voisins. N'est-il pas étonnant, que le Roi de France vive encore aujourd'hui aux dépens de l'Allemagne et de l'Espagne en Flandre, en Franche-

Comté, dans l'Alsace et dans la Sicile, après tant d'echecs et de batailles perdues à Hochstett, à Turin, à Ramelies et à Oudenarde?

Il faut lui faire tant de saignées, d'ouvertures et de diversions et l'affaiblir tellement, qu'à peine peut-il se faire entendre dans le Centre de son ancien Roïaume, dont la situation heureuse, la forme et la matière prêtes à recevoir tou'es les impressions de son Roi, soumise à son pouvoir arbitraire, facile à tous ses mouvements, féconde en noblesse pauvre, en soldats de bon appétit doivent faire craindre à toute l'Europe une nouvelle guerre deux ou trois ans après la paix faite et les Alliez ou désunis ou désarmez, si par la Paix qui se doit faire on ne lui ferme l'entrée dans la Lorraine, si on ne lui fait rendre la Franche-Comté et l'Alsace, sans y rien réserver, et tout ce qu'il a usurpé dans le Brabant, le Hainaut, l'Artois et le Cambrésis.

(Lamberty, *Mémoires pour servir à l'histoire du* xviiie *siècle*, t. V, p. 277.)

Fragment de Mémoire d'un agent Contiste (1717).

Lors du traité d'Utrecht, le Roi de Prusse cedda à la France la Principauté d'Orange, moiennant la partie de la Gueldre Espagnolle, dont on souffrit qu'il se mit en possession ; par ce moyen La France acquit la souveraineté sur le Païs d'Orange. Sa M. s'est ensuite trouvée en état de faire don du domaine utile de cette principauté à S. A. S. Monseigneur le Prince de Conti, qui de son chef avait des prétentions sur icelle.

Le mesme Roy de Prusse proposa encore qu'on lui cedda le Païs de Limbourg qui avoisine la Gueldre et le païs de Clèves qui lui appartient. Il offrit de céder ses droits sur Neufchâtel.

Cette proposition n'eut pour lors pas de suite, mais voici une occasion dont on peut tirer parti.

Le Païz de Neufchatel touche à la Franche-Comté. La France a intérest que ce pais ne soit pas entre les mains d'un prince allemand, avec lequel on est toujours exposé à avoir la guerre, lorsque la France est en guerre avec l'Empire. L'on peut se souvenir des fraïeurs que l'on eut, lorsque le comte de Merci vint en Alsace en 1709. Si le comte Du Bourg ne l'eût pas battu, il serait descendu en Franche-Comté sans rien appréhender. Il avait une retraite sûre dans le païs de Neufchâtel en cas d'accident. Il y avait des magasins d'armes et autres qui l'attendaient. La France a donc grand intérêt que Neufchâtel soit hors des mains d'un prince allemand.

Pour i parvenir, il faut que le Roy de Prusse soit indemnisé par quelqu'autre endroit. Il espère se conserver Stettin et son territoire appartenant à la Suède dont il n'est en possession que

Contraste insuffisant
NF Z 43 120-14

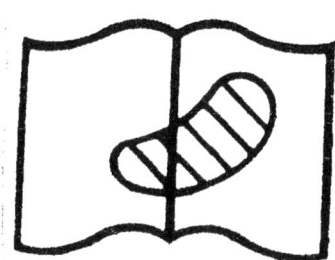

Illisibilité partielle

Valable pour tout ou partie
du document reproduit

comme séquestre entre le Roy de Pologne et la Couronne de Suède. L'on va tenir un Congrès pour pacifier les troubles des Basses-Allemagnes. Monsieur le Marquis de la Ferté part incessamment en qualité d'ambassadeur auprès du Roy d'Angleterre qui est à présent à Hanovre pour ménager directement dans le Congrès les intérêts de ses États héréditaires. Le Crédit de la France dans ce Congrès sera d'un grand poids. Le Roy de Prusse en aura besoin pour parvenir à ses fins. L'on pourrait pour lors trouver le moïen de leur proposer la Cession de ses droits sur Neufchâtel, non pas pour l'unir à la France, à quoy les Suisses s'opposeraient absolument, mais pour en faciliter la possession de S. A. S Monseigneur Le Prince de Conti, à qui cette principauté appartient légitimement.

Si Le Roy de Prusse écoute la proposition, l'on prendra de la part de S. A. S. Monseigneur le Prince de Conti des mesures pour en rendre l'exécution facile dans le païs de Neufchâtel. Mais jusqu'à ce que le Roy de Prusse ait laissé entrevoir quelque possibilité dans ce projet, il est très Dangereux de l'éventer.

Le Roy de Prusse ne tient pas grand compte de Neufchâtel éloigné de ses Etats ; la France, au contraire, acquérra une plus grande sureté sûr les frontières de Franche-Comté qui sont touttes ouvertes. Lorsque cette principauté sera entre les mains d'un autre, français, auquel en même tems elle procurera justice.....

TABLE DES MATIÈRES

	Pages.
PRÉFACE	I
Chapitre I. Situation géographique de Neuchâtel.	1
Chapitre II. La succession du Comté de Neuchâtel au xviie siècle.	11
Chapitre III. La politique prussienne en Suisse (1702-1706).	27
Chapitre IV. Le procès de 1707. La Prusse et la France.	52
Chapitre V. L'invasion allemande en Franche-Comté (1707-1709).	82
Chapitre VI. La diplomatie prussienne et la Bourgogne (1709-1713).	103
CONCLUSION	135

APPENDICE I

La région de Neuchâtel (extrait du livre de M. Berlioux, le Jura).	143
Les vallées du Doubs et de la Saône (id.)	144

APPENDICE II

Extraits des *Mémoires* du chancelier de Montmollin (Neuchâtel, 1831).	147
Tableaux généalogiques des maisons de Neuchâtel et de Châlons-Orange.	154

APPENDICE III

Pleins pouvoirs de l'avocat général du Puy.	156
Décharge pour le sieur Du Puy.	159
Mémoire communiqué par Spanheim à la cour de Londres.	160
Mémoire du chancelier Montmollin à Frédéric Ier, d'après une lettre de Walknier (2 septembre 1702).	160
Meyercron à Frédéric Ier, 13 février 1703.	161
Mémoire de Du Puy, 6 avril 1703, adressé à Wartemberg.	161
Lettre de Wartemberg au sénateur Steiger de Berne, 14 avril 1703.	162

258 TABLE DES MATIÈRES

	Pages.
Spanheim à Frédéric Ier, 24 septembre 1703	163
Frédéric Ier au sieur Du Puy, 28 septembre 1703	163
Du Puy à Frédéric Ier, 20 octobre 1703	164
Emer de Montmollin, 23 février 1705	164
Wartemberg à Montmollin, avril 1705	165
Wartemberg au sénateur Steiger de Berne, avril 1705	165
Le sénateur Steiger à Wartemberg, 30 mai 1705	167
Montmollin à Wartemberg, 1er juin 1705	168
Frédéric Ier à Bondely, 3 août 1705	168
Le sénateur Steiger à Wartemberg, 29 juillet 1705	169

APPENDICE IV

	Pages.
Lettres de l'intendant de Bernage à Puysieux, 25 juillet, 8 août 1706	173
Conférence entre Metternich et les Bernois, 28 août 1706 (analyse)	173
Conférence entre Metternich et les Bernois, 17 octobre 1706 (analyse)	174
Conférence entre Metternich et le Bernois Kilchberger, octobre 1706 (analyse)	175
Conférence entre Metternich et le Bernois Tscharner, 4 décembre 1706 (analyse)	175
Metternich à Frédéric Ier, de Berne, 8 décembre 1706 (texte et traduction)	176
Extrait du journal de Metternich, 21 décembre 1706 (texte et traduction)	179
Mémoires de Seigneux à Metternich, sur un projet d'invasion en Franche-Comté	181
La Chapelle à Torcy, 17 septembre 1706	183
Puysieux à Torcy, 21 septembre 1706	184
La Chapelle à Torcy, 6 octobre 1706	184
Torcy à La Chapelle, 13 octobre 1706	185
La Chapelle à Torcy, octobre 1706	185
D'Affry à Torcy, 31 octobre 1706	186
La Chapelle à Torcy, 5 janvier 1707	187
D'Affry à Torcy, 10 janvier 1707	188
D'Affry à Torcy, 10 mars 1707	189
La Chapelle à Torcy, 30 mars 1707	191
La Chapelle à Torcy, 8 avril 1707	191
Torcy à La Chapelle, 8 avril 1707	192
La Chapelle à Torcy, 15 avril 1707	192
Puysieux à Torcy, 6 mai 1707	194
Puysieux à Torcy, 25 mai 1707	194
Le prince de Conti à la princesse, 23 juin 1707	195
Puysieux au Conseil d'État de Neuchâtel, 14 juillet 1707	196
Le prince de Conti à Torcy, 27 juillet 1707	197
Puysieux à Torcy, 27 juillet 1707	198
Le Roi à Puysieux, 3 août 1707	198
Puysieux à Torcy, 6 août 1707	199
Puysieux au Conseil d'État de Neuchâtel, 14 août 1707	200

TABLE DES MATIÈRES

	Pages.
Liste des principaux écrits publiés par les prétendants à la succession de Neuchâtel.	202
Faverger à la princesse de Conti, 26 septembre 1707.	205
Mars au prince de Conti, 24 octobre 1707.	205
Le Conseil d'État de Neufchâtel au Canton de Lucerne, 15 octobre 1707.	206
Le même à M. l'intendant de Bernage, 12 novembre 1707.	207
Puysieux au Roi, 14 novembre 1707.	208

APPENDICE V

Le Roi à Puysieux, 24 novembre 1707.	211
Le Roi à Puysieux, 15 décembre 1707.	212
Martine à Wartemberg, 16 décembre 1707.	213
Wartemberg à M. Martine, 9 décembre 1707.	214
Le comte de Saint-Saphorin à Wartemberg, 29 novembre 1707.	214
Frédéric Ier à Metternich, 22 novembre 1707 (texte et traduction).	216
Spanheim à Frédéric Ier, 23 novembre 1707.	215
Frédéric Ier à Metternich, 13 décembre 1707.	217
Wartemberg à Martine, 24 décembre 1707.	218
Mémoire concernant le patronage de la cure de Vercel, 1708.	218
Instruction du Conseil d'État de Neuchâtel pour MM. Hory, Chambrier et Marval.	222
Les bourgeois de Neuchâtel à Frédéric Ier, 13 janvier 1708.	224
Déclaration du comte de Metternich, 13 janvier 1708.	226
Le Roi à Puysieux, 18 mars 1708.	227
De Sainte-Colombe à Torcy, 5 décembre 1708.	228
De Sainte-Colombe à Torcy, 7 décembre 1708.	235

APPENDICE VI

Frédéric Ier à Metternich, 13 juin 1709 (texte et traduction).	239
Schmettau à Frédéric Ier, 23 avril 1709 (texte et traduction).	241
Mémoires pour la Franche-Comté, à ce qu'il plaise... de délivrer cette province de la domination française, 1709.	245
Fragment de Mémoire d'un agent Contiste, 1717.	255

ANGERS, IMPRIMERIE A. BURDIN ET Cie, RUE GARNIER, 4

ERRATA

Page 18, ligne 18. — *Au lieu de* : étaient, *lire* : était.
— 25, note 1. — *Au lieu de* : Chambreir, *lire* : Chambrier.
— 45, ligne 2. — *Au lieu de* : pour occuper, *lire* : pour lui permettre d'occuper.
— 81, — 21. — *Au lieu de* : Suisse, *lire* : Prusse.
— 101, dernière ligne. — *Au lieu de* : mécoutent, *lire* : mécontent.
— 108, ligne 24. — *Au lieu de* : du premier, *lire* : de premier.
— 108, lignes 24 et 25. — *Au lieu de* : des premiers rapports, *lire* : des rapports.
— 121, ligne 13. — *Au lieu de* : presque entière, *lire* : presque entières.
— 124, — 22. — Ne pas tenir compte des guillemets.
— 130, — 34. — *Au lieu de* : pourraient, *lire* : pourrait.
— 132, — 3. — *Au lieu de* : qu'elle n'avait eu, *lire* : qu'elle n'avait pas eu.
— 175, — §. — *Au lieu de* : aderns, *lire* : anders.
— 175, note 1, ligne 2. — *Au lieu de* : incommodraient, *lire* : incommoderaient.
— 179, note 1, ligne 17. — *Au lieu de* : enstandeu, *lire* : enstanden.
— 183, ligne 43. — *Au lieu de* : fare, *lire* : faire.
— 240, note, ligne 2. — *Au lieu de* : wann, *lire* : wann.
— 242, — — 20. — *Au lieu de* : au, *lire* : an.
— 242, — — 32. — *Au lieu de* : au, *lire* : an.
— 242, — — 32. — *Au lieu de* : seizo, *lire* : jetzo.
Dans la table des matières, ligne 16. — *Au lieu de* : 1856, *lire* : 1831.

Original en couleur
NF Z 43-120-8

E. BELOT : *Nantucket* ; étude sur les diverses sortes de la propriété primitive.
A. BREVYON, élève des conférences d'histoire : *La bataille de Cannes*.
L. FONTAINE : *Note sur un opuscule soi-disant inédit de J.-J. Rousseau.*

Fascicule II. P. REGNAUD : *Stances sanskrites inédites*.
P. REGNAUD : *Études phonétiques et morphologiques*.
L. CLÉDAT : *La flexion dans la traduction française des sermons de Saint-Bernard*.
F. BRUNOT : *Le valet de deux maîtres*, comédie inédite attribuée à Lafontaine.
L. FONTAINE : *J.-J. Rousseau, les idées sur l'éducation avant l'Emile*

Fascicule III. M. FERRAZ : *Étude sur la philosophie de la littérature* (suite).
A. BERTRAND : *La psychologie extérieure*.
P. REGNAUD : *Mélanges*.

IIIᵉ ANNÉE. 1885.

Fascicule I. G. BLOCH : *Remarques à propos de la carrière d'Afranius Burrhus*.
E. BELOT : *De la révolution économique et monétaire, qui eut lieu à Rome au milieu du IIIᵉ siècle avant l'ère chrétienne*.
L. CLÉDAT : *La Chronique de Salimbene* (parties inédites).

Fascicule II. P. REGNAUD : *Stances sanskrites inédites*.
G. LAFAYE : *Discours d'ouverture*.
G. BIZOS, doyen de la Faculté des lettres d'Aix : *Essai sur l'apparition du mélodrame en France*.
P. REGNAUD : *Mélanges philologiques*.
GRANDJEAN, étudiant à la Faculté : *Tableaux comparatifs des principales modifications phonétiques que présentent les infinitifs des verbes faibles dans les dialectes germaniques*.

Fascicule III. L. ARLOING : *Dissociation et association nouvelle des mouvements instinctifs sous l'influence de la volonté*.
A. BERTRAND : *Un discours inédit de André-Marie Ampère*.
A. BERTRAND : *La psychophysiologie au XVIIᵉ siècle*.
R. THAMIN : *Le livre de M. Bain sur l'éducation*.
A. HANNEQUIN : *Leçon d'ouverture d'un cours sur la philosophie des sciences*.
P. REGNAUD : *Sur l'origine de quelques mots sanskrits qui désignent l'homme et l'humanité*.
P. REGNAUD : *Nouvelles remarques sur l'évolution des idées*.
J. MINARD, étudiant à la Faculté : *Contributions à la théorie des hallucinations*.

www.ingramcontent.com/pod-product-compliance
Lightning Source LLC
Chambersburg PA
CBHW060127190426
43200CB00038B/1065